UMA IMAGEM DO MUNDO

Série Escrita Psicanalítica

Clínica psicanalítica: testemunho e hospitalidade, de Marcio Giovannetti
Alma migrante, de Plinio Montagna
Uma imagem do mundo: realidade e imaterialidade, de Walter Trinca

Blucher

UMA IMAGEM DO MUNDO

Realidade e imaterialidade

Walter Trinca

Série Escrita Psicanalítica

Coordenação: Marina Massi

Uma imagem do mundo: realidade e imaterialidade
Série Escrita Psicanalítica

Editora Edgard Blücher Ltda.

Publisher Edgard Blücher
Editor Eduardo Blücher
Coordenação editorial Bonie Santos
Produção editorial Isabel Silva, Luana Negraes, Mariana Correia Santos, Milena Varallo
Preparação de texto Antonio Castro
Diagramação Negrito Produção Editorial
Revisão de texto Beatriz Carneiro
Capa Leandro Cunha
Fotografia da capa Liliane Giordano
Paleta de cor da capa Helena Lacreta

Blucher

Rua Pedroso Alvarenga, 1245, 4º andar
04531-934 – São Paulo – SP – Brasil
Tel.: 55 11 3078-5366
contato@blucher.com.br
www.blucher.com.br

Segundo o Novo Acordo Ortográfico, conforme 5. ed. do *Vocabulário Ortográfico da Língua Portuguesa*, Academia Brasileira de Letras, março de 2009.

Dados Internacionais de Catalogação
na Publicação (CIP)
Angélica Ilacqua CRB-8/7057

Trinca, Walter

Uma imagem no mundo : realidade e imaterialidade / Walter Trinca. – São Paulo : Blucher, 2019.

348 p. (Série Escrita Psicanalítica / coordenação de Marina Massi)

Bibliografia
ISBN 978-85-212-1884-5 (impresso)
ISBN 978-85-212-1885-2 (e-book)

1. Psicanálise 2. Consciência I. Título. II. Massi, Marina. III. Série.

19-2060 CDD 150.195

Índice para catálogo sistemático:
1. Psicanálise

Sobre a Série Escrita Psicanalítica

O projeto de uma série com livros de autores da Sociedade Brasileira de Psicanálise de São Paulo (SBPSP) é fruto da pesquisa de doutorado *Trinta anos de história da Revista Brasileira de Psicanálise: um recorte paulista*. Nessa tese, abordei os artigos publicados na revista, de 1967 a 1996, por psicanalistas da SBPSP.

Entre os vários aspectos que pude observar, destacou-se a necessidade de organizar a produção psicanalítica dessa instituição, de seus primórdios aos dias de hoje, divulgada em revistas especializadas, atividades científicas ou aulas ministradas nos institutos de formação, influenciando várias gerações de profissionais ligados à Associação Psicanalítica Internacional (IPA).

A Série Escrita Psicanalítica tem justamente a ambiciosa proposta de reunir, organizar, registrar, publicar, divulgar e consolidar a produção dos pioneiros e das gerações posteriores da SBPSP. Busca também retratar, para a própria instituição, o que nela foi criado de importante desde a sua fundação. Conta, assim, a história da SBPSP pelo veio da produção e da criação psicanalítica.

Esta série lança um olhar para o passado, pois organiza o que de melhor já foi feito, e um olhar para o futuro, pois transmite a fortuna da SBPSP não só como memória, mas como um importante material de estudo para os diferentes institutos de formação psicanalítica e cursos de pós-graduação no Brasil, além de para o público interessado.

Esta é uma oportunidade de promover uma leitura da história das ideias psicanalíticas – uma leitura crítica, comparada – e, ao mesmo tempo, permitir que os psicanalistas aqui apresentados sejam considerados enquanto autores, produtores de ideias e teorias; é uma oportunidade de sair do campo transferencial institucional e passar ao campo das ideias, da reflexão e do debate para além da pessoa do psicanalista.

A ciência e a arte necessitam de organização (ou curadoria) da contribuição que o ser humano foi e é capaz de realizar. Espero que esta série cumpra o objetivo de ser a história das ideias de muitos colegas brasileiros no âmbito da IPA, alguns infelizmente não estão mais entre nós, outros ainda estão em plena produção.

Marina Massi

Coordenadora da Série Escrita Psicanalítica

Ao Bruno,
meu neto,
com afeto.

Sumário

Breve nota da coordenadora da série

O livro *Uma imagem do mundo: realidade e imaterialidade*, de Walter Trinca, apresenta o universo de pensamento desse autor que já publicou muitos outros livros e cuja obra foi construída em suas atividades como psicanalista pertencente à Sociedade Brasileira de Psicanálise de São Paulo (SBPSP) e como professor na Universidade de São Paulo (USP).

A Introdução faz um apanhado dos principais conceitos desenvolvidos pelo autor em sua obra e introduz o livro que o representa na Série Escrita Psicanalítica.

Marina Massi

Coordenadora da Série Escrita Psicanalítica

Introdução

Neste livro, apresento, desenvolvo, discuto e exemplifico a natureza de uma particular experiência, que denomino *experiência de imaterialidade*. A ela tenho me referido de diferentes maneiras em livros anteriores, desde *A arte interior do psicanalista*, publicado em 1988 (ver Trinca, 2012), até *Viagem ao coração do mundo: apreensão da imaterialidade*, publicado em 2014 (ver Trinca, 2014). Ela consiste, antes de tudo, em vivências experimentadas no espaço da abrangência, do sonho, da presença de vida, da harmonia, da transfiguração, da primordialidade e da infinitude, entre outros aspectos. O espaço mental modifica-se, tornando-se propício ao contato com a imaterialidade existente no próprio mundo, que passa a ser apreendido em seu fundo imaterial imanente. Trata-se de uma passagem que ocorre na mente para condições experienciais de mobilidade, leveza, silêncio, imagens espontâneas, eteridade, amplidão, sublimidade e assim por diante, criando uma abertura à visão do mundo, de modo que este se manifesta em propriedades imateriais a uma consciência apta a recebê-lo.

Nos momentos em que a mente está suficientemente livre, solta, móvel e receptiva, ela é capaz de contatos e descobertas surpreendentes, como a arte, a filosofia, a literatura e a ciência não se cansam de demonstrar. Por séculos e milênios, os seres humanos têm procurado formas de revelar a dimensão imaterial subjacente à concretude do mundo. Uma dimensão à qual se chega por intuição, atenção, sensibilidade e vinculação, muitas vezes de modo direto e espontâneo. Este livro tem o propósito de seguir os passos mais evidentes e expressivos dessas manifestações do espírito ao longo da história da humanidade, que se distinguem pela presença ou apenas pela tendência voltada à experiência de imaterialidade. Assim, é posta à luz a universalidade da experiência, desde os recuados tempos do Paleolítico Superior. A finalidade deste livro está, pois, em descrever esse tipo de manifestação, dando-lhe um lugar distintivo em face de um universo regido pela concretude. Além disso, como consequência, por assim dizer, natural, o livro abre as portas à percepção da existência de uma imagem do mundo decorrente da experiência de imaterialidade. Ou seja, pela descoberta de princípios imateriais existentes no plano da realidade fenomênica, transparece uma imagem do mundo que concede ressignificação a ele. A experiência de imaterialidade torna-se, assim, uma noção-chave do espírito humano.

Desde que comecei a estudar o assunto, há mais de trinta anos, estive plenamente ciente de sua grande complexidade. De início, é preciso dizer que essa experiência supõe que a mente esteja relativamente livre de injunções e saturações sensoriais e, se possível, em uma dimensão alargada de consciência. As saturações sensoriais, derivadas da tendência à factualização dos dados da realidade, originam-se tanto do mundo externo quanto do mundo interno, dificultando, interferindo e, por vezes, obstruindo a capacitação da mente para a apreensão dos fatos como eles existem. A um psicanalista, essa é uma ocorrência de grande importância, a ser investigada e compreendida, pois poderá servir ao desvendamento de uma realidade mais profunda, frequentemente encoberta pelas capas do mesmismo, da coisificação, do condicionamento psicológico e, mais ainda, da perturbação psíquica.

O psicanalista está normalmente atento ao ponto de ultrapassagem do dado meramente sensorial para o atingimento de experiências de melhor qualidade, que se configuram como uma evolução psíquica. Importante, neste livro, é a confirmação de que a realidade imaterial pode se constituir numa descoberta vivencial surpreendente. Aqui se fala não só do universo imaterial, senão também da caracterização de um modelo geral, construído a partir da experiência psicanalítica, que dá fundamento e explicação aos fatos da observação, tanto da realidade externa quanto da interna. Esse modelo já estava embrionariamente presente em meu livro *A etérea leveza da experiência*, publicado em 1991 (ver Trinca, 2006), como tentativa de realização de sínteses entre os universos da sensorialidade e da imaterialidade. Ou seja, a superação da dicotomia pela mudança de perspectiva mental, na qual a captação dos aspectos sutis da realidade se sobrepõe aos aspectos puramente factuais e concretistas. Em um livro posterior, denominado *O filósofo ou a procura do encanto da vida*, publicado na forma de romance em 1997 (ver Trinca, 2017), o personagem principal questiona os sistemas que dominam a mente, empreendendo uma viagem interior de descobertas de si próprio e da realidade externa. Esses sistemas mentais antes "fabricam" a realidade do que permitem encontros significativos e verdadeiros com ela.

A experiência de imaterialidade não representa a negação da materialidade, mas a sua transformação. Em vez de uma conotação negativa para a materialidade, trata-se de captar e compreender determinadas características e condições das relações da mente consigo própria e com o mundo. Nessa transformação, o lado concreto e sensorial cessa de preponderar e deixa transparecer na mente seus significados subjacentes, vindo a revelar "outro mundo", existente no próprio mundo. Geralmente o significado imaterial se mostra como surpresa e encantamento. Por vezes, a experiência se dá a conhecer como silêncio interior, como abertura de horizontes alargados no tempo ou no espaço e, também, como relações existentes fora do tempo. A passagem do plano sensorial ao plano imaterial constitui uma disposição do espírito à vivência de uma realidade mais profunda, tornando o assunto muito amplo. Contudo, não deixa de ser apropriado ao estudo psicológico, uma vez que, tomado em seu conjunto, se trata de algo invariante. Desse modo, a experiência de imaterialidade vem se constituir em campo de observação, análise e reflexão, de que se extrai um modelo, mesmo que seus contornos sejam bastante imprecisos. Sem dúvida, os fatores responsáveis por impedimentos e obstruções à experiência de imaterialidade podem ser estudados e compreendidos à luz da psicanálise. É confortador verificar que esses componentes podem ser examinados de modo relativamente sistemático, possibilitando meios de se lidar com eles em prol do alargamento mental.

Todas essas reflexões convergem para o presente livro, que tem por substrato a noção de que o fundo sensorial da mente constitui obstáculos à apreensão mais nítida, profunda e límpida da realidade; assim como a noção de que a fragilidade, que comporta o enfraquecimento e o esvaziamento, é um fator interferente sobre o conhecimento real dos fatos. Tanto a sensorialidade quanto a fragilidade têm a propriedade de formar núcleos saturados e impregnações no *self*, criando prismas e distorções em relação ao contato com a real natureza dos fatos. Nessas condições, a verdade existencial do indivíduo, constituída por seu ser profundo, deixa de operar em grande parte, afastando-o das experiências cruciais, seja em relação à mente ou ao mundo. Para que se restabeleça o primado da harmonização interna, torna-se necessária a retomada de contato do indivíduo com seu próprio ser, a fim de que este, por ser essencialmente de natureza não sensorial, faça predominarem na mente as condições de mobilidade, liberdade, leveza e amplidão, que são precondições da experiência de imaterialidade. Isso tenho chamado de expansão de consciência.

É possível haver, portanto, um espaço mental harmonioso sob a égide do *ser interior*, que se distingue do *self*, como veremos a seguir. Caso o contato com esse ser tenha predominância no *self*, pode-se esperar uma abertura à experiência, que faça suplantar as turbulências e perturbações psíquicas, os conflitos e as dificuldades emocionais, porque, sob a presença, a influência e a ação da não-sensorialidade, ficam diminuídas ou eliminadas as interferências sobre a percepção dos fatos.

Na atualidade, a experiência de imaterialidade pode ser compreendida, no âmbito da psicanálise, como uma forma de expansão de consciência que pode se originar do fato de se lidar com conflitos, comprometimentos e turbulências mentais. No modelo denominado Psicanálise Compreensiva (Trinca, 2007, 2011 e 2016), a expansão de consciência caracteriza-se por graus elevados de contato da pessoa com seu próprio ser no relacionamento com o mundo. Ou seja, uma intersecção da experiência de existência própria com o aprimoramento do contato com a existência do mundo. Ao estar livre, a mente vaga pela amplidão, encontrando movelmente a profundidade do mundo, especialmente na natureza. Nesse caso, a psicanálise constitui-se em proposta inovadora, tendo meios de auxiliar, ao menos em parte, na libertação da mente em relação aos obstáculos que dificultam ou impedem a realização da experiência de imaterialidade e, em consequência, a participação na imagem do mundo que se lhe segue.

Os princípios da imagem do mundo proveniente da experiência de imaterialidade são precisamente a visão de sonhos para a vida, as imagens mentais espontâneas da arte interior, os sentimentos de presença de vida, as descobertas da radiância do mundo, os processos da harmonia natural, as transfigurações da realidade fenomênica, assim como a dimensão atemporal, a primordialidade, a infinitude, a totalidade, o mistério e o desconhecido, existentes como pano de fundo da realidade visível e conhecida. Isso significa que tomo não só a natureza, mas também a vida e o universo como sementeiros de fertilização e de florescimento, dando expressão colorida, luminosa e vitalizadora a sua radiância, a seu encantamento e a sua sublimidade. Eles se revelam em sua força mágica de sonho, em seus enigmas profundos, em seus mistérios solenes, em seu esquivo desnudamento... Assim, a proposta deste livro, que não chegou a se aprofundar nas minhas publicações anteriores, inclusive em *Psicanálise e expansão de consciência: apontamentos para o novo milênio*, publicado em 1999, realiza uma aproximação direcionada à imagem dessa realidade, simultaneamente visível e invisível, que se desnuda e se esconde num vir-a-ser permanente. Trata-se, portanto, de uma particular imagem que, sendo *sui generis*, se distingue das demais imagens do mundo, indo na contramão das imagens desfiguradas e desencantadas construídas pelo universo sensorializado. Desde esse ponto, torna-se transparente um relacionamento substancial com o mundo no pleno sentido da palavra *imanência*.

As manifestações da experiência de imaterialidade deram-se ao longo do tempo na história da humanidade, revelando-se como expressões universais presentes nas produções culturais mais significativas da civilização, no decorrer dos séculos e dos milênios. Tais manifestações sempre estiveram aí, sendo evidentes nas obras de valor perene produzidas pelos espíritos sensíveis de todas as épocas e lugares. Uma imagem do mundo segundo princípios imateriais foi se construindo, numa clara demonstração de que, em todas as épocas e lugares, por mais afastados e distantes, foi possível haver contato com essa forma de realidade. Neste livro, apresento alguns exemplos ilustrativos da relativa constância com que, ao longo do tempo, a apreensão da imaterialidade e sua representação se constituíram em preocupações dominantes, e algumas delas deixaram marcas impressionantes. Verifica-se, pois, que as propriedades imateriais são imemorialmente conhecidas, vivenciadas e explicitadas. Embora sejam por vezes comunicadas de modo fluido e fragmentário, torna-se possível seguir seus passos e constatar sua universalidade. Sob diferentes modalidades e roupagens, elas se fazem notar, frequentemente de modo ingênuo, desde a aurora dos tempos humanos, em artistas, pensadores, poetas, eruditos e, também, em pessoas comuns, respondendo em grande parte pelo processo de humanização. De tal modo que uma imagem do mundo vem sendo concebida ao longo do tempo no contexto dessas experiências.

A um psicanalista pode-se colocar a seguinte questão: como auxiliar no aparecimento ou, ao menos, no fortalecimento da experiência de imaterialidade? Uma resposta a essa questão vem ocupar grande parte deste livro. O fato de haver, ao longo da história, o surgimento espontâneo da experiência, não autoriza a deixá-la à parte da psicanálise, como se fosse privilégio excepcional dos gênios e das pessoas excepcionais. Assim, como psicanalista, me detive na indagação a respeito das condições que favorecem ou impelem a realização da experiência, tendo obtido como resposta o fruto de um trabalho clínico realizado durante décadas, que culminou na abordagem da Psicanálise Compreensiva. A resposta consiste na explicitação de um modelo geral, que constitui, também, uma imagem da composição da mente, tomada no sentido da explicitação dos fatores mais importantes desde o vértice psicanalítico. Sem dúvida, a resposta diz respeito à análise e à preparação da mente para o acolhimento da realidade imaterial, sendo indispensável o conhecimento dos fatores e das forças inconscientes e conscientes que impõem dificuldades, impedimentos e obstruções à capacidade de pensar, sentir, intuir e se relacionar com os fatos internos e externos. Uma vez conhecidas, em cada situação, as atividades dos fatores em jogo, e sendo transpostos os obstáculos, tendem a crescer as condições interiores de uma visão mais nítida da realidade.

De que se constitui, portanto, a abordagem centralizada na Psicanálise Compreensiva, que se apresenta em condições de favorecer a realização da experiência? Na terceira parte deste livro, detenho-me sobre a clarificação do modelo, cujos delineamentos abrangem seis fatores regularmente encontrados na clínica psicanalítica: a *constelação do inimigo interno*, cujas atividades decorrem da pulsão de morte, o *contato com o ser interior*, com especial referência ao distanciamento de contato, a *fragilidade do* self, que pode implicar o esvaziamento do *self*, a *sensorialidade*, a *angústia de dissipação do* self e a *estruturação inconsciente*. Não significa que inexistam outros fatores, mas são colocados em evidência aqueles que se destacam nas observações e nos atendimentos psicanalíticos, oferecendo referências importantes ao trabalho clínico. O modelo toma por fundamento o *ser interior*, que se distingue do *self* e mantém com este um estreito relacionamento.

A noção de *self*, sendo muito ampla, remete a uma instância multifacetada e multimodal, composta por elementos díspares, desconexos e antagônicos ou, ao contrário, por formas relativamente estáveis de organização e estruturação. Normalmente, o *self* é concebido como um campo de experiências permeado por influências diversificadas, originárias de várias partes, sejam do *ser interior,* dos objetos internos e do organismo, sejam do mundo externo e de tudo aquilo com que o indivíduo se relaciona. De modo geral, ocorrem no *self* os embates, os conflitos, as depositações e as sínteses. Por ser um receptáculo e um agente mediador das forças em presença, ele se constitui em suporte globalizante para a consecução da existência do indivíduo e para a efetivação dos processos de adaptação e sobrevivência. Dentre suas funções estão os processamentos que resultam em definições e orientações para a personalidade, como também em disposições e ordens de prioridade dadas aos fatores herdados e adquiridos, às experiências de *self*-objetos primitivos, às identificações e incorporações, aos ingredientes condicionadores provenientes da educação, da cultura e do ambiente social, entre outros.

Diferentemente do *self*, o *ser interior* é constituído por uma matriz primária de existência, estando ligado ao fato básico da vida. Ele define fundamentalmente o indivíduo desde o início de sua existência. Sendo um eixo básico, mantém-se relativamente invariante ao longo da vida e caracteriza de modo existencial e estável aquilo que o indivíduo realmente é. Pelo *ser interior*, o indivíduo sente-se inteiro e indiviso, ao lhe serem proporcionados os sentidos de unidade e de continuidade. Assim, o *ser interior* é conhecido como essencialmente o mesmo, apesar das modificações pelas quais pode passar, que não o tocam essencialmente.

É tarefa prioritária do psicanalista a diferenciação das competências do *ser interior* em relação àquelas do *self*, a fim de configurar as bases do atendimento. Se o *ser interior* não se confunde com o *self*, é possível verificar sua presença e sua atuação, assim como sua ausência e seu distanciamento. Observa-se que o *self* se torna estável, organizado e estruturado sob a ação do *ser interior* e, ao contrário, instável, desorganizado e desestruturado sob a perda de eficácia dessa ação. Como a organização da personalidade ocorre no *self*, somente quando a ação do *ser interior* incide sobre ele é que pode proporcionar o sentido de organização e movimentar o processo de integração. Então, a identificação da influência, da presença e da atuação do *ser interior* sobre o *self* é questão de magna importância, especialmente porque permite a compreensão da dinâmica psíquica sob a perspectiva da discriminação das referências conflitivas, alteráveis e plásticas relativamente a outras que dão solidez à personalidade. O *ser interior* passa a ser um componente-chave a ser reconhecido e compreendido.

De que maneiras se dão as manifestações do *ser interior* sobre o *self*? A resposta implica a verificação do estado do contato que o indivíduo estabelece com seu próprio ser. A questão do contato efetivamente realizado e seu corolário, o distanciamento de contato, torna-se decisiva. Na verdade, os graus de contato, que vão desde um contato inexistente, embrionário ou deficitário até um contato suficiente, amplo ou totalizador, autorizam falar tanto de distanciamento de contato quanto de expansão de consciência. Quanto maior for o distanciamento, mais o *self* se torna vulnerável à presença maciça de outros componentes que não provêm do *ser interior*. Como aquele tem a propriedade de estar sob a influência tanto do *ser interior* quanto de outros fatores e elementos psíquicos, o distanciamento de contato permite ao *self* se saturar de inúmeros outros componentes, mas isto ocorre na dependência dos graus do distanciamento. Quanto maiores forem os graus deste, maior será a tendência de o *self* estar vulnerável à presença de elementos discrepantes em relação à realidade existencial profunda e à verdade interior de cada um. Nesse caso, a personalidade torna-se sujeita a todo tipo de conflitos, submetimentos, distúrbios, rupturas e perturbações psíquicas. O distanciamento de contato equivale, em graus, a um afastamento relativamente ao elemento vivo presente na interioridade, refletindo-se sobre o *self*. Neste, as linhas de base e as modalidades dinâmicas formam-se, mantêm-se e modificam-se, organizando-se ou desorganizando-se, em função das condições do contato. Veremos, neste livro, que somente um contato bem realizado com o *ser interior* tem a propriedade de pôr a lume, para o indivíduo, a noção existencial a respeito do ser que ele é, conduzindo-o à integração e à harmonização. Também se tornará evidente que elevados graus de contato determinam quão verdadeiro e presente é o indivíduo para si mesmo e, desse modo, possibilitam experiências expansivas, dentre as quais a experiência de imaterialidade. Num extremo oposto, será possível examinar a questão de que o distanciamento de contato se correlaciona com impregnações e saturações do *self* por fatores da ordem da fragilidade e da sensorialidade, que não se confundem com a natureza do *ser interior*.

Pelo afastamento de contato com o *ser interior*, o *self* tende a se preencher de outros componentes, mas nem todos são caracteristicamente patológicos. Em especial, há aqueles ligados à fragilidade e à sensorialidade. Nem sempre se instala a fragilidade, porque existem fortes defesas contra ela, cuja angústia de inexistência ruma diretamente a um buraco negro na mente. A fragilidade muitas vezes se expressa como esvaziamento, sendo frequente nos quadros clínicos da personalidade fóbica e, em graus máximos, no pânico (Trinca, 1997). Por isso, quando a retomada do contato não é possível, a alternativa geralmente encontrada consiste no emprego da sensorialidade. Esta diz respeito a tornar factuais e concretos os dados da realidade psíquica, como se verifica, por exemplo, no consumismo, na drogadição, na incorporação e na imitação do outro, na dominação do outro pelo poder ou pela manipulação, nos estados narcísicos ou delinquenciais, no falso *self* e na sexualidade compulsiva. Tenho verificado que existem pelo menos quatro tipos de sensorialidade, a que me referirei com detalhes na terceira parte deste livro. Mais comum é a sensorialidade de preenchimento substitutivo do *self* por produtos que se destinam a restabilizá-lo em face do enfraquecimento e do esvaziamento que ocorrem na fragilidade. Há, ainda, a sensorialidade produzida por corte e exclusão, que deixa a interioridade repleta de produtos relativos à inércia, à paralisação e à nulificação, como acontece, por exemplo, na esquizoidia, na psicose branca e na esquizofrenia. Outro tipo, a sensorialidade produzida por ataques, tem por alvo infestar de malignidade os objetos internos, que se voltam contra o indivíduo, como ocorre em várias formas de depressão. Finalmente, existe uma sensorialidade considerada normal, que atua basicamente em todos os indivíduos, mas ao se intensificar produz quadros patológicos, como ciúme, rivalidade, inveja etc. Assim como a fragilidade, a sensorialidade comporta um largo espectro, sendo responsável por composições, depositações e substratos no *self*, existentes em detrimento de relacionamentos genuínos, verdadeiros e reais.

É preciso considerar que, em consequência da fragilidade, entra em cena a angústia de dissipação do *self*, aquela já mencionada como angústia de inexistência. A fragilidade que se torna enfraquecimento ou esvaziamento coloca em perigo tanto os conteúdos quanto o continente do *self*, que ficam sujeitos a processos de subtração e de voragem. Por isso, como foi dito, há o recurso à sensorialidade. Nesse panorama, as perturbações psíquicas podem ser consideradas desde um ponto de vista unificado, compreendendo um conjunto de fatores relativamente constantes, até aqui mencionados especialmente como distanciamento de contato com o *ser interior*, fragilidade, sensorialidade e angústia de dissipação do *self*. Todo o conjunto, porém, reclama a explicação dos motivos pelos quais ocorre o distanciamento de contato. Embora não haja um único fator responsável pelo distanciamento, está na linha de frente a constelação do inimigo interno, que, sendo um subproduto da pulsão de morte, é colocada agora em termos não apenas teóricos, mas clinicamente observáveis e operacionalizáveis. Ela comanda um trabalho de antagonismo ao *ser interior*, que se manifesta por ataques ao contato, visando a sua desestabilização, seu afastamento e sua ruptura. O antagonismo se sustenta em dúvidas, descréditos, autodepreciações, autodesqualificações, autoinvalidações e alastramentos dos ataques, até atingir culminâncias nas formas de anestesia, colapso e aniquilamento. Tudo irá depender, porém, do estado da estruturação inconsciente, que desempenha um papel de contenção e de impedimento da progressão dos ataques. A estruturação inconsciente está a serviço das forças de vida e responde em parte pela organização e pelo funcionamento dos centros diretores no *self*. De qualquer forma, o restabelecimento da saúde psíquica, para o indivíduo, deve ser encontrado no retorno ao contato consigo mesmo, especialmente por meio da verificação do que ocorre em termos da dinâmica emocional.

Nessa dinâmica, é possível constatar que há predominância de algum fator ou elemento sobre os demais, seja da sensorialidade sobre a fragilidade (ou vice-versa), seja de determinado tipo ou espécie de sensorialidade ou de fragilidade sobre os outros, vindo a dar a tônica à atitude básica do indivíduo e, especialmente, à perturbação psíquica. A esse aspecto predominante tenho chamado de sistema mental determinante, que diz respeito a padrões característicos de funcionamento mental organizados em um núcleo, geralmente inconsciente, que exerce uma ação nodal relativamente constante. Ao localizar em um indivíduo o seu sistema, o psicanalista trabalha preferencialmente sobre essa manifestação central, que se estende sobre a personalidade, dando origem, em geral, às queixas e aos sofrimentos. Na Psicanálise Compreensiva, a análise visa, entre outros aspectos, colocar às claras o sistema mental determinante com a finalidade de, na medida do possível, livrar o *self* de comprometimentos psíquicos. Todo o empenho da análise concentra-se no foco, que reflete os graus do distanciamento de contato e seus efeitos sobre o *self*. O trabalho psicanalítico poderá se simplificar se fizer parte de um universo de fatores mais facilmente detectáveis, postos em evidência pela discriminação dos determinantes que, em cada caso, são estudados justamente em função dos fatores que prevalecem e respondem pelos comprometimentos. Não se trata de reduzir a análise a fatores, mas eles oferecem um referencial importante e uma orientação fundamental ao trabalho clínico.

Torna-se possível, desse modo, o exame dos comprometimentos do *self*, consequentes às interferências que pesam sobre ele por distanciamento de contato. Um postulado afirma que a visão mais límpida da realidade é alcançada pela distinção entre o que é verdadeiro ou falso no *self*. Para o indivíduo, as noções de verdade e de falsidade decorrem precisamente dos graus obtidos de limpidez e de harmonização, que surgem ao se lidar com as interferências sobre o *self*, especialmente aquelas devidas à fragilidade e à sensorialidade. Livre de entraves, encontram-se melhores condições de receptividade e de abertura à experiência.

Uma vez atingido um nível suficiente de desobstrução e de limpidez do *self*, poderá advir o estado denominado expansão de consciência. Nele, o ponto de partida concentra-se na consciência de si como inteireza. A partir desse ponto, a presença do *ser interior* no *self* realiza-se em graus, até alcançar pontos culminantes de unificação entre essas instâncias, de modo que o *ser interior* ilumine intensamente o *self* e seja possível a ocorrência da experiência de imaterialidade. Significa que o contato com o *ser interior* pode se realizar amplamente. Como a natureza essencial do *ser interior* é não sensorial, sua maior presença no *self* vem modificar todo o panorama constritivo e perturbador deste. Mas, para isso, é necessário ter presente, primeiro, a consciência dos fatores interferentes e obstrutivos, de modo que o *ser interior* encontre um lugar de destaque em suas manifestações.

Acredito ser fundamental a apresentação deste modelo de observação, pelo qual se pode assestar a atenção e a investigação, recortar os fatores prioritários e centrais, assim como identificar em cada indivíduo aquilo que tem a propriedade de criar obstáculos à sua livre expansão. O modelo apresentado como Psicanálise Compreensiva destina-se a colaborar na obtenção do conhecimento, de maneira a ser viável o encontro de um estado de liberdade, amplidão e leveza, que se caracterize como forma de libertação. Ou seja, um *self* insaturado, descrito neste livro como livre, solto e amplo, desde o qual se revele a experiência de imaterialidade. Poderia se argumentar que, durante séculos e milênios, os seres humanos criaram formas espetaculares, sofisticadas e sublimes de manifestações independentemente da psicanálise. Sabemos, porém, que a psicanálise é um recurso posto à disposição para facilitar a emergência do que é natural, dando vigor aos processos de conhecimento. Não significa que sem ela esses processos não se realizem. Mas, por ela, há melhores condições de se apresentarem uma compreensão e uma expansão. E, daqui, uma imagem do mundo.

Para que essa imagem se torne uma realidade ao nosso alcance, é preciso ir ao fundo do problema e considerar o antagonismo a todas as manifestações nobres do espírito, inclusive a experiência de imaterialidade. Sem dúvida, paralelamente à construtividade caminha *pari passu* a destrutividade e o ódio à existência de tudo o que é vivo e esplende em alegria. Se a mente humana comporta essa dicotomia, o antídoto à destrutividade está em reafirmar os meios de seu enfrentamento para a consolidação de uma vida humana digna, valiosa e feliz. Apesar de que a problemática deste livro tenha sido pensada, vivida e representada de inúmeras maneiras e segundo uma infinidade de perspectivas, não é desmerecida a necessidade de retomá-la e de reafirmá-la infinitamente, pois é daquelas que nunca se esgotam. Felizmente para o princípio de vida, ela ressurge, provocando uma visão das coisas que, se não é nova, é ao menos admirável, impelindo o espírito ao encontro de sua esplendorosa realização. Ou, no mínimo, à tentativa de dar uma resposta à questão proposta por Bachelard (1986, p. 178): "por que os psicólogos não se preocupam de constituir-nos uma pedagogia dessa leveza do ser?". Não só uma pedagogia, mas também uma psicologia.

Parte I
Imaterialidade e contextualização

1. A experiência de imaterialidade

Se cada pessoa tem um ser, que constitui sua realidade primária, na psicanálise esse ser pode ser apresentado como a realização da individualidade por meio do contato que cada um estabelece consigo próprio. Podemos, sem dificuldades, nomeá-lo *ser interior*, uma vez que ele é um núcleo existencial que dá fundamento à verdade mais profunda do existir pessoal, mediante a qual essa pessoa é capaz de afirmar "Eu sou, eu existo", confirmando a experiência básica e elementar de existência própria. O *ser interior* é constituído por uma fonte de vida, que está na base da identidade e das noções de si mesmo. Ele se revela essencialmente como inteiro, único, indiviso e específico para cada um, sendo também irreplicável, irrepetível e intransferível. Sobretudo, distingue-se pela característica da não-sensorialidade, que se mostra especialmente por mobilidade. Sendo de natureza não sensorial, não é possível concebê-lo como um objeto concreto, senão como uma raiz original e uma matriz de existência. Como manifestação da vida, tomada em sentido amplo, nele se encontram aspectos de organização, harmonia e sustentação da vida psíquica. Uma de suas funções consiste em estar a serviço da integração, da síntese e da unidade dos diferentes componentes somatopsíquicos. As noções que a pessoa tem a respeito de seu ser dependem dos graus de contato estabelecido com ele, levando em conta que o contato é algo variável de indivíduo para indivíduo e, no mesmo indivíduo, variável conforme diferentes momentos da vida. O *ser interior*, porém, tende a permanecer relativamente invariante desde os primórdios da vida individual, sendo que as mudanças pelas quais passa não alteram sua condição básica de ser sempre o mesmo.

Relacionada diretamente ao contato encontra-se a mobilidade psíquica, que é tanto maior quanto maiores forem os graus do contato efetivamente realizado. Ela emana direto do próprio *ser interior* e pode ser considerada uma disposição fluida, que ocorre em estados de liberdade e leveza, indicando uma atitude experiencial solta e espontânea. Pode, também, ser associada à flexibilidade, à plasticidade, à elasticidade e à maleabilidade na correnteza de experiências, quando a vivência de movimentos flutuantes provém de um estado interno predisponente. A pessoa poderá deixar-se ir e abandonar-se à receptividade, ao acolhimento e à penetração daquilo que existe, abrindo-se à novidade, ao frescor e à surpresa. É possível, assim, deixar-se fluir numa espécie de plasma, até que alguma coisa se distinga e tome forma.

Da perspectiva da mobilidade psíquica, nota-se que, por vezes, o *ser interior* se manifesta de modo livre, fluido e espontâneo, como um *espaço aberto na mente*, dando-se em elevados graus de contato, ou seja, em contato expandido. Nesse caso, o espaço interno tende a ser experienciado como amplo, leve e solto, mas também como cheio de vida, de liberdade, de colorido e de brilho. Não é incomum que se apresente como espaço-claridade, espaço de sonho, de silêncio e de alargamento. Não se trata, porém, de produtos da imaginação, senão de contato aprofundado da pessoa com seu próprio ser, revelando-se como uma verdadeira arte interior. Para os propósitos do presente livro, que consiste, entre outros aspectos, em configurar e situar a experiência de imaterialidade, o espaço aberto na mente, decorrente de mobilidade psíquica, é questão de suma importância.

Como configurar a experiência de imaterialidade? Num primeiro momento, ela pode ser explicitada, justamente, desde esse espaço aberto na mente, que se relaciona com situações e objetos significativos, existentes tanto interna quanto externamente. Eles perdem, na mente, suas determinações concretistas e condicionadas, passando a se manifestar por características vivas, móveis, fluidas, etéreas, alargadas, harmoniosas, silenciosas, enigmáticas, primordiais e totalizantes, entre outras. Os relacionamentos com o mundo externo, especialmente com a natureza, se sutilizam, aprimoram e amplificam, tendendo ao encontro e ao aprofundamento de suas qualidades não-sensoriais. Estas não se confundem com qualidades puramente abstratas, porque, no contato, ocorrem como apreensões de uma realidade experienciada vivamente.

O eixo de sustentação da experiência de imaterialidade está centralizado no fato de que a mente se acha em disposição fluida, ou seja, em posição oposta a seu aprisionamento. Sob influência da mobilidade psíquica, assoma à consciência um universo que não é aquele produzido pelo fundo de impressões sensoriais, no qual a mente se enreda. Uma correnteza de existência, provinda do contato com o *ser interior*, realiza sua ação de maneira natural e espontânea, sem entraves e obstruções. Isso acontece porque estão diminuídas ou eliminadas as interferências ao contato. Em consequência, a mente encontra-se relativamente livre dos excessos de sensorialidade[1] e das impregnações pela fragilização. Como esse assunto ocupará grande parte deste livro, a ele voltaremos com

1 A sensorialidade refere-se a elementos compostos por concretude ou que têm

frequência. Neste momento, porém, importa dizer que, muito além das disposições sensoriais, em determinados graus de contato com o *ser interior*, tendem a cessar os conflitos, as turbulências e os comprometimentos psíquicos, que são próprios da sensorialidade e da fragilidade. Nessas condições, a realidade tende a revelar sua fisionomia e suas significações mais íntimas, que estavam encobertas por véus de invisibilidade. Para isso, determinado nível de sensorialidade necessita ser reconhecido e ultrapassado, assim como os processos de fragilização, que resultam em angústias e sofrimentos.

O encontro em profundidade da pessoa com seu próprio ser franqueia o acesso ao encontro da profundidade do mundo, isto é, à consciência da imaterialidade porventura existente na realidade externa. Nem sempre a imaterialidade se acha presente, mas, se estiver, poderá ser descoberta por nossas condições interiores de sintonia. Em instantes privilegiados, há a captação de uma realidade que se afigura sutil, aprimorada, viva, colorida, iluminada, radiosa, alargada, silenciosa, harmoniosa, primordial, totalizante e infinita, entre outros aspectos, na dependência do que se constitua. Sucintamente, a experiência de imaterialidade consiste na combinação, em graus, da não-sensorialidade presente na mente com a ultrapassagem do vértice puramente sensorial nos relacionamentos com o mundo externo. Por exemplo, havendo sentimentos de presença de vida interior, eles se dirigem ao encontro da vida da natureza, percebida em sua vibração e em seu fulgor.

Nessas condições, as experiências com a realidade interna e externa são depuradas o máximo possível das interferências de tipo sensorial, que fazem obscurecer a compreensão dos fatos pela criação e manutenção de emoções cegas e passionais. A emergência à

as propriedades, as qualidades e as características desta, preexistentes ou instaladas no aparelho psíquico, determinando manifestações psíquicas.

consciência da não-sensorialidade, no contato com o *ser interior*, é condição *sine qua non* para os relacionamentos depurados, mesmo que se deem em graus. Quanto maior for a limpidez do espírito, melhor a realidade poderá se apresentar em suas características imateriais. Estas são postas à luz mediante a experiência pessoal aguçada e relativamente livre das distorções interpostas pela mente. Nesse caso, é possível ocorrer a evidência de princípios imateriais nas coisas materiais, especialmente nos relacionamentos com a natureza.

Trata-se, portanto, do movimento mental de transformação dos dados sensoriais em dados imateriais. Ele surge ao se atingir tamanho nível de sintonia com o mundo que este desvenda sua sutileza, sua abrangência e suas faces surpreendentes e enigmáticas. É uma mudança de perspectiva, pela qual emerge algo diferente do estado sensorial, sem se dissociar da base material que lhe dá sustentação.

Nessa transformação, há um *effacement* dos traços concretistas dos fenômenos, que se tornam, por assim dizer, espirituais – se por esta palavra for possível conservar a conotação natural e imanente. As características dos fenômenos transmudam-se, na mente, em frescor de vida, etérea leveza, imagens de luz, colorido, brilho, amplidão, esplendor, sublimidade, assombro e tudo o que infinitamente se caracteriza como experiência de imaterialidade. Esta não diz respeito à simples negação da materialidade, mas à transformação em vivências nas quais as condições da interioridade são propícias ao acolhimento da novidade, da surpresa e do frescor. Por vezes, são vivências de apreensão da primordialidade, da transfiguração, da atemporalidade, da infinitude e da totalidade. No geral, são experiências que estão ao alcance de todo ser humano atento e sensível. A literatura, as artes plásticas e a música não se cansam de dar-lhes formas e expressões. Por exemplo, no século XII, um letrado chinês, Chen Yuyi (Demiéville, 1962, p. 379), escreveu um poema chamado "Claridade", que começa por descrever uma fresta iluminada no céu, que aos poucos vai clareando a superfície de um rio e deixa à distância o furor da tempestade. Depois, um pássaro canta, há frescor no ar e uma calma apaziguadora surge no bom tempo redivivo. Olhando a Via Láctea, o poeta compartilha com os demais esse momento mágico, que se torna esplendor imaterial, porque todo o seu espírito se ilumina. Não seria um claro exemplo de passagem do plano material ao imaterial? Não revela a presença de forças polidas, harmoniosas e isentas de sofrimento? Não demonstra a possibilidade de se viver num mundo difícil e sofrido, que simultaneamente se abre ao encontro da alegria?

Sem dúvida, seria necessário haver alterações nas condições e nas qualidades do espaço mental, de modo a criar uma abertura móvel, espontânea e aprofundada ao acolhimento do que existe. Essa abertura normalmente decorre dos processos de lidar-se com as saturações sensoriais e com as impregnações pela fragilidade, em função do estado do contato com o *ser interior* (Trinca, 2007 e 2011). Importa, essencialmente, assinalar a existência de recursos e vias de expansões, ao alcance de todo ser humano interessado e consciente de seu destino. Os condicionamentos, as barreiras ao desenvolvimento, as perturbações e os comprometimentos psíquicos são dificuldades a serem ultrapassadas, tanto no plano individual quanto no coletivo. Desde esse vértice, a psicanálise é uma disciplina suficientemente desenvolvida para proporcionar libertação da mente rumo à consciência da imaterialidade.

2. Modalidades de experiências I

Quando o contato da pessoa consigo própria se aprofunda e amplia, de modo a incluir forte manifestação de mobilidade psíquica, o relacionamento com a realidade interna e externa pode se modificar. Torna-se possível a apreensão da realidade sob a perspectiva da imaterialidade e, nesse caso, a mente encontra-se em condições de ultrapassar a contaminação por excessos de sensorialidade e por outras interferências emocionais. Se, por um lado, as vivências são pessoais e subjetivas, por outro, podem ser referidas a processos universais, compartilhados por grande número de pessoas. A seguir, ofereço alguns exemplos distintivos da experiência de imaterialidade. Pretendo esclarecer o assunto, levando em conta que o campo de suas manifestações é praticamente ilimitado. Assim como há graus de mobilidade psíquica, há níveis de profundidade e de amplitude para cada modalidade de experiência.

A realidade como sonho

Em geral, os sonhos noturnos referem-se a representações de aspectos psíquicos imprecisos, indistintos e difusos, que não se desenvolveram o suficiente para se tornarem percepções, sentimentos e pensamentos em forma completa ou emoções conscientemente claras e distintas. Uma das funções dos sonhos é tornar conscientes esses aspectos e, portanto, realizar tentativas de oferecer conhecimento a respeito do que, para o sonhador, constituem formulações incompletas e inacabadas. Os sonhos tendem a ser uma sementeira de fertilização para a composição de unidades de sentidos e para dar forma a um conhecimento em vias de elaboração. Desse modo, eles habitam uma dimensão móvel, flexível e fluida, que é bem representada por imagens.[1] Nela, os sentidos e significados estão em nível simbólico e polissêmico, tanto quanto em formas embrionárias, nascedouras e ebulientes. Por isso, os sonhos constituem uma justa metáfora para os relacionamentos com a vida desperta, quando esses relacionamentos têm por substrato um processo de vir-a-ser transformante, flexível, fluido e aberto à tomada de forma. Nessas condições, é possível entrar em sintonia com a realidade externa de modo semelhante àquele que o sonhador tem com seus sonhos. Se, na vida desperta, os estímulos sensoriais e a focalização sistemática dificultam a emergência e a apreensão da novidade, na vida onírica há melhores condições de um mergulho em profundidade, e isto se aplica à vida desperta experienciada em plano onírico.

---

1 Os chamados "sonhos maus" e pesadelos não são exceção à regra: são partes de um processo geral de veiculação da mobilidade psíquica, na tentativa de impedir o predomínio da tendência ao inanimado. Os sonhos psicóticos, ainda que fortemente saturados de sensorialidade, são apelos em prol da mobilidade (Trinca, 1999).

Na dimensão dos sonhos aplicada à vida desperta, geralmente não constitui estranheza a experiência de imersão numa nova atmosfera mental. O contato com as situações e os objetos passa a ter características similares àquelas que se encontram nos sonhos noturnos ou, ao menos, nas vivências que eles proporcionam. As imagens dos sonhos costumam falar de uma infinidade de coisas simultaneamente reais e irreais, verdadeiras e ilusórias, sensatas e absurdas, visíveis e encobertas, surpreendentes e banais, e essa é a perplexidade do *rêveur* em face de um mundo insólito vivido oniricamente. Mas não equivale à alucinação e ao delírio, uma vez que o sonhador desperto vive essa atmosfera em plena posse de si mesmo, pela qual não deixa de manter contato com seu centro de sustentação interna. É constituída uma dimensão propícia à descoberta e ao aprofundamento das muitas faces da realidade, dando-se no caleidoscópio de suas manifestações. Ao se distanciar do emparedamento no presente imediato, o *rêveur* conecta-se com uma esfera de referências não determinísticas e não cristalizadas do mundo em que vivemos. Há um campo fértil a mudanças de perspectivas, pelas quais se descortina o desdobramento dos fatos e o aparecimento de novas compreensões. Das brumas e das trevas surge um universo transformante, cujas significações geralmente não deixam de surpreender.

Não raro, a atmosfera de sonhos representa a mobilidade da vida aberta a transformações. O declínio e a morte, assim como o nascimento e a renovação, indicam a grande amplitude dos processos universais. Livre das coordenadas limitadoras de tempo e espaço, da estruturação lógica habitual e da concretude dos objetos, a vida afigura-se pertencer a novos contextos, muito além dos contornos situacionais e das contingências atuais. A existência humana pode ser pensada como presente em orla cercada de mistérios e de impenetrabilidade, mas também de inesgotabilidade e de cativantes enigmas. Não é difícil vislumbrar o desconhecido, o inusitado, o indeterminado e o absurdo. Aquilo que parece ser tão real, poderá deixar de sê-lo, porque, da perspectiva dos sonhos para a vida, é expressão de movimentos inescrutáveis. A instabilidade, a fugacidade e a impermanência fazem parte dessa realidade. Se há uma ilusão de eternidade das condições vigentes, estas se extinguem sem deixar vestígios. O que parece ser inabalável desfaz-se como poeira ao vento. Pessoas e acontecimentos logo são e os fatos de determinada época desaparecem como por encanto. O instante fugidio se faz e se dissolve como névoas de sonhos. A longo prazo, até os grandes impérios se desfazem. Notam-se ruínas onde antes havia poder e imponência. Novos sentidos são dados aos fatos antigos, transformando a matéria instável que os compõem. Então, porque dar exagerado valor e tamanha importância ao que se constitui matéria de sonhos?

No plano da fugacidade e da impermanência, a resposta envolve a sabedoria de viver uma vida plena, no contato da pessoa com seu próprio ser e com tudo o que lhe seja realmente significativo. Isto se faz sem se deixar cair nas armadilhas da sensorialidade, que incluem os enroscos dos condicionamentos mentais. Se viver é impreciso, importam sobretudo os vínculos, e eles adquirem ainda mais importância quando percebemos que são fugazes. Viver uma vida plena tem menos a ver com ligações concretistas do que com a realização dos vínculos. Estes são de natureza não sensorial e se associam à vida em efervescência e vigor. Cada momento significativo pode ser vivido como um instante mágico, dando expressão à existência pessoal e única, vivida como devoção.

Nesse contexto, torna-se possível experienciar os relacionamentos em uma perspectiva totalmente diferente de seu achatamento pelo mesmismo e pela coisificação, porque são vivenciados à luz da distância e da lonjura em dimensão onírica. Contam sobretudo a penetração na obscuridade, o acolhimento ao não sabido, os foros de existência ofertados ao informe e ao indeterminado. Se os significados ocultos aparecem desde um fundo abissal, nós nos predispomos a receber o que comunicam os abismos da realidade, para a ressignificação dos relacionamentos. Na atmosfera onírica, o sonhador encontra significações profundas nos infinitos sonhos da própria realidade, dos quais se faz intérprete. Não equivale a afirmar que a realidade por inteiro seja um sonho, e sim que podemos encontrá-la como sonho, e isto não deixa de ser real.

Quando a mente é tomada pela sensorialidade, tende à construção de um mundo regido por conceitos, padrões, fórmulas, estruturas e sistemas que parecem dados eternamente. Os significados têm a conotação de estar prontos e acabados, por isso movimentam processos de encarceramento, em que a mente se fixa e se encarquilha. Resulta quase sempre na ideologização de um mundo prefigurado e determinístico, concebido sob trajetórias previsíveis, reguláveis e manipuláveis. Mais que isso, é edificado um estilo de vida no pressuposto de que tudo pode ser conhecido e resolvido pela ciência e pela tecnologia, elevando-se ao máximo a onipotência e a onisciência humanas. Se tudo pode ser determinado, controlado e manipulado, nada escapa a esse universo criado pela mente. De forma paradoxal, o feitiço volta-se contra o feiticeiro, porque a própria mente é tomada e enredada nos produtos de sua criação. Ela tende a se reduzir igualmente a um produto sensorial, pela incorporação das características dos objetos com que se relaciona. Desse modo, tendem a ser eliminadas a humanidade do ser humano e a fonte de onde jorram os sonhos para a vida desperta, em que da realidade emerge a imaterialidade.

A presença de vida

Nós, seres humanos, naturalmente existimos pela força criadora da vida que irrompe por toda parte. As infinitas manifestações do fenômeno vivo não cessam de surpreender e são renovadas a cada instante. Contudo, a vida em si constitui um fenômeno espantoso, de natureza tão monumental que se torna impossível abarcá-la no âmbito da capacidade de compreensão humana. Ainda que seja limitado, nosso contato com o elemento vital que se apresenta dentro e fora de nós é fator determinante de sustentação da nossa existência. Ele nos liga ao significado universal da vida e nos coloca em união com a centelha obscura que anima cada ser vivo. A vida está em nós como princípio e manifestação inequívoca, mas o contato com ela se revela fundamental e decisivo para a experiência de viver. Caso sejamos sensíveis e atentos, o fenômeno vivo deixa-se transparecer em suas manifestações altamente diferenciadas e refinadas, nas quais podemos perceber o sopro vital que anima cada ser. Então, especialmente na natureza, encontramos exuberância e beleza. O aspecto grácil, móvel e etéreo aparece no contato sutil que estabelecemos com ela. Uma floresta ou um simples ramo florido, um bando de pássaros esvoaçantes ou um desajeitado filhote de passarinho, uma bela mulher ou um frágil bebê são verdadeiramente vivos para nós em sua marcante expressividade e enternecedora vivacidade. A vida ali presente manifesta-se inconfundivelmente de maneira nova, leve e fresca em cada momento de suas vibrações. Ela independe de entendimentos e reflexões, apresentando-se diretamente em suas feições originais.

Desse modo, o fenômeno vivo repercute em nós como experiência de presença de vida, fazendo-nos sentir que, tanto quanto nosso mundo interno, o mundo ao redor está vivo. Instala-se em nós a vida que é livre, solta e esfuziante. Passamos à dimensão de acolhimento das expressões finas, delicadas e etéreas dos seres vivos em sua vitalidade e em seu esplendor, como criações exuberantes da natureza. Essa experiência deixa de ser importante ou cessa de existir, caso não seja possível manter contato suficiente com o centro vital que responde por forte presença de vida interior. A experiência de existência própria, que se correlaciona com a consciência de si, é vivida como consciência de estar vivo, ao ser impulsionada pela força interna de vida que se denomina *ser interior*. O contato realizado com esse ser em nível expansivo costuma se traduzir pelo sentimento de presença de vida. A partir desse centro, em que nos sentimos emocionalmente vivos, a vida interior permite ligações com a exterior. Como o *ser interior* se constitui em foco de vida, o sentimento de presença de vida encontra sua plena realização na profunda entrega aos relacionamentos expansivos, nos quais a consciência de estar vivo num universo repleto de vida produz verdadeira alegria. Quando há contato suficiente com a vida interior, a vida exterior tende a se revelar, porque a vida interior descobre a exterior naquilo em que esta tem de fundamental. Nessa sintonia, é possível haver a percepção dos movimentos expressivos, pujantes e belos dos seres proximais e distais ao nosso alcance. A vida interior, que encontra a vida exterior objetivada em cada ser, descobre que, além de a vida ser um fenômeno geral, ela se ressalta em cada ser justamente por conter a expressão do ser de cada um.

A presença de vida não se dissocia da emergência de um espaço aberto e livre na mente, pelo qual a sintonia com a realidade externa é realizada de modo natural. Como fator inaprisionável pela mente, a vida manifesta-se em seu fluxo de forma desembaraçada e criativa. Uma espontaneidade que constitui a própria afirmação de existência da não-sensorialidade do *ser interior*, apresentando-se como mobilidade e como tendência à experiência de imaterialidade. Nesse caso, o contato com o fenômeno vivo pode alcançar a imaterialidade que lhe for intrínseca. Ou seja, pela não-sensorialidade vivida interiormente, é possível haver o encontro da vida em si como fenômeno imaterial, experienciada em etérea leveza. Na mobilidade psíquica instalada, há o encontro da flutuação que eventualmente possa existir nos fenômenos. Os animais, as plantas, as pessoas, cada ser vivo da natureza pode ser percebido como verdadeiramente vivo em diversas manifestações. Nós os apreendemos de modo primoroso, fino e delicado, mas também como centelha indescritível que, em certos momentos, se aproxima da sublimidade. Um matagal em dia claro, por exemplo, esplende em seu próprio vicejar, fazendo sentir seu sopro de vida, seus movimentos vitais, suas formas, cores e brilhos, seus sons amáveis e macios. Nele, a fruição dos movimentos vivos produz o frescor da novidade e do encantamento. É uma dimensão de trégua e de paz, que afasta toda saturação sensorial da mente.

Se nos colocarmos sob os efeitos dos conflitos, comprometimentos e turbulências, dificilmente encontraremos a limpidez de espírito que nos permite uma ligação mais depurada com o fenômeno vivo. Então, a própria ligação, sendo interferida, pode se mostrar enfraquecida, aprisionada, ausente ou extinta. Certamente, sabemos que há forças poderosas trabalhando contra a vida. O afastamento e o desligamento de sintonia com ela têm por base o distanciamento de contato com o próprio ser. Na linha de frente está a pulsão de morte, que atua em vista do aniquilamento dos vínculos, seja com a realidade interna ou externa. Dela decorre o distanciamento de contato, assim como a fragilização do *self*, que se apresenta especialmente como esvaziamento. Pelo distanciamento, a mobilização ao aparecimento dos distúrbios psíquicos é feita pelos excessos de sensorialidade (Trinca, 2007 e 2011). Contudo, a força imaterial da vida desdobra-se em criação, crescimento, expansão e renovação. A imaterialidade poderá vir a se constituir num estado espontâneo, caso a mente se liberte de cargas desnecessárias e de obstruções que dificultam ou impedem uma aproximação à realidade. Vencer os "fenômenos inferiores da vontade", no sentido schopenhauriano, traz libertação das dores, dos sofrimentos e da prisão sensorial. Livre de turbulências, o ser humano é capaz de encontro ou reencontro com a fonte original de vida presente na interioridade e, daqui, alçar voos a panoramas imateriais.

A radiância do mundo

A um observador atento, o mundo externo, assim como o interno, está sempre em movimento. Um movimento de transformação, um fluxo perpétuo em que tudo se renova. Heráclito de Éfeso (1964), que o percebeu, disse que mergulhamos e não mergulhamos no mesmo rio, dada a incessante metamorfose do mundo. Na mente, se as condições forem favoráveis, vigora a mobilidade psíquica, que responde pelo fluxo experiencial. Abandonar-se ao fluxo é colocar-se de modo aberto, receptivo e desarmado. Caso haja acolhimento, o mundo poderá revelar seus segredos, que são os segredos de suas transformações. A radiância do mundo aparece no espaço livre e aberto da mente, em que se movimenta a não-sensorialidade do *ser interior*, se a mente se tornar apta à sintonia fina com as feições transformantes do mundo. Sintonia que representa relacionamento pleno com o que é para nós significativo.

Nos melhores momentos de sintonia, podemos chegar à descoberta da radiância, que é inerente à própria existência da realidade. Especialmente na natureza, ela se mostra pela convergência de nossa atenção, quando estamos presentes em nós mesmos. Então, algumas configurações da natureza se sobressaem, deixando transparecer sua musicalidade, sua versatilidade, seu refinamento, sua nobreza, sua harmonia, sua grandiosidade e seu encantamento. A natureza parece se dispor ao próprio desvendamento. Nela, encontramos uma profusão de formas, cores, brilhos, sons, odores e uma infinidade de nutrientes para nossos sentidos e para a nossa alma. Certas confluências dão acesso à intimidade com ela. São momentos de composição e de síntese, em que a natureza revela culminâncias a que chegou em seus rarefeitos processos de autoaperfeiçoamento. Há ocasiões em que sua fisionomia se transmuda e se irradia, deixando em suspense um quê de indizível, parecendo ressoar de fontes profundas e inalcançáveis. Por vezes, não se dissocia das coisas comuns existentes ao derredor. Uma simples flor, o voo de um pássaro, os pinheiros ao vento, as montanhas ao longe, as cascatas, os rios e as florestas, o céu e o mar, os espaços estrelados, os abismos profundos, tudo se oferece à percepção, ao reconhecimento e à compreensão profunda de sua existência, que se conecta com a nossa. Superamos as contingências cotidianas ao penetrarmos um universo inesgotável e infinito, mas também, simplesmente quando, por exemplo, entramos em união com um pequeno canteiro de jardim: suas plantinhas coloridas e fulgurantes ao pleno sol de uma manhã serena, seus cachos brancos, verdes e lilases, seus arranjos de botões vermelhos e uma única trepadeira de flores violáceas e perfumadas, repletas de abelhas voluptuosas, parecendo uma cena de outro mundo. Somos finalmente livres para a contemplação das plantas balouçantes e do dia iluminado, para sentir o tempo quente, o aconchego pelo vento e a beleza das cores cálidas e iridescentes. Poderíamos relacionar tudo isso às pinturas de Cézanne e de Monet, levando em conta que a radiância é uma harmonia que a natureza se empenha em obter. Enternecemo-nos com seus espetáculos grandiosos, mas igualmente nos toca a sensibilidade uma simples gota iridescente de orvalho que pousa na folha de uma plantinha mimosa. A aparência visível do mundo torna-se uma emanação que transporta a vivências de esplendor. Um mundo invisível, que por vezes se deixa transparecer, subjaz à capa aparente da concretude e da banalidade.

Uma nova qualidade de relacionamento se instala, propiciando a captação de cintilações imateriais, quando elas realmente existem. Se bem percebida, a imaterialidade existente no mundo transporta-se à nossa interioridade, fazendo-nos intermediários e intérpretes de uma realidade viva, colorida, iluminada, primorosa, alargada e surpreendente. Desse modo, chegamos a saber que a radiância corresponde a um nível de contato de que sobressai a experiência estética. A beleza e a harmonia que por vezes habitam o fundo da realidade vêm se mostrar à nossa espontaneidade receptiva. Não raro, a radiância faz-se sentir como paz serena e imperturbável, provinda dessa região onde as coisas habitam. Nossa atenção simultaneamente espontânea e concentrada encontra o silêncio de suas existências e, assim, elas esplendem para nós. Num dia magnífico de sol, exuberante de claridade e contagiante de frescor, um vento tépido estende sua vibração sobre as árvores, as casas e o horizonte distante, tudo inundando de silêncio, que derrama uma aura imaterial. A Terra deixa de ser um lugar de penas e sacrifícios, de aspirações e conquistas, de vitórias e derrotas, a fim de se transformar em um espaço cheio de vida, paz e alegria. Momentaneamente desaparece a mente buliçosa e ocupada com preocupações minúsculas, elevando-se ela própria na experiência de imaterialidade.

Então, não são as experiências da mente sensorializada que proporcionam liberdade e conhecimento da realidade. Ao contrário, se o fundo sensorial da mente dita suas leis, são flagrantes as interferências sobre a percepção e o conhecimento da realidade. Contudo, uma vez desfeita a dominação sensorial, há possibilidades de contato com a fisionomia imaterial da realidade. Relativamente limpa de obstruções, a mente apresenta melhores condições de apreensão daquilo que realmente existe. Ao centralizar-se em si mesma como ser, a pessoa pode se voltar corretamente ao encontro da radiância do mundo, retomando o sabor original da significação.

As imagens artísticas espontâneas

Quando o espaço mental se abre, tornando-se livre e flexível, tendem a aparecer imagens artísticas espontâneas, que por vezes alcançam grande beleza plástica. São imagens visuais, auditivas, olfativas e outras que aparecem, com especial destaque às visuais. A interioridade é envolvida esteticamente por formas, cores, luzes e movimentos, dando-lhe suavidade e encantamento. Elas costumam surgir entre a vigília e o sono, apresentando-se por pigmentações, manchas e ondulações coloridas, mas também por colorido interior, imagens de movimentos, imagens artísticas bem configuradas, imagens intuitivas, imagens de alargamento e de amplidão, entre outras. Geralmente, são percebidas no fundo da mente, trazendo-lhe tranquilidade, leveza, harmonia, delicadeza e beleza; por isso, elas são consideradas imagens artísticas. Os conteúdos são diversos, uma vez que todo tipo de componente pode ser representado por essas imagens, sendo mais comuns as flores, os ramos, as árvores, os pássaros, os insetos, as pedras, os rios, as casas e os amplos espaços geográficos. Para elas praticamente não há limites artísticos: elas se combinam em arranjos magníficos. Na abertura da mente que se instala, mostra-se vivamente a arte interior. A duração das imagens é variável, mas não costuma ultrapassar a marca dos segundos. Para exemplificar, temos a imagem visual de um pequenino arbusto, cujos galhos são repletos de folhas vítreas e de flores brilhantes na tonalidade de ametista-queimada. No fundo da mente, as flores abrem-se refulgentes em silêncio e em esplendor. Um fundo imaterial cuja existência é ímpar. O espaço mental colore-se, resgatando o relacionamento com a pureza e a eteridade que podem ser encontradas no âmago da existência do mundo. Não há incompatibilidade dessas imagens com a existência do mundo real, que pode ser apreendido desde o invólucro interior cheio de suavidade e doçura, que se abre para a fertilização das percepções e dos relacionamentos.

As imagens artísticas espontâneas existem como processos naturais e criativos, sendo independentes das atividades intencionais de busca-e-encontro, realizadas por aplicação e esforço. É possível afirmar que elas estão na base do próprio ser da pessoa, em vez de serem meramente dirigidas pelo intelecto. Elas se conformam ao fluxo experiencial espontâneo, em que o espaço mental, por estar aberto e livre, produz imagens soltas, fluidas e lúdicas. Nisso, parecem se derreter as estruturas rígidas e convencionais da mente, em favor de novas formas de aproximação aos fenômenos. Sem dúvida, as imagens ajudam-nos a melhor nos relacionar, a perceber e a compreender o mundo. Em determinada faixa de sintonia, elas constituem uma via para o contato profundo, para o acolhimento e para a vivência de encontros significativos, que podem ou não se transformar em obras artísticas. Nessa faixa, elas colocam em evidência as propriedades imateriais dos fenômenos que de outra maneira não conseguiríamos alcançar.

Pelas imagens, na mudança de perspectiva que se instala, vibram acordes harmoniosos do mundo em que vivemos, que são revelações de sua fisionomia imaterial. A estética das imagens pode nos conduzir a um mundo transfigurado, todavia real, descoberto pela clareza da profundidade do contato. Ou seja, pelas imagens é possível haver participação na profundidade do fenômeno da vida, indo ao encontro da imaterialidade, onde ela de fato existir. Na pureza e na beleza da imagem artística de um arbusto, por exemplo, podemos aprofundar a percepção da forma, da cor e da luminosidade de uma planta existente no mundo externo, distinguindo uma existência "mais real", pela limpidez de percepção que se instala. A imagem constitui a expressão de uma abertura mental que se torna amplificação de contato com o mundo.

O que é característico das imagens mentais espontâneas é sua qualidade de transmissão de sínteses perceptivas e compreensivas. Em cada uma, podemos encontrar revelações de aspectos do próprio mundo que, por meio delas, se fazem presentes de modo condensado e, às vezes, transfigurado. Elas dizem respeito a uma comunicação privilegiada sobre o que se passa nos planos da realidade externa e interna, vindo revelar significados imateriais. Desse modo, elas contêm em seu bojo significações profundas, não se confundindo com imaginações e com criações artificiosas da mente. Chama a atenção o fato de que essas imagens podem aparecer como sínteses de integrações realizadas de modo inconsciente, as quais, por alguma razão, não se deram a conhecer conscientemente, senão sob a aparência de imagens. Como se trata de aproximações à imaterialidade, é de se supor que seja natural sua manifestação imagética, por ser esta uma forma fluida e lúdica de dar expressão a experiências em que o emprego da linguagem verbal se torna mais difícil. Por isso, correspondem a uma linguagem que, não raro, para ser compreensível, é preciso interpretar.

Há bons motivos para se afirmar que as imagens artísticas espontâneas realizam sínteses na área do contato entre o *ser interior* e a realidade. Por elas, pode-se sentir que há algo profundo no seio da realidade, sendo contrapartida de algo igualmente profundo existente em nós mesmos. Então, as imagens têm um ponto de partida na dimensão do contato com o ser de cada um, quando há suficiente integração psíquica. A vida do ser torna-se presença viva nas imagens, manifestando-se por mobilidade psíquica. Tanto que, ao haver relacionamentos e descobertas importantes, as imagens costumam ocorrer. De modo geral, trata-se da emergência à consciência da não-sensorialidade do *ser interior*. Distantes da órbita de influência da sensorialidade, as imagens artísticas espontâneas não se confundem com as imagens psicóticas, que são eminentemente sensoriais. Uma diminuição considerável dos conflitos, turbulências e comprometimentos psíquicos facilita o surgimento dessas imagens, que são fecundadas, em graus, pelo contato ampliado nos estados de expansão de consciência. As simples imagens de aves aquáticas, que nadam suavemente numa lagoa, por exemplo, são daquelas que fazem aquietar a mente. Mais do que isso, refletem o movimento, o colorido e a harmonia existentes no espaço mental. A vivência contém vibração estética, levando a refletir que, no geral, a experiência de imaterialidade é constituída pela tendência estética. Esta se manifesta de preferência no vazio de sensorialidade e no silêncio que por vezes o acompanha. Uma dimensão em que a mente está relativamente incontaminada por ruídos e outras interferências, podendo, assim, trazer à tona da consciência as características dos fenômenos em sua pureza e em seu frescor.

3. Modalidades de experiências II

As diferentes modalidades de experiências de imaterialidade de que estou me ocupando têm por substrato a expansão de consciência. Elas são alcançadas por diminuição ou cessação de interferências, representadas pelos obstáculos, perturbações e comprometimentos psíquicos. Nessas condições, o ser humano é capaz de habitar interiormente uma dimensão de silêncio, tranquilidade e paz. Cada uma dessas experiências é constituída pela feliz combinação de condições internas favoráveis com relacionamentos aprofundados em relação à realidade externa. O que sobressai desse encontro é a realidade o mais isenta possível de saturações e impregnações, seja pela sensorialidade, seja pela fragilidade. Impõem-se no plano da consciência uma verdadeira abertura e uma ampla liberdade, experienciadas em mobilidade psíquica.

O alargamento mental

Seria difícil falar de alargamento mental sem considerar o estreitamento, uma vez que ambos estão interligados. Portanto, vejamos inicialmente alguns aspectos do estreitamento.

De maneira geral, pode-se dizer que a oclusividade e a inconsciência são formas de estreitamento (Trinca, 2007 e 2011). Nelas, com frequência, a mente é tomada por emoções não pensadas. Quando estão em estado bruto, pode haver o absolutismo das emoções e a dominação por forças obscuras, primitivas, turbulentas ou caóticas. Nesse caso, o funcionamento mental passa a uma esfera não suficientemente alcançada pela simbolização. Talvez de modo menos virulento se encontra o sentir passional, que é um jugo, dado que a pessoa se torna em parte submetida às emoções, sem conseguir transformá-las em conhecimento. Uma forma mais frequente de estreitamento é o embotamento da sensibilidade, da afetividade e da humanização, em que a pessoa se prende a emoções e pensamentos superficiais, pequenos e mesquinhos, entrelaçados a um nível rudimentar de realidade. Predominam as variedades mais grosseiras de estrategização, de utilitarismo e de pragmatismo, com descaso aos valores sagrados do espírito. A questão da pequenez da mente passa a ser crucial, uma vez que nela tudo é banal, pobre e limitado: reduza amplitude de visão da natureza, da vida e do universo e ofusca a noção da existência humana como um processo mais amplo de experiências. A mente é condicionada à repetição congelada de padrões, sistemas, teorias, ideias, valores, crenças, ideologias e outras supostas verdades inquestionáveis, pelas quais se matam e se morrem.

No estreitamento, milhares de anos recaem sobre a condição humana, que carrega o peso avassalador dos caminhos batidos e gastos pelo tempo. Não raro, a sensorialidade dita as normas: um fundo de impressões sensoriais abarrota a mente, cuja origem é tanto interna quanto externa. Um imenso leque de perturbações psíquicas faz parte do estreitamento. Elas constituem diferentes formas de soluções paliativas e de expedientes encontrados diante do fato de as pessoas se distanciarem ou se perderem de si mesmas. Também, são soluções compensatórias e substitutivas ao verdadeiro contato e ao enfrentamento realístico da vida. Esta é malbaratada em defesas contra inseguranças, medos, ameaças e angústias de todo tipo. Assim, torna-se possível proliferar ao infinito a descrição do estreitamento. Contudo, basicamente, ele pode se resumir ao formato da saturação pela sensorialidade, qualquer que seja o tipo, e da impregnação pela fragilidade da mente, qualquer que seja a espécie. Nessas condições, resta pouco espaço na mente para a emergência dos vínculos verdadeiros, que dependem de liberdade, espontaneidade e vida criativa.

O alargamento mental, ao contrário, correlaciona-se com a superação no todo ou em parte de tais vicissitudes. Diz respeito à expansão de consciência, que ultrapassa a esfera da sensorialidade e da fragilidade, transformando-se em conhecimento. A significação da vida humana e da vida em geral situa-se em contexto mais abrangente, compreendida por largos movimentos do espírito. A amplitude de visão e o elevado nível de consciência alcançam um contexto amplificado, em que os fatos fazem sentido. O que se manifesta são os significados que a própria realidade oferece. O espaço livre e aberto na mente comunica-se com a amplidão, a grandeza e a magnificência da natureza, da vida e do universo. Há ampliação do espaço interno, que capta no espaço externo a profundidade imaterial do mundo. Se o estreitamento constitui uma prisão, o alargamento é a experiência de um espaço não saturado e aberto ao acolhimento. O espírito vaga pela amplidão dos fatos, para a contemplação das grandes alturas e dos imensos abismos. A mente abraça a grandeza que se espalha, ao flutuar em liberdade no fluxo inaprisionável. Temos, por exemplo, uma imagem: a cúpula do céu, completamente aberta, mostra a imensidade das alturas multicoloridas no entardecer de um dia claro. Vista de baixo, abarca a abóboda celeste estendida a um vasto horizonte, alargado em todas as direções. A imagem forma um contexto de amplas possibilidades ao que surgir; e o que surgir será límpido e pleno de sentido, porque não estará interferido por distorções de qualquer natureza.

O ponto de partida da experiência relaciona-se ao contato com o *ser interior* em alto nível de mobilidade psíquica, manifestando-se como não-sensorialidade. Se, no estreitamento, as emoções escapam à esfera de influência desse ser, no alargamento a não-sensorialidade se faz presente. Esta se mostra especialmente como espaço livre e aberto na mente, correlativo a um elevado grau de expansão, em que aparecem flexibilidade, elasticidade e fluidez. Permite que a mente se torne deslizante e vagueie espontaneamente pela vastidão e pela abrangência. Os sentidos dos fatos amplificam-se, sendo possível o reconhecimento de uma realidade que antes não se deixava claramente transparecer. Sabemos, então, que o mundo contém qualidades de abrangência, e podem ser encontradas por alargamento mental. Se a mente é livre, os objetos podem ser vivenciados como abrangentes num continente ampliado, que possibilita a passagem da concretude à imaterialidade. Ou seja, um espaço mental de abertura ao acolhimento da realidade mais profunda, que pode se manifestar como beleza, harmonia, grandeza e sublimidade. Não significa que inexistam a feiura, a discórdia, a dor mental, a maldade e o ódio. Estes, no alargamento, são concebidos e encarados em perspectivas completamente diferentes do estreitamento.

Estreitamento e alargamento são diferentes atitudes mentais que geralmente se apresentam na mesma pessoa. Caso não predominem a sensorialidade e a fragilidade, o espaço mental tem melhores condições de se alargar, criando uma atmosfera propícia à visão mais ampla. Uma das funções da mente reside justamente na transformação do dado bruto, da estimulação sensorial e da vivência restritiva em experiências expandidas. Essa condição mental foi percebida pela psicanalista inglesa Marion Milner que a descreveu como atenção estreita e atenção ampla (Milner, 1986). Na atenção estreita, preponderam as vivências restritivas, o utilitarismo, o imediatismo, as repetições cegas, os modos automáticos, as emoções infantis e as formas equivocadas de relacionamentos, seja da pessoa consigo própria, seja em relação ao mundo. Na atenção ampla, é refreada a busca deliberada de objetivos e de propósitos, evitam-se a seletividade das escolhas e os desejos que criam obstáculos. São importantes a isenção e a independência relativamente às intencionalidades que capturam a mente. Milner apresenta ambas as atitudes como diferentes formas de percepção da realidade.

Penso que a qualidade do espaço mental seja fundamental para a abertura à compreensão ampla. Estando pacificada, a mente tende ao espaço aberto e livre, em que a não-sensorialidade se comunica com o mundo exterior e, assim, torna-se possível a experiência de imaterialidade. A interioridade pacificada relaciona-se com um mundo igualmente pacificado, desde que, nesse mergulho de dupla profundidade, possam realmente existir qualidades imateriais no mundo.

Seja como for, o estado de alargamento consiste em perceber e compreender melhor. Por vezes, o ser humano consegue obter consciência mais profunda e universalizante de sua situação pessoal e de sua condição humana. Não somente a compreensão intelectual dos processos gerais, mas uma atitude voltada ao acolhimento dos segredos da natureza, da vida e do universo por simples ato de atenção plena e receptividade, desprovido de memórias, desejos e necessidades de compreensão (Bion, 1973). Trata-se de uma disposição dilatada de consciência, que abrange largos movimentos do espírito. Ela inclui a fé nos destinos humanos, a comunhão universalizante com os seres, a ressonância às vicissitudes que o viver acarreta, a compaixão pelos sofrimentos, a gratidão pela vida e a humildade em face da ignorância, do desconhecido e do mistério. Quanto mais se amplia a consciência pelo contato expansivo com nosso ser, melhores condições existem para sermos felizes, porque nossa realização depende de alargamento mental.

A luz interior

Há ocasiões realmente felizes, em que é possível haver contato com uma luz interior, que aparece como foco de claridade ou como nítida imagem espontânea, cuja presença ilumina, banha e colore o espaço mental, dando-lhe vida, suavidade, movimento e penetrância. A luz interior parece provir de um fundo invisível da mente, tendo a propriedade de aumentar e de diminuir em intensidade, extensão e duração. Ao fecharmos os olhos, tanto o foco iluminado quanto as imagens surgem ao plano da consciência, deixando o espaço interno envolvido em luminosidade. São relativamente comuns, entre outras, as imagens dos raios do sol em dias claros, de fogueiras, labaredas e línguas de fogo, de brilhos estelares, de joias, plantas e flores resplandecentes. Brotando no interior da mente, a luz participa de uma disponibilidade móvel e fluida, introduzindo liberdade, tranquilidade e vivificação. Em outro trabalho (Trinca, 2006), descrevi a imagem espontânea de uma luz irradiante, na forma de um pássaro transfigurado, que flutuava suavemente na amplidão do espaço celeste.

A experiência da luz interior não se dissocia da experiência de contato com o *ser interior*. Quando a luz passa a fazer parte da mente consciente, o que ressalta à primeira vista é o contato bem-sucedido com esse ser. Ela não existe somente no mundo externo, mas está interiormente instalada. Disso não tiveram dúvida inúmeros escritores e sábios famosos, como Wang Wei, Goethe, Wordsworth, Thoreau, Hesse e Tagore, que conseguiram transmiti-lo. Ela corresponde, porém, à expressão da não-sensorialidade do ser profundo. Sua existência se dá num espaço-claridade da mente, a que tenho frequentemente me referido. Se, por um lado, esse espaço é expressão do contato com o *ser interior*, por outro, é disposição ao encontro e acolhimento do mundo em alta mobilidade psíquica. São estados em que a consciência ampliada abarca novas formas de aproximação à realidade. Geralmente, o fato de haver luz na mente constitui uma descoberta surpreendente para aquele que passa pela experiência.

Havendo luz interior, o contato com o mundo externo recebe luminosidade de fora, mas também de dentro: sabemos ver melhor o mundo desde nossa interioridade apta para isso. Os objetos exteriores passam a conter um depuramento que faz realçar suas propriedades de iluminação, brilho e cor. A fonte interna ajuda a reconhecê-los, clarificá-los e sintetizá-los. O espaço iluminado da mente mantém correspondência com a luz presente na real existência do mundo. Pela transformação que se processa, os objetos podem ser apreendidos em transfiguração, permitindo, em graus, uma aproximação à sua natureza mais profunda. Desse modo, os espaços físicos de nossa casa, como a biblioteca ou a sala de estar, por exemplo, recebem nova luz, que desvenda seus significados imateriais. A luz interior vai ao encontro do desvelamento da luz porventura presente em cada objeto significativo. Uma paisagem, após a chuva, refulge no fulgor de miríades de gotas, como se fossem gemas preciosas. No sol do entardecer, as flores têm brilhos preternaturais e as pessoas parecem estar envolvidas em uma luz fulgurante. Ao modificar e depurar a apreensão, a luz interior costuma proporcionar suavidade e alegria.

Realiza-se a experiência de imaterialidade. Não estando submetido aos ditames do distanciamento de contato com o *ser interior*, o espaço mental pode flutuar em luminosidade. O acesso à imaterialidade da luz é uma experiência avançada no plano da evolução do espírito. Corresponde à dimensão da presença marcante desse ser, que faz alterar a qualidade das percepções, das cognições, dos sentimentos e dos pensamentos. Em ocasiões felizes, cessando as turbulências e os comprometimentos mentais, um universo luminoso tende a se revelar. A face do mundo mostra-se radiosa, sobrepondo-se à insensatez, à estupidez e à violência de muitas faces. A vida interior caminha para o equilíbrio, o silêncio e a paz. A torrente da vida apresenta-se deslumbrante pela luz que a ilumina, plena de harmonia.

Na experiência da luz interior estão diminuídos ou eliminados os relacionamentos estreitos, mesquinhos e pobres, os medos e as angústias, os desejos egocentrados, a prisão no sentir passional e, enfim, o rosário das perturbações psíquicas. A mente livre comunga suas experiências com um universo significativo. Luz e vida não constituem realidades separadas; ao contrário, os focos e as imagens de luz são expressões da vida interior, trazendo à tona da consciência o centro de sustentação que nos anima. Uma genuína manifestação do *ser interior*, cuja energia é constituída pela pulsão de vida.

Trata-se de experiência que tem sido descrita por inúmeras vezes e representada de diferentes maneiras na literatura, na filosofia, na psicologia e nas artes. Como ilustração, escolho deliberadamente o relato de Lusseyran (2005 e 2012), não só por ser especialmente tocante, senão pela condição particular do autor de vivenciar, observar e penetrar a fundo a experiência. Jacques Lusseyran nasceu em Paris no ano de 1924, tendo se tornado cego aos oito anos de idade, um fato que não o impediu de, ainda jovem, se engajar na Resistência Francesa. Foi preso e deportado para Buchenwald, onde passou quinze meses, tendo sido libertado no final da guerra. Conseguiu sobreviver graças a uma energia excepcional, advinda do contato com uma luz que o guiava internamente. Embora fosse completamente cego, a luz estava presente em seu espaço mental, existindo por si mesma, acompanhada dos contornos, formas e cores dos objetos. Era uma luz sem sombras, que tinha o poder de aparecer, espalhar-se, reduzir-se, deslocar-se e desaparecer. Lusseyran não via os objetos externos do mesmo modo que pessoas dotadas de visão, ele os via com o "olho interior". A luz vinha de dentro, banhando o universo com que ele entrava em contato. Ele descreveu a luz interior como alguma coisa totalmente diferente da simples memória: era uma correnteza de seu próprio ser, de que ele participava intrinsecamente. Quando se encontrava confiante, tranquilo e feliz, a luz guiava-o tanto interna quanto externamente. Quando, porém, ele se achava amedrontado, angustiado, hostil, invejoso ou, mesmo, impaciente, a luz tendia a desaparecer. Havia, portanto, uma identidade entre a luz interior e o sentimento de alegria. A luz, sendo uma manifestação de seu ser, comunicava-se com o exterior e, assim, Lusseyran aproximava-se do mundo, que se modificava para ele, mostrando-lhe as cores, os brilhos e os movimentos, desenhando os contornos e delimitando as formas no espaço. Ele pôde perceber que uma realidade de outra ordem podia se revelar a partir da interioridade. A luz interior compunha um movimento em que seria difícil separar dentro e fora, porque havia unidade. Ou melhor, Lusseyran entrevia uma zona intermediária entre dentro e fora, de maneira semelhante ao que Winnicott (1975) chegou a descrever. Então, não havia somente a luz interior, mas sua conjugação com a luz exterior, sendo esta vivenciada desde a interioridade. Para isso, seria preciso aceitar e receber o mundo que se apresentava de modo espontâneo; seria necessário o ato de abandonar-se à experiência, sem esforço ou intenção de atingi-la. Isso, para ele, era um estado de atenção, desprovido de interferências, em que as coisas vinham comunicar suas existências. Sem dúvida, existia também o ruído, que impedia o conhecimento. Contudo, havendo tranquilidade interior, seria possível encontrar a harmonia reinante no mundo externo.

Lusseyran refletiu que o mundo externo, revelado pela atenção, era preexistente internamente como possibilidade que se atualizava no encontro real: "A atenção revela a absoluta preexistência em mim de todas as partes do mundo" (Lusseyran, 2012, p. 170). Somente poderemos conhecer profundamente alguma coisa, se antes estivermos preparados por nossas condições interiores: "Sem a luz interior, nossos olhos jamais poderiam se abrir aos objetos luminosos do mundo" (Lusseyran, 2012, p. 158). Acredito que essa seja uma expressão do contato realizado com o *ser interior* em nível elevado de expansão de consciência. A fonte interna da luz é constituída pelo próprio ser profundo, que dirige os relacionamentos com o exterior, quando as condições do contato o permitirem. No encontro da profundidade interior com a profundidade exterior, um outro universo se revela, diferentemente da apreensão comum. Pelo *ser interior*, formamos imagens e apreensões sintéticas do mundo, tendentes à experiência de imaterialidade. A luz interior condensa e sintetiza o que se passa nas relações desse ser com o mundo, oferecendo o essencial dessas relações. Isso significa que preexiste uma sabedoria inconsciente, sendo ela um dado primordial que, por vezes, se torna consciente em função das condições do contato. Nesse caso, as imagens do mundo transformam-se em imagens sintéticas experienciadas no plano do ser. Pode ocorrer que sejam experiências alargadas de transposição do tempo e do espaço, atingindo a dimensão imaterial de encontro do inesperado.

A memória espiritual da humanidade

Quando estamos abertos e acolhedores, há em nós uma disponibilidade à memória espiritual da humanidade. Permitimos que ecoem em nossa interioridade receptiva os textos de sabedoria, os rituais sagrados, as obras artísticas, os mitos e as lendas, as construções e os vestígios deixados na poeira dos tempos pelos seres humanos do passado. São infinitas as obras legadas por um tempo remoto que nos remetem a fontes vivificadoras do espírito. Monumentos, templos, registros em metais, pedras, argila, marfim e infindáveis outras manifestações fazem sentir nossas ligações com raízes antiquíssimas. Os tesouros culturais acumulados pela humanidade ao longo dos séculos e dos milênios dizem muito a respeito da veneração que nutrimos pela ancestralidade de nossas origens. Inserimo-nos num universo de sentidos longínquos e venerandos. Alguns afloramentos desse universo se referem forte e claramente à marcha sagrada da humanidade rumo à construção de suas feições mais nobres e espirituais. Encontramos alguns exemplos em vestígios antigos, por vezes quase extintos. Para nós, uma biblioteca, um museu, um sítio vetusto, ou um lugar consagrado pela memória de povos antigos constituem formas de transmissão dos segredos mais longínquos da construção de nossa interioridade no processo de hominização. Conseguimos situar nossa existência individual e coletiva no seio de culturas milenares, retirando-nos do aprisionamento que o estreito espaço de nossas preocupações situacionais e de nossas ocupações imediatistas impõem. Há suficientes indícios para se pensar que, desde o período Paleolítico Superior, nos elevamos espiritualmente por meio do legado cultural e da construção de um patrimônio comum, que é a própria memória espiritual da humanidade. Sabemos que nossa expressão humana é feita da argamassa composta pelos produtos milenares da cultura, deixados na correnteza histórica, que ultrapassam as contingências da destrutividade e da sub-humanidade, que tentamos a todo custo eliminar. O conhecimento de uma sabedoria antiga abre nossos horizontes a leis e destinos universais, alargando nossa compreensão dos processos de humanização.

Há pelo menos dois tipos de memória. A primeira, denominada memória sensorial, diz respeito à esfera da sensorialidade, sendo muitas vezes associada a sistemas de acumulação e de continuidade presentes na mente. Ela é saturada por formas de perceber, sentir e pensar de cunho condicionado e concretista. Em sua base encontram-se as crenças, as ideologias e as concepções previamente fixadas como verdades inquestionáveis, assim como os padrões, os sistemas e os formulados tomados como definitivos. O outro tipo de memória é não-sensorial e comporta os elementos ativos da mobilidade psíquica, cuja origem é o contato com o *ser interior*. A função desta memória é totalmente diferente da memória sensorial, por ser produtiva, criativa, lúdica, espontânea e receptiva ao frescor da experiência. Ela se coloca muito além dos condicionamentos culturais, religiosos, políticos, sociais, raciais, educacionais e outros. No relacionamento com os dados sensoriais, este tipo de memória faz ressaltar, caso existam, as características e as propriedades não-sensoriais, mediante um processo de transformação conduzido por mobilidade psíquica. Em determinado nível de sintonia, a memória não-sensorial assume o papel de memória espiritual no contexto de situações e objetos vivificadores do espírito, experienciados como imaterialidade. Desse modo, é sempre possível nos ligarmos ao passado cultural, educacional e social da humanidade e, ao mesmo tempo, nos sentirmos desembaraçados e livres das saturações sensoriais de tal passado. Muitas vezes, os seres humanos ficam infelizes e morrem por suas ideias, por seus deuses e por tudo aquilo que consideram como verdades exclusivas e absolutas. Nisso está implícita a presença da mente sensorializada, que obscurece ou eclipsa a função não-sensorial. Mas pode ocorrer, também, um espaço-claridade, em que a memória ultrapassa as circunstâncias sensoriais, acolhendo a dimensão imaterial porventura existente nos dados da realidade.

Na abertura ao contato da pessoa com seu próprio ser, é possível experienciar o espaço-claridade, que resume, clarifica e vivifica as relações com a memória espiritual, tornando-se um reservatório vivo de encontros imateriais. Trata-se, portanto, de um espaço em que perpassam sentimentos de coisas antigas, solenes e eternas, vividas no aqui e agora, todavia como se estivessem além do tempo. Nele está a mobilidade do ser em suas raízes e em seus vínculos profundos, conectando-se com valores ancestrais. Dessa perspectiva, o planeta em que vivemos torna-se morada para a construção do espírito, em relação com valores perenes e universais. No contato com grandes obras do passado, o espaço-claridade reveste-se imaterialmente de leveza, colorido e abrangência.

Não raro, os registros de um passado remoto servem de nutrientes para a dimensão de encontro com a grandeza, a beleza e a majestade do universo. São fatos que perderam seus significados temporais. Cada vestígio, cada fragmento, cada objeto, cada obra desse passado nos remete ao princípio de uma luz que, iluminando as trevas, clareia o contexto mais abrangente em que existimos, alargando nossa compreensão, nossa inserção e nossa participação. Algo existente no fundo da mente ilumina e torna mais nobre nossa vida. Sentimo-nos mais humanos, porque nos ligamos ao fundo das idades e à ancestralidade das origens. Das obras imortais brilha uma luz que nos vincula aos significados grandiosos da vida, da humanidade e do próprio universo.

Em nossa mente, vivemos esses relacionamentos de modo distanciado das impregnações espaço-temporais que nos enredam, nos limitam e nos achatam. Passamos a nos sentir incluídos na existência atemporal dos objetos e situações com que nos relacionamos. Experienciamos seus sentidos plenos de leveza, luminosidade e abrangência. A experiência é evocadora de um dia ensolarado, que derrama silenciosamente sua luminosidade sobre as campinas e os vales verdejantes. Uma cena que se passa além do tempo: no espaço mental insaturado vigora o elemento fluido da mobilidade psíquica, tornando-se experiência de imaterialidade. Por esta, afastamo-nos das barreiras do tempo e experimentamos o momento atual na esfera das coisas que sempre existiram, fora e além do tempo. Não estando determinados pelo mergulho situacional no presente, experienciamos uma atmosfera que, ultrapassando o tempo, atinge a dimensão do sempre. Também, daquilo que é válido para sempre. Sua realidade é longínqua e perene. Por isso, nos faz sentir pertencentes a um universo de sentidos e significados abrangentes, que nos tornam mais humanos. Passamos a experimentar a fraternidade com os demais seres, comungando com eles uma marcha sagrada ao longo do processo histórico, vindo desde os albores da humanidade. Não estando engolfados pela historicidade, participamos de uma história antiga, vivida em comum. A identidade humana é construída pela experiência de união e participação no solo comum dos tempos e lugares, completamente distantes da memória sensorial, que é promovida por conflitos, interesses, disputas e guerras. Ligamo-nos ao ser humano de sempre, ao fundo espiritual em comum, que forma a identidade humana em comum. Uma experiência que podem ter os seres humanos em todos os tempos e lugares. O espaço interno responde pelo processo de espiritualização na comunhão universal dos seres, dando sentido à vida humana. É possível pensar a humanidade unificada num corpo total pelo fundo humano em comum, no qual a face de cada um espelha as outras faces. Cada ser comunga suas raízes com outros seres, nos quais se reconhece, ao reconhecer-se como ser.

4. A realidade imaterial

Independentemente dos vértices adotados, as descrições da experiência de imaterialidade retratam-na como um relacionamento em que a mente se torna livre, tanto quanto possível, de interferências e obstruções à capacidade de apreender, compreender e vivenciar a realidade interna e externa em seu pleno significado. Para isso, a pedra angular reside na atividade de análise e de conhecimento do que se passa na mente, em especial pela atenção, observação e compreensão dos fatores e dos elementos interferentes e obstrutivos, sejam os padrões, sistemas e condicionamentos mentais, sejam os demais aspectos originados do distanciamento de contato da pessoa consigo mesma. Na base desse processo está a discriminação da presença do *ser interior*, visto que a experiência de imaterialidade pode ser alcançada quando estão aumentados os graus de contato com esse ser. A mente é constituída de tal modo que a abertura à verificação e à compreensão das relações internas e externas estabelece os pontos de partida e de chegada do percurso rumo a um novo *status* de aproximação ao conhecimento da realidade. Como tenho ressaltado, é importante, nesse percurso, o reconhecimento da atuação tanto da sensorialidade quanto da fragilidade do *self*, com as angústias que a situação provoca. Tem sido observado que as modificações ocorridas na interioridade em favor de experiências expansivas passam antes por libertação, via conhecimento, da influência predominante desses fatores na vida mental (Trinca, 2011). Trata-se de um conhecimento que implica a diminuição ou o fim dos conflitos e turbulências, dando oportunidade para que os fatos se apresentem por si mesmos, como realmente são.

Se os fatores condicionantes do distanciamento de contato forem conhecidos, o espaço mental tende a se abrir à emergência de novas configurações e de novos vínculos. Em primeiro lugar, transparece a mobilidade fluida do *ser interior*, que é um potencial não-sensorial de abertura viva e flexível ao encontro da realidade. Como dissemos, em mobilidade o espaço mental pode ser experienciado como livre, aberto, límpido, alargado e abrangente. O contato com a realidade externa, desde essa abertura, tende a se tornar aprimorado, leve, espontâneo, natural, solto, aprofundado e significativo. A imaterialidade eventualmente presente no mundo se manifesta à consciência preparada para o acolhimento. Assim, a experiência de imaterialidade depende dessa disposição de abertura que, no espaço mental, se expande e se aprofunda em relação ao mundo externo.

Em tal disposição, pode ocorrer uma consciência mais límpida e depurada, na qual é possível ver melhor o mundo. Por intermédio do depuramento interior, podemos reconhecer as confluências prodigiosas da natureza e, mais ainda, chegar mais perto das raízes profundas da existência dos fenômenos, sejam distais ou proximais. O espetáculo da visão límpida não se esquiva a apresentar-se à receptividade aberta em disponibilidade solta, móvel e purificada. O olhar límpido encontra o objeto com que se relaciona em sua fisionomia imaterial. Nesse caso, não prevalecem as interferências dos medos, dos desejos e de todo o universo do sentir passional, assim como dos condicionamentos mentais, das turbulências e das perturbações psíquicas, senão unicamente as possibilidades de realização da experiência profunda. Deslizamos para o recebimento das manifestações da fugacidade e da transformação, na simplicidade que as envolve, mas também em suas existências enigmáticas e espantosas. Indo ao encontro do mundo, descobrimos que este não é um objeto informe, caótico e desencantado, existente numa dimensão desprovida de leis e de ordem. Pelo contrário, ao nos tornarmos "instrumentos" sensíveis de captação, ele se mostra amável à intuição, à percepção e à compreensão. Revela sua imaterialidade distintiva, cujas propriedades estão contidas em sua própria natureza. Em determinados comprimentos de onda, nossa consciência atentiva descobre os significados imateriais em propriedades vívidas, vitais, límpidas, evanescentes, cintilantes, alargadas, radiosas, harmoniosas, transfiguradas, primordiais, assombrosas, misteriosas e infinitas. No entanto, é sempre a realidade que se mostra à nossa capacidade de contato. Isso se verifica especialmente em relação à natureza. Diferente das aspirações predominantes no antigo espírito grego, que tomava a ordem harmoniosa da natureza como modelo a inspirar e a seguir, trata-se agora de aproximação à natureza em seus processos refinados e sutis, tomando-a como realidade a ser apreendida, vivenciada e fruída em contato visceral. Em seus bilhões de anos de evolução, ela chegou a se constituir numa preciosidade única de requinte e harmonia, em que a imaterialidade pode se manifestar.

Como vemos, a experiência de imaterialidade nasce do relacionamento com o mundo. Na mente, há a passagem dos dados puramente sensoriais à apreensão imaterial, quando a imaterialidade faz parte dos fenômenos. A ultrapassagem da materialidade em direção à imaterialidade só se torna possível porque a dimensão da imanência comporta essa realidade, que se desnuda e se revela ao espírito humano. Cézanne (Gasquet, 2012, p. 182), que claramente o percebeu, disse que "não se pintam as almas, e sim os corpos; todavia, estando estes bem pintados, a alma esplende e transparece, se ela existe". Há uma transformação da ordem experiencial, de tal modo que o mundo dá a conhecer sua significação sob o *status* de penetração profunda. Não se trata, absolutamente, de imaginações nem de desejos e crenças, muito menos de teorias e explicações para a realidade. Esta se impõe por simples existência e presença. Até nas imagens mentais espontâneas encontramos o mundo real, de que elas são sínteses perceptivas e compreensivas.

Se, para Bion (1992), o mundo, como realidade em si, não está circunscrito aos limites de nossa compreensão, é certo que nossa capacidade de sintonizá-lo está além dos limites do mesmismo, da banalidade e da concretude. A abertura aos vínculos é um antídoto à predominância de sensorialidade, sob todos os aspectos. Para cada indivíduo, a descoberta da imaterialidade faz com que o mundo sirva de alimento espiritual e estímulo à expansão. Mais que isso, o fundo monumental da realidade é estetizante e dele podemos extrair uma *imagem do mundo* que, norteando os relacionamentos significativos, dá sentido à vida e alegria de viver. É uma imagem do mundo de que se originam noções fundantes, representadas em algumas formas de arte, de filosofia, de religião, de literatura e de ciência. Para exemplificar, tomaremos, a seguir, algumas dessas formas, que indicam o caminho trilhado pelas realizações da experiência de imaterialidade ou por aproximações a ela na correnteza dos séculos e dos milênios.

Parte II
Imaterialidade e universalidade

5. Centelhas de imaterialidade

Como vimos, a imaterialidade é um componente da realidade que, com muita atenção, pode ser encontrado no mundo. Em certos momentos, revela-se com pujança e esplendor. Quando isso acontece, o ser humano recebe um bafejo de vida, em que as características imateriais se realçam. Então, há a tendência de representá-las de todas as maneiras possíveis e imagináveis. As expressões da imaterialidade são encontradas na correnteza histórica, desde o momento em que o ser humano começou a criar cultura. Por séculos e milênios, a humanidade tem feito uso de suas capacidades de intuir, perceber, observar, aprofundar, dar significação e representar a imaterialidade sob todas as formas, nos graus em que ela pode ser vislumbrada, surpreendida e apreendida. De tal forma que se encontra espalhado pelo tempo e pelo espaço um infindável número de artistas, filósofos, escritores, religiosos e sábios que vêm se esforçando para dar corpo ao legado imaterial, que hoje constitui o patrimônio comum da humanidade. Há um aprofundamento do plano imaterial da realidade, que é posto à luz pela arte e pela literatura, mas também pela filosofia, pela ciência e pela religião.

Observa-se uma disposição básica no ser humano de penetração nos sentidos íntimos da realidade, que se realiza em diferentes campos do conhecimento. No conjunto, podemos encarar essas realizações como expressões de encontros felizes da imaterialidade, antes mesmo de considerá-las como realizações específicas de cada campo. Isso não significa que eu considero a importância dos campos especializados menor, mas sim que ponho em evidência a *existência de uma realidade primária que é apreendida e de uma função básica de apreensão na mente.*

Seria possível proliferar ao máximo os exemplos da apreensão e da expressão da imaterialidade ao longo dos registros da história cultural da humanidade. Contudo, meu propósito se restringe a apresentar alguns exemplos significativos, a fim de dar relevo e ilustrar a magnitude da questão. Escolhi não ao acaso, mas por deliberação, alguns momentos felizes em que a evidência dessa expressão me pareceu excepcionalmente notável na história. Vistos em conjunto, são fragmentos e lampejos que aparecem na construção de uma via para o desenvolvimento do espírito.

Desde o Paleolítico Superior, as manifestações da experiência de imaterialidade disseminam-se por todas as épocas e por todos os lugares. Elas estão claramente representadas nas cavernas pré-históricas de Chauvet e de Lascaux. Procuro dar um apanhado de pontos de vista a respeito dessas criações longínquas, a fim de tentar decifrar seus sentidos imateriais. Milênios depois, encontra-se na Creta minoica o mesmo espírito vivificador, que reaparece no Egito dos faraós, notadamente no tempo de Akhnaton. Pode-se percebê-lo na Grécia de Péricles, especialmente na escultura e na arquitetura da acrópole. Haveria muito o que dizer a esse respeito durante o Império Romano, considerando-se a lírica latina, Virgílio e outros grandes poetas. Não me detenho e, a fim de buscar modelos significativos, salto diretamente ao extremo oriente, onde se encontram expressões inequívocas do universo imaterial nas dinastias chinesas Tang e Song. Depois, focalizando o ocidente medieval, há algo extraordinário nas catedrais góticas: os vitrais. Certamente, eu não poderia desconsiderar o Renascimento, especialmente o italiano, mas essa é uma ordem de grandeza tão fantástica e complexa que se impõem as escolhas feitas por afinidades. Entre tantos, um nome ressalta: Rafael Sanzio. Daqui em diante, surge um universo de possibilidades infinitas. Por razões de objetivo, concisão e espaço, as escolhas não vão além do romantismo e do impressionismo, uma vez que não me proponho a escrever uma história da cultura. Alguns exemplos se destacam nas vertentes da modernidade e da contemporaneidade. O que mais importa é saber se, no conjunto, os exemplos oferecidos são suficientes para dar uma ideia, ainda que incipiente, da presença da experiência de imaterialidade na consciência humana ao longo do tempo. Em caso afirmativo, será possível tomar o assunto em âmbito universalizante e meu propósito estará alcançado.

Na verdade, faço pequenos recortes de situações em que a ocorrência dessa experiência se destaca em diferentes campos do saber, quando seus traços se mostram visíveis. Em alguns casos, a visibilidade não passa da detecção das tendências que restaram nos fragmentos depositados na correnteza histórica. São, porém, sinais de aproximações significativas. Como há graus de manifestações da experiência, ela é por vezes representada em sua plenitude, ou então de modo relativamente parcial e embrionário, como lampejos vividos no ato de representar o que é por assim dizer irrepresentável. Essa dificuldade é menor quando a arte interior se associa a vivências de presença de vida, colorido, musicalidade e alargamento, que são mais simples de comunicar. De qualquer modo, algo permeia todos os períodos, escolas e estilos, perdurando com eles e além deles. O que é fundamental na manifestação da experiência de imaterialidade não varia essencialmente com o tempo.

Varia, sim, a adaptação ao espírito da época e ao *décor* onde ela se apresenta. A disponibilidade ao imaterial é uma constante refletida na criação das obras que, em seu conjunto, compõem a marcha sagrada que nos espiritualiza e nos humaniza.

A revelação da imaterialidade na correnteza do tempo constitui grandes momentos de epifania, por sua transformação em arte, literatura, filosofia, religião, ciência e outras formas de presença. Como processo e atitude mental, a experiência de imaterialidade situa-se no centro da questão crucial do desenvolvimento humano. Tendo em mente tais premissas, os recortes aqui realizados têm o sentido de configurar os elementos predominantes que transparecem nas obras, com o intuito de ressaltar a existência dessa constante histórica. Se bem caracterizada, poderá ser esmiuçada para efeitos de compreensão psicológica.

A pedra angular desse edifício são os graus de liberdade existentes no espaço mental. Esse fator, que em graus elevados responde pelo espaço livre, amplo e aberto na mente, é denominador comum para todos os tempos e lugares em que se produz a experiência. Para isso, importam sobretudo as qualidades do espaço mental: o afastamento das condições interferentes na liberdade criativa e na realização do contato com os elementos facilitadores. O momento criativo supõe que o artista, mas também o escritor, o filósofo, o religioso e o cientista se elevem além dos condicionamentos psicológicos, dos comprometimentos emocionais e da destrutividade. Quanto maior for sua liberdade, mais facilmente o gênio criador encontrará condições de se expressar.

Na verdade, independentemente da criatividade, o que buscamos é a vida. O que nos liga à imaterialidade é o encontro feliz de sentidos e significados em nossa expansão de consciência. Para isso, lutamos contra as forças destruidoras da vida, a tendência ao inanimado, as saturações pela sensorialidade, o esvaziamento, o domínio das angústias e da pulsão de morte, enfim. A experiência pessoal sempre foi, é e continuará sendo um guia fundamental e indispensável. É notável que as grandes obras da humanidade, em qualquer domínio, tenham em comum a apreensão imaterializada, reunindo a sensibilidade do mergulho vivencial com a profundidade da relação com o mundo. Ao se desimpregnar de saturações, a mente tende a se alargar, a silenciar e a entrar em atmosfera atemporal. Aquilo que se revela prima por surpresa e harmonia, mas, também, por transfiguração e por pertinência ao fundo abissal da realidade. Embora as qualidades da experiência de imaterialidade se diversifiquem, ela é fundamentalmente a mesma, sendo em princípio unitária. Ela só se fragmenta em nossas formas de concebê-la. A diversidade admite diferenças de conteúdo, intensidade e extensão, mas em suas várias modalidades há algo em comum, dando-lhes unidade de sentido, como veremos.

Nos exemplos que se seguem, retirados do contexto histórico segundo preferências pessoais, apresento algumas écfrases não muito minuciosas do que parece ser sugestivo da experiência de imaterialidade. Mantenho-me na rota da descrição e dos comentários sobre a experiência, sem me ocupar das questões históricas, técnicas e críticas envolvidas. Não pretendo incluir outros pontos de vista, a não ser aqueles relacionados à própria experiência. Ao falar aqui de arte, literatura, filosofia, religião, ciência etc., meus propósitos se limitam às associações com essa experiência, sem tomar as áreas em si mesmas como objetos de análise, salvo no que diz respeito à psicologia e à psicanálise.

6. Paleolítico Superior: Chauvet e Lascaux

As cavernas pré-históricas de Chauvet e Lascaux foram ocupadas sob a última glaciação, denominada Würm (nome de um afluente do Danúbio), em que a temperatura da Europa era bastante fria, com períodos intermitentes de clima relativamente mais ameno. Embora referidas a épocas distintas, essas cavernas representam a aurora dos tempos da cultura humana, situada no Paleolítico Superior ou Idade da Rena, que começou há aproximadamente 40 mil anos, sendo a fase inicial do que se entende por homem moderno. Sabe-se que o tipo humano que ocupou essas cavernas, chamado Cro-Magnon, tinha o mesmo aspecto físico do homem contemporâneo e não se distinguia deste no potencial de criação cultural. Vivendo em estepes e tundras, esses antepassados eram basicamente caçadores e coletores de alimentos. Eles tinham padrões culturais característicos, dentre os quais a pintura das cavernas, que servia a motivos culturais e religiosos. Muitas cavernas de arte rupestre são conhecidas, mas as mais interessantes se localizam ao sul da França, na Espanha cantábrica e na Rússia. Importantes são, especialmente, as cavernas de Altamira, Lascaux,

Chauvet, Trois-Frères, Pech-Merle, Cosquer, Niaux e Cussac. Ainda que cada uma delas apresente características próprias, têm em comum a representação predominante de animais vivos, geralmente relacionados ao ambiente das populações humanas da época, assim como de motivos abstratos, sinais para nós ininteligíveis e, ocasionalmente, os aspectos mais comuns da natureza; o ser humano quase nunca representado. A interpretação dos significados da arte parietal permanece controversa, passando pelo animismo, pelo totemismo, pelos rituais de iniciação, de fertilidade e de caça, entre outros. Sem excluir nada do que os especialistas consideram importante sobre as cavernas pré-históricas, escolhi duas delas para ilustrar a hipótese de que a tendência à experiência de imaterialidade já se encontrava ali representada. São as cavernas de Chauvet e de Lascaux.

A caverna de Chauvet

No Paleolítico Superior houve a chamada cultura aurignaciana, aproximadamente entre 40 mil e 28 mil anos (contados a partir de nossa época), na qual se inscrevem as pinturas mais velhas de Chauvet. Os especialistas não são unânimes quanto às datas dessas pinturas, situando-as em diferentes períodos, sendo as mais antigas referidas tanto a 32 mil e 33 mil quanto a 36 mil anos atrás. A gruta parece ter sido ocupada por seres humanos até há aproximadamente 21.500 anos, quando houve um desmoronamento que fechou a sua entrada e possibilitou a sua conservação. Até o momento, são as pinturas rupestres mais antigas de que se tem conhecimento. Nelas figuram imagens de animais em atitudes expressivas, especialmente bisões, cavalos, leões, rinocerontes, mamutes, ursos, auroques, cervos e renas, mas também símbolos abstratos, mãos e outras representações figurativas. Chama atenção, no fundo da caverna, a sinalização de um corpo humano híbrido, entremeando partes de bisão, de leão e de mulher.[1]

Tem sido aventada a hipótese de que essas pinturas são destinadas à captação da essência da potência dos animais representados, uma vez que eles simbolizam perigo, força e poder (Clottes, 1995). Além disso, há a representação do movimento vivo dos animais como um fenômeno ressaltante por si mesmo. O artista paleolítico procurou dar impressão quase cinematográfica de forte existência de vida nos animais, sendo essa uma atitude intencional e deliberada, que se encontra praticamente por toda a caverna. Penso que a relação com o fenômeno e com o movimento vivo seja um elemento básico a ser considerado, ainda que se trate dos tempos remotos das cavernas pré-históricas. Aliás, Chalus (1963, p. 69) já havia observado, muito antes do descobrimento de Chauvet, que em geral, nas cavernas pré-históricas, a representação do reino animal era "necessariamente o próprio símbolo da vida". Em Chauvet, prepondera nas pinturas a expressão exuberante de vida, manifesta simplesmente como uma presença. Não resta dúvida de que a caverna indica a ocorrência ou a necessidade de ligação com a vida, como um dado primário e fundamental. Braidwood (1988, p. 88) lembrou que, nas cavernas franco-cantábricas, os animais geralmente eram pintados "em cores vivas e carregadas de energia", simbolizando a vida. Se é a presença desta que os artistas de Chauvet insistiram em representar, certamente diz respeito ao que se passava em suas mentes. A pintura da vida existente no mundo exterior torna-se importante na medida em que representa a necessidade ou a presença da vida interior. Para que haja a significação da obra, é necessário que o artista realize a representação do significado para ele existente, seja em plano individual ou coletivo.

---

1 A caverna foi descoberta em 1994. Há trabalhos para a consulta dos depoimentos de seus descobridores (Chauvet; Deschamps; Hillaire, 1995).

Sendo sensível à percepção do elemento vivo, tanto externa quanto internamente, o artista tende a comunicá-la aos que comungam com ele os mesmos princípios.

Não só a representação das expressões vivas, mas a sua grandiosidade, a sua magnificência. Talvez seja por isso que quase não existem nas cavernas imagens de animais de pequeno porte; em Chauvet, há uma coruja. A intenção original do artista era dar a impressão de atmosfera grandiosa, e os animais de grande porte melhor se harmonizavam com a força mágica e misteriosa da natureza. Sendo a própria vida da natureza, os animais causavam admiração, espanto e terror sagrado; todavia, estavam em ligação com o próprio mundo, no qual se animavam da energia vital e de vigor. O que havia de mais característico para a manifestação bela, nobre e pungente da vida eram esses grandes animais. Como força colossal e símbolo, podiam ser incorporados e interiorizados para nutrir a energia humana necessária à sobrevivência e à própria ligação com o princípio de vida. Desse modo, os mundos externo e interno passavam a ser um *habitat* de vida, algo em si mesmo maravilhoso.

O que a visão da caverna de Chauvet possivelmente transmitia naquela época ao espectador? Colocada na obscuridade protegida de seus 400 metros de extensão, ela era um mundo à parte para ser contemplado como arte, mas também como inspiração para a vida e como êxtase sagrado. Em ocasiões e condições especiais de contemplação (rituais, cerimônias, cantos, luzes, sons, cheiros etc.), a caverna proporcionava um transbordamento exuberante de vitalidade e de energias extasiantes. Quem recebesse os influxos dessa força poderosa em seu espaço mental poderia se revigorar. Talvez fosse a base de uma crença naturalística, cujo objeto era a própria força prodigiosa da natureza (a mãe-terra), ali representada pelos animais, com os quais os seres humanos se intercambiavam. A visão esplendorosa da vida, assim como da vida da natureza, era o que havia de essencial.

Se as cavernas de Altamira e de Lascaux foram sucessivamente chamadas de capelas sistinas da Antiguidade, o mérito poderia se estender a Chauvet, por representar semelhante espírito com que, milênios depois, muito além de quaisquer crenças ou dogmas, Michelangelo Buonarroti celebrou a obra artística que realiza a humanidade do ser humano. Em Chauvet, trata-se da superação da posição restritiva e presa ao cotidiano, a fim de elevar o espírito ao contato amplificado com a vida e o viver. Uma expressão da experiência de imaterialidade.

A caverna de Lascaux

Lascaux é uma caverna de arte pré-histórica descoberta em 1940 no Vale de Vézère, próximo de Montignac, na França. Nela se encontram as mais extraordinárias pinturas parietais do Paleolítico Superior, afastadas de nós aproximadamente entre 17 mil e 21 mil anos, sendo pertencentes à cultura denominada solutrense. São tão conhecidas que se torna desnecessário descrevê-las.[2] Chama a atenção a quantidade, o movimento, o colorido, a expressividade, a vitalidade, o charme, a majestade e a fineza dos animais pintados ou gravados. Impressiona, em especial, os cavalos galopantes, as vacas saltadoras, os bisões imponentes, os cervos ágeis e plácidos, os touros vigorosos e possantes, assim como a beleza do conjunto. Cada detalhe da pintura é tratado com esmero e rigor, mesmo que com o passar do tempo alguns traços tenham acabado se sobrepondo aos outros. Do conjunto emana a força vital de uma

---

2 A descrição pode ser consultada, entre outros, no texto clássico de Bataille (1980).

arte grandiosa, mas também oferece um recorte particular que os seres humanos daquela época fizeram de sua visão de mundo.

Em Lascaux, mostra-se na expressão corporal dos animais a relação íntima do artista com o objeto representado. Os animais movimentam-se não como tropas, mas com características individuais precisas, realçadas pelo porte, pela vivacidade e pela harmonia. Tudo ali tende a se tornar livre, leve e solto, livrando os animais de seu peso original. Como em Chauvet, eles se apresentam em movimentos e símbolos da vida, sendo expressões inequívocas de sua pujança e de seu poder criativo. Bataille (1980) aponta em Lascaux a flutuação, o movimento febricitante de uma dança empolgada: a mobilidade da própria vida que ali é representada. Os artistas da caverna por certo mantinham o sentimento de presença de vida, que os elevava ao plano da grande arte. Para Braidwood (1988), essa arte se compara às melhores produções de todas as épocas.

Todavia, 15 mil anos de distância separam Lascaux de Chauvet. Se entre elas há em comum a exuberante presença de vida, em Lascaux transparece com mais propriedade a combinação do esplendor das formas em movimento com o colorido e a luminosidade, dando a cada figura uma aura por assim dizer preternatural, refletida no conjunto da obra. O colorido, o brilho e a expressividade das imagens, a força de vida que delas promana e a impressão causada pelo todo só poderiam ser transmitidas por artistas de gênio, imbuídos eles próprios da presença de vida, do colorido e da luz que, desde a interioridade, permitem a experiência do belo e do sublime. Eles demonstram sua condição interna para a percepção do mundo, todavia um mundo transfigurado por cores, luzes, movimentos e encantamento. Viveram momentos únicos de captação, contendo imensa energia, que se concentrava no próprio ato da representação, cujos resultados foram recompensados pela figuração da harmonia. Uma harmonia que passava pela arte interior, em relação com a imaterialidade reconhecida no mundo.

Se, como diz Kandinsky (1986, p. 117), "belo é o que é interiormente belo", este se apresenta antes na interioridade do artista, que está apto aos desafios técnicos da arte e ao relacionamento profundo com o mundo. O espaço mental torna-se propício à arte interior que, por vezes, se assemelha às imagens mentais espontâneas em formas, cores e luminosidade, vivificando-se o contato. O universo revelado por essas imagens não se dissocia do reconhecimento da existência do mundo real, mas o que transparece como síntese na arte exterior parece estar nas proximidades dos grandes sonhos. Por isso, Bataille (1980, p. 69) pôde afirmar em relação a Lascaux que "a matéria, a variedade e a fineza da cor dão a esse grande *décor* uma cintilância de pedras preciosas". Por sua condição interna para a representação da beleza, os artistas Cro-Magnons testemunharam a iluminação do espírito para uma ordem de grandeza que ultrapassava em muito os dados meramente sensoriais do ambiente em que viviam.

O que faz com que essa caverna seja descrita como Capela Sistina? Ainda que servisse ao culto, ao rito e à manifestação da religiosidade, era um espaço de arte e uma fonte de experiências sublimes, dirigindo o espírito à distinção entre o universo sensorial e o imaterial. O interior da caverna tinha tudo para marcar a diferença entre esses dois mundos. Se sua pintura se impõe ainda hoje à nossa admiração, naquela época ela já era uma representação majestosa, com a finalidade de dar sentido à vida de permeio às vicissitudes da condição humana. Como vimos, era evocadora de ligação com a vida e com o viver, despertando formas sutis de elevação espiritual. De modo tão esplendoroso que se associa à obra-prima de Michelangelo, na qual Pater (2014, p. 90) assinalou "o calor e a plenitude, o senso que faz nossos pensamentos fervilharem de pássaros, flores e insetos". Não tinham semelhante apelo à leveza os artistas pré-históricos? Não era a experiência de imaterialidade que eles procuravam transmitir? Penso que o espaço interno pontuado de formas, cores, movimentos e luminosidade, manifestando-se como arte, oferece uma resposta convincente. Parece ser evidente nessa arte a expressão de uma espiritualidade de encantamento com a transfiguração de elementos naturais do ambiente ao redor em elementos imateriais. Bataille (1980, p. 47) observou que "essa arte, tão próxima de nós, parece abolir o tempo". Ultrapassando o tempo, ela contém a linguagem universal, inteligível aos seres humanos sensíveis de todas as épocas e de todos os lugares. Nos primórdios da civilização já havia essa condição mental, que respondia verdadeiramente pela humanização.

Luz e sombra nas cavernas

Temos visto que, junto aos pintores Cro-Magnons de Lascaux, a arte era engrandecida pela relação espiritual com a realidade fenomênica, cuja inspiração provinha de um universo proximal elevado ao esplendor. Se, por um lado, essa concepção não abole a experiência imanente do sagrado, por outro, prescinde da inclusão de uma relação transcendente com a divindade. Todavia, à primeira vista, parece haver uma contradição com os fatos, ao se observar que, justamente no fundo mais remoto das cavernas, tanto de Lascaux quanto de Chauvet, há indícios de chamamentos ao sobrenatural.

Em Lascaux, numa das extremidades, abre-se um buraco denominado poço, onde se encontram pintados, de um lado, um rinoceronte e, de outro, um bisão ferido, de cujas entranhas saem as vísceras. Aparentemente, ele foi atacado pelo rinoceronte e, também, por uma azagaia mediante um lança-projétil. Entre ambos os animais está a figura de um homem com cabeça de pássaro, estendido no chão e dado como morto. O homem é desenhado em traços estilizados e esquemáticos, está nu e de pênis ereto, ao lado de um bastão encimado pela figura de uma ave. A cena parece estranha ao contexto da caverna, se considerarmos o conjunto das pinturas e gravuras. Supostamente, é a representação de uma cena de caça, em que um homem foi morto participando desses acontecimentos. Sua alma está em relação com a esfera sobrenatural e empreende o caminho do além: a travessia em direção ao mundo dos mortos, para a qual a figura do pássaro, o bastão de pássaro e o esvaziamento em parte do invólucro corporal são representativos e significativos. O espírito transforma-se em ave, sendo conduzido pelo bastão, igualmente em forma de ave, indicando o suporte da travessia. Desse modo, a cena pode ser concebida como uma representação simbólica da crença na sobrevivência após a morte.

De modo semelhante, não se exclui em Chauvet a relação com o sobrenatural quando consideramos, especialmente numa das extremidades da caverna, a representação da figura feminina híbrida, composta de bisão e leão, envolvendo o sexo da mulher. Os especialistas, embora com divergências, costumam ver em tais figuras do Paleolítico a representação do próprio Ser Superior e, sendo combinadas com o sexo feminino, a representação da grande Deusa, seja ela considerada mãe dos animais, princípio de fertilidade, avó mítica ou potência criadora da vida (Chalus, 1963). A divindade híbrida de Chauvet encarna dois aspectos importantes: aquele que condensa a potência viril e os atributos masculinos dos animais e aquele que realiza a fecundidade feminina, o renascimento e a renovação em toda a natureza. No fundo da caverna, a deusa paleolítica é, portanto, um ser complexo. Nela estão representadas e integradas duas faces, de que fala Chalus (1963), que são ao mesmo tempo feminina e masculina, humana e animal, natural e sobrenatural. Revestida da força mágica e dos poderes do mundo animal, ela recebe as oferendas, os rituais e as cerimônias, protege os adoradores, propicia as boas caçadas, renova a natureza e estabelece ligações entre os mundos visível e invisível.

É possível afirmar que tanto em Chauvet quanto em Lascaux existem dois níveis distintos das cavernas, que correspondem a dois planos diferentes de significações. O primeiro, mais evidente e aparente, diz respeito à realidade visível e natural, sendo associado à natureza viva dos animais, que são apreendidos como símbolos de energia, vivacidade e vitalidade. Neste nível, as expressões do mundo real são traduzidas diretamente das formas experienciais e transformadas na realidade da arte. O segundo nível, mais profundo, recôndito e obscuro, está localizado nos lugares menos acessíveis e nas profundezas misteriosas, sendo ligado ao culto do invisível, que se conecta com o além, com o mundo sobrenatural dos espíritos e com a própria divindade. Parece ser um nível frequentado preferencialmente pelos iniciados, durante as ocasiões de rituais e de encontros sagrados. Em Chauvet e Lascaux, o primeiro nível corresponde a toda representação esplendorosa fixada nas paredes das cavernas, em especial aos movimentos vivos dos animais, aos brilhos e cores, à harmonia e à grandeza que se revelam como obra artística. No segundo nível estão a figura feminina híbrida de Chauvet e, sem dúvida, o homem morto do poço de Lascaux.

Lado a lado com o mundo majestoso e luminoso dos animais pintados e gravados, coexiste outro mundo subterrâneo e sombrio, praticamente sem isolamento entre eles. Este último é o depósito dos perigos, dos sofrimentos, das angústias, dos terrores e dos ódios. Corresponde à visão do lado nefando da vida, cujas ameaças se originam tanto da natureza inóspita e indomável quanto da destrutividade cravada na própria mente humana. Não é sem razão que a figura do homem morto se encontra em outras cavernas pré-históricas, como Cosquer, Cougnac, Le Placard, Pech-Merle e

Sous-Grand-Lac (Clottes e Courtin, 1996). Significaria a simbolização de uma oposição entre os níveis esplendoroso e tenebroso das cavernas? Em Chauvet, a imagem e os sinais do urso, representando ameaça e perigo, estão praticamente espalhados por toda a caverna. Também, a figura da Deusa paleolítica é, sem dúvida, aplacatória dos medos e angústias em relação ao fundo ameaçador e terrorífico da realidade. Interpenetrada e transmudada em animal, ela detém a força mágica e supra-humana de superação da destrutividade e da morte. À primeira vista, o mundo sombrio parece negar todo o mundo luminoso das cavernas. Há, quase sempre, alguma coisa que, rompendo a harmonia, põe às claras o inconsciente temido, a destrutividade e o terror que ronda por tudo.

Todavia, a arte das cavernas pré-históricas foi feita para a contemplação. Muito além dos perigos, dos medos e do fundo tenebroso, as representações falam da superação do sofrimento e do domínio sobre o pavor, como se manifestam no esplendor dessa arte que nos fascina. Os artistas conseguiram transmitir a submissão das forças brutas e avassaladoras às capacidades humanas de experienciá-las e representá-las como harmonia e majestade. Isso só se tornou possível graças a tê-las vivenciado um passo além do aprisionamento e do jugo que, na vida cotidiana, normalmente elas provocavam. Trata-se, certamente, de uma evolução mental de nossos ancestrais em direção à diminuição e à eliminação do terror primitivo de aniquilamento. A admiração e o encantamento que essas obras puderam ter causado ao espectador participante daqueles tempos incluíam a admissão da força colossal da natureza, todavia uma natureza que de terror se transformou em alívio. São obras que não serviram apenas à insuflação de coragem para o enfrentamento doloroso da vida, senão especialmente à experiência contemplativa de elevação e serenidade em face das angústias de destruição e de morte.

O que não falta a essas obras é a vida. Tudo nelas reflete a ligação com a vida, porque tinham propriamente a função de insuflar vitalidade. Uma retomada, por meio delas, do alento, da força e da alegria de viver. Algumas expressões são fortes e potentes, outras são cândidas e simples, mas é sempre a vida que elas cultivam. Em vez de um mundo perigoso, desolador e esmagador, a vida apresenta-se ali como vitalidade inesgotável e como fonte de inspiração, nutrindo a própria vida do espectador no ato da contemplação.

No grande inverno da época glacial, sob densa capa de gelo, as cavernas pintadas e gravadas, ainda que não fossem habitadas, eram lugar de vida, cuja temperatura mais constante propiciava, como imensas catedrais, movimentos de louvor à vida. Por meio dos animais, a natureza fornecia a inspiração necessária à continuidade do sentido da vida, bem como à ligação com a vida e com o viver. Era indispensável que a continuidade não se rompesse e a vitalidade não se esgotasse em face da angústia, da desesperança e do abatimento físico e mental. Aqueles artistas souberam encontrar meios de transmissão simbólica da força de vida que, dimanando de suas próprias ligações vivas, se opunha à força de morte por vezes onipresente. Neles, o espaço interno vivificado e externalizado em arte oferecia à experiência do espectador o sentido de perenidade da vida ao que era perecível e fugaz. Mais que isso, era a passagem para outra dimensão, evocadora de uma visão beatífica, que se elevava a um nível de realidade mais profundo. A arte permitia a passagem à dimensão de paz das alturas, que convidava à cessação dos conflitos e das dores existenciais. A missão da arte já se impunha naquelas épocas remotas, como preparação e reconquista da experiência de apaziguamento e de serenidade. Desse modo, a arte paleolítica traz em seu bojo a estética da etérea leveza, suspensa nos fios da imaterialidade.

Comentários

Não há contradição no fato de que as cavernas de Chauvet e de Lascaux apresentam dois níveis de significados que se inter-relacionam. Se considerarmos a dinâmica instalada, um nível sustenta-se no outro, em processo de interação. O aspecto luminoso depende de lidar-se com o sombrio e este se manifesta por evolução insuficiente do luminoso. Em consequência, é possível dizer que ambos se complementam. Na medida em que a obra de arte harmoniosa seja uma referência à superação de toda turbulência e de todo o horror, ela descortina uma visão serena, sustentada pela harmonia existente no plano da realidade mais profunda. Lança um convite ao espectador contemplativo de realizar uma rotação de perspectiva, a fim de encontrar ou reencontrar o fundo escamoteado e ignorado da realidade, aquele que revigora o espírito. Em face dos poderes nefandos de destruição e de morte, subsiste um outro mundo, existente tanto dentro quanto fora da mente, cujo contato faz suportar, diminuir ou cessar os sofrimentos. Entre os dois níveis das cavernas há, portanto, uma continuidade de significação dinâmica. Em alguns momentos privilegiados, o espectador era conduzido a esse contato e, talvez, a essa superação: um gesto mágico, quase religioso, tendo o sentido de uma libertação. Alçava-se um voo inesquecível em direção à experiência de imaterialidade. Assim, o Paleolítico Superior viu o nascimento da arte– mas também daquela humanidade que exprimia na arte uma relação especial com a vida.

7. Creta e Egito: expressões de vida

Se, para a experiência de imaterialidade, a condição indispensável é haver liberdade interior, expressa como sentimento de presença de vida e alegria de viver, poderemos tentar encontrar na história da civilização épocas, lugares e circunstâncias em que houve a realização, ainda que em parte, do ideal de tomar a vida como bem supremo e de vivê-la como prioridade absoluta. Isso foi determinante particularmente em dois momentos históricos, que são marcantes e invulgares: a Creta minoica e o reinado do faraó egípcio Amenófis IV ou Akhnaton. É verdade que, desde o Neolítico, vinham soprando ventos da liberdade de fluir em maior consonância com a vida, mas foi nesses dois períodos históricos que surgiu uma confluência singular de energias e de vitalidade sem precedentes em favor da liberdade de participação e de fruição da vida. Em ambos os casos, o princípio de vida reinou soberano como referência essencial e proposta vivificadora do espírito. Apresentou-se como fonte original e universalizante, destinada a fecundar a interioridade humana. O contato com essa fonte conduziu as relações com a realidade interna e externa, incluindo a arte e a religião, mas também um estilo de vida baseado na celebração da beleza.

Creta minoica

No final da Idade do Bronze Superior e começo da Idade do Bronze Tardia (cerca de 2000 a.C. a 1400 a.C.), desenvolveu-se na Ilha de Creta uma civilização avançada, cujas características eram originais, se comparada com outras civilizações da mesma época, especialmente com os egípcios e os mesopotâmios. A principal diferença em relação a estes povos era que, na Creta minoica, o estilo de vida, a expressão do pensamento, a criação artística e a própria *Weltanschauung* eram de qualidade incomparavelmente superior, se tomarmos por base os princípios imateriais de liberdade, naturalidade e espontaneidade. Por seu isolamento, a civilização cretense, ao menos até 1450 a.C., estava relativamente livre de influências estrangeiras, tendo uma cultura *sui generis*, que veio quase direto do neolítico. A ela se aplicam as designações de pré-helênica e pré-micênica, sendo associada às escavações que, a partir do ano 1900, com sir Arthur Evans, colocaram à luz importantes sítios arqueológicos, como Cnossos, Festos e Zacro. O período culminante dessa cultura, aquele que particularmente nos interessa, parece não ter durado mais que 200 anos, entre 1700 a.C. e 1500 a.C., sendo anterior, portanto, a seu declínio, que ocorreu por conta de erupções vulcânicas, terremotos, maremotos, guerras e invasões. Foram catástrofes que resultaram no enfraquecimento de Creta e, no final do segundo milênio a.C., em sua dominação pelos gregos dórios. Descobertas arqueológicas de túmulos, palácios, vasos, afrescos e estátuas, bem como de objetos artesanais, entre outros, serviram para dar uma ideia bastante clara do ambiente e das condições de vida em Creta. Até 1450 a.C., a sociedade cretense pode ser descrita como predominantemente pacífica, tranquila, amante das artes e repleta de alegria de viver. Torna-se possível, então, analisar esse florescimento do ponto de vista das relações com o tema da imaterialidade.

No apogeu da civilização minoica, a arte transmitia, praticamente em todos os seus domínios, animação, leveza, soltura e elegância, como se nota, por vezes, nas representações da natureza, em especial nos pássaros, nos vegetais e no ambiente marinho. Contrastando com a arte originária do Egito, da Mesopotâmia e do Vale do Indus, que era predominantemente formalista, rígida e hierática, a arte cretense primava por uma espécie de ausência de regras, como observou Biesantz (1971). Parece que os artistas, em geral, não estavam comprometidos com modelos ditados pelos padrões oficiais da arte e da religião, se estes de fato existiram. Apenas se interessavam em representar livremente os movimentos soltos e naturais da própria vida. Aos gestos livres, acrescentavam-se a beleza, a graça e a gratuidade das manifestações espontâneas. Isso ocorria de modo geral na cerâmica, onde prevalecia o princípio de crescimento e expansão dos vegetais (Biesantz, 1971). As formas delicadas dos vasos tinham uma aerodinâmica particular, que combinava com as decorações vegetalistas e espiraladas, realizadas em completa liberdade. Ainda que eventualmente pudesse servir a finalidades religiosas, essa arte não apresentava preocupações formais, causando a impressão de movimentos naturais. Na representação de animais e de seres humanos, predominava a mobilidade e, em alguns casos, como nas imagens dos touros, estes parecem flutuar no espaço (Pedley, 1999). Na pintura, eram comuns as representações de danças, cenas de culto, combates de touros, plantas e paisagens marinhas, em composições livres e fluidas de cunho naturalista. Elas "têm em comum a rapidez e o nervosismo do desenho no estilo de esboço" (Robertson, 1978, p. 21). Uma policromia viva e impressionante fazia cativar o olhar, tanto na pintura quanto na escultura. Por vezes, o realismo colorido era característico, como no caso de *A parisiense*.[1]

Na arquitetura, os palácios foram, em geral, construídos sem as exageradas preocupações com as defesas, sendo, portanto, menos fortalezas e mais lugares de convívio e bem-estar. Diferente da arquitetura micênica, que sucedeu à minoica, os palácios e residências foram edificados de modo aberto e iluminado, predominando a liberdade, como aliás em tudo na vida e na cultura cretense original. Biesantz (1971, p. 117) disse que "se encontra nos palácios cretenses uma recordação do estilo quase vegetal dos vasos minoicos", que se desenvolvia livremente. O mesmo se pode dizer do artesanato: os sinetes, as joias, as taças, as lâminas das adagas, entre inúmeros outros objetos, mostram os movimentos e os ritmos das danças. São figuras expressivas, elásticas, ágeis e soltas, não lhes faltando harmonia. De maneira geral, a arte minoica pré-helênica associa-se a um povo juvenil e, em seus traçados, linhas e *décor*, ao brincar espontâneo das crianças. O amor à vida, intimamente ligado à beleza, era o que seus artistas buscavam representar. Uma arte de elegância e vigor parece ter sido impulsionada pela relação do artista com o elemento vivo, por ele experienciado internamente. Mas era, também, a atitude mental predominante nesse povo: a arte correspondia à expressão da atitude geral perante a vida, e não somente dos artistas e das pessoas esclarecidas. Talvez isso ocorresse pela natureza das características mentais dos cretenses, em geral pouco submetidos aos dogmas consagrados, à institucionalização da sociedade e ao controle pelo poder dominante.

É possível que o sentido de liberdade tenha correlação com o matriarcado. Essa hipótese foi defendida por estudiosos como

1 Para uma visão geral, poderá ser consultado o excelente trabalho de Preziosi e Hitchcock (1999).

J. Hawkes e G. Thompson. "Parece mais do que certo", disse Hood (1973, p. 143), "que em Creta se observaram costumes do tipo matriarcado (governo da mãe)". O fato é que havia o prazer de viver daqueles homens e mulheres, convivendo em jovial alegria, sem aparente distinção entre sexos. Nenhum compromisso de ordem moral ou religiosa sobrepunha-se ao compromisso essencial com a vida. Malraux (s/d, I, p. 69) assinalou que esse prazer "só a civilização do Egeu o pressentira, por vezes". Havia profusão de energias vitais de um povo amante do entusiasmo de viver. Se este desaparecesse, não seria jamais possível a existência de manifestações como foram encontradas em Creta. Os minoicos faziam um recorte particular das relações com o mundo, baseados no sentimento de presença de vida, que se conectava com as manifestações do fenômeno vivo existente em toda parte.

Essa disposição do espírito não deixava de conter princípios imateriais ou uma aproximação a eles. O aspecto material quase desaparecia e toda a sensorialidade cedia lugar à dimensão de imaterialidade, de que sobressaía a atmosfera onírica, a fruição da vida, a leveza e a graça. A diferença existente entre uma paisagem de sonhos e outra, tomada em sentido concretista, era que aquela se desprendia do aspecto material, em ultrapassagem da concretude, para a elevação do espírito. Biesantz (1971), ao estudar a arte minoica, chamou a atenção para a existência de um espaço imaginário de efeitos flutuantes, no qual não havia a solidez tectônica e desaparecia o lado material do objeto. Este valia por sua existência imaterial, prevalecendo o movimento leve, grácil e etéreo. Por isso, Creta minoica era indissociável das danças, tomando-se estas como metáforas de uma atitude mental que produziu efeitos de longo prazo, tanto que Safo (1987, p. 96), no século VI a.C., escreveu:

[...] em Creta,

dançavam moças ao redor de altares:

seus pés marcando um tempo além das eras.

Em Creta, dança e religião andavam juntas, sendo a vida em si mesma uma forma de religiosidade. Ou melhor, imbricavam-se vida, natureza e religiosidade. A natureza, em movimentos expressivos, associava-se à própria vida; a comunhão sagrada com esta tornava-se culto à vida. Mais do que culto de fertilidade, era a relação viva com a natureza que mais importava, deificando-se sob o símbolo sagrado da Deusa-Terra, também considerada Natureza-Mãe, uma divindade naturalista. Não faltavam danças nas cenas de adoração e culto. A divindade manifestava-se diretamente como imanência sob as formas de cavernas, rochedos, plantas, animais selvagens, pássaros e tudo o que era tido por sagrado na natureza. Os minoicos "transformavam a evidência cotidiana numa transcendência relativa" (Chalus, 1963, p. 236). Tudo isso se ligava à liberdade de viver, de ser e de pensar, convertida em culto à natureza e em religião simples e natural, nada tendo a ver com dogmas institucionalizados ou crenças sectaristas. A Deusa-Terra era a expressão religiosa da relação artística tanto com a vida quanto com a natureza. Religião e arte estavam em grande proximidade: não se distinguiam, quando se tratava da relação com a natureza, que constituía sua origem em comum. A Creta minoica evidencia que a experiência de imaterialidade pode se expressar como vida e como arte, mas também como religiosidade, desde que as expressões se fundamentem na apreensão dos fenômenos da realidade imanente, dentre os quais a própria natureza.

Contudo, o mistério não deixa de estar presente na religião minoica, uma vez que o desconhecido, o enigma e o fundo abissal são partes intrínsecas da realidade. Há mistérios em toda a natureza, cujas obscuridades sempre causaram fascínio em todos os tempos e lugares. Tudo indica que a originalidade criativa em Creta tenha origem nas remotas tradições neolíticas e paleolíticas, seguindo a linha do desenvolvimento de uma atitude predominantemente naturalística e não violenta. Essa atitude, que se manifestou de modo livre e fluido na arte, na religião e no estilo de vida, parece ter durado até a chegada dos conquistadores helenos. Primeiro, dos aqueus, que introduziram a cultura micênica; depois, dos dórios, no limiar da Idade do Ferro. Com as invasões e as destruições, Creta perdeu sua originalidade, caindo no lugar comum das estratificações sensorializadas, engajada na bandeira da dominação e do poder, sob o advento de um deus indo-europeu masculino.

Apesar de sua atitude geral *sui generis*, é de se perguntar se a Creta minoica esteve totalmente imune à sedução expansionista em direção às ilhas distantes e ao próprio continente. A tradição mitológica faz crer que Minos submeteu muitas cidades ao seu poder e Creta se tornou a rainha dos mares. Concordando com a ideia de dominação, Aristóteles (2006, p. 62) escreveu que "a ilha de Creta parece ser destinada por natureza a mandar em toda a Grécia", se bem que ele escreveu numa época muito posterior ao período minoico. Seria preciso supor exércitos, guerras e uma descomunal vontade de poder. Contudo, historiadores mais tradicionalistas acreditaram, como Hall (1948, p. 53), que "não temos nenhum testemunho escrito de um império cretense na Grécia". Seria simplesmente lenda o mito de Teseu e o minotauro? Pode-se duvidar que jovens gregos de ambos os sexos eram levados ao sacrifício nos labirintos de Creta? Com base em alguns ossos de credibilidade duvidosa, Pedley (1999) sugeriu a prática de sacrifícios humanos, especialmente de crianças, por volta de 1450 a.C. Pela interpretação de Hall (1948), a poderosa dinastia de Minos dispunha de amplo poder talassocrático e reinava com espírito imperialista. Este autor, que escreveu na Inglaterra do início do século XX, não admirava o espírito cretense, porque para ele esse povo talvez vivesse cruelmente e de modo iníquo. Um modo que ele chamou de "espírito maléfico", segundo as ideias vitorianas prevalecentes ainda em sua época.

Como vemos, são controvertidas as opiniões sobre Creta. É discutível, porém, que no período minoico a ilha tivesse sido perversa, belicosa, violenta e cruel, como querem Hall e outros historiadores. Difícil é conciliar essas interpretações com as descobertas arqueológicas de palácios minoicos que nem sequer eram fortificados. Mais razoável seria supor que o aspecto destrutivo, inerente à condição humana, fazia parte da vida e da sociedade cretenses. Cnossos, Festos e Zacro são importantes sítios arqueológicos que oferecem inúmeros exemplos de pinturas, cerâmicas, sinetes e outros objetos, nos quais as cenas representadas são violentas. Há animais que se atacam, animais dos quais jorra o sangue sacrificial, acrobacias taurinas, touradas a salto em que alguém cai nos chifres dos touros etc. As cenas, simultaneamente belas e perigosas, levam a pensar que se em Creta houve movimentos pró-vida, houve também movimentos pró-morte, sendo que estes não são negados ou escamoteados. Mas a destrutividade não parece ser suficiente para invalidar a força de vida, a juventude e a alegria de um povo em seu fluir criativo.

Tudo indica a preferência desse povo pelo desabrochar da liberdade, da espontaneidade e da leveza. Se não caracteriza a manifestação plena da experiência de imaterialidade, constitui ao menos um endereçamento a ela, numa expressão de seus graus iniciais. Se não chega a dar o passo decisivo, que mais nos surpreenderia, houve certamente um desenvolvimento rumo à via do espírito. Nos horizontes sombrios da história da civilização, esse é um acontecimento admirável e um marco decisivo. Se "o amor à vida e à beleza dominava os artistas cretenses", como disse Hall

(1948, p. 52), significa em parte o domínio da violência e a superação da destrutividade, que são precondições da experiência de imaterialidade. Hoje sabemos que há níveis e graus de expansão da consciência nos processos de se lidar com o conflito entre as forças pró-vida e pró-morte. Se em Creta essas forças se colocaram face a face, importam sobretudo os recursos empregados nas tentativas de superação e no alcance da própria humanização. Mas importam, também, os momentos bem-sucedidos de superação e a atitude geral de um povo, refletida nas escolhas e nos direcionamentos voltados à vida e à beleza, como portas de entrada da imaterialidade.

Akhnaton

O faraó Neferkeperurê-Amenófis IV, mais conhecido como Akhnaton, pertenceu à XVIII dinastia do Egito, que durou cerca de 200 anos. Foi um período áureo, no qual o Egito se transformou em um grande império, que ia do Sudão às fronteiras da Armênia, incluindo a Síria e a Palestina. Nascido em Tebas, filho de Amenófis III e da rainha Tiy, subiu ao trono muito jovem e morreu com aproximadamente 30 anos de idade– o que fez com que tivesse um reinado curto, que a maioria dos especialistas situam entre 1375 e 1354 a.C. Ainda jovem, casou-se com Nefertiti, que alguns estudiosos acreditam ser sua irmã; outros, porém, dizem que ela era uma princesa de origem mitaniana. A religião oficial do Egito era constituída por um panteão de divindades e centralizada no culto a Amon, cujos sacerdotes exerciam imenso poder, tanto religioso quanto político. No sexto ano de seu reinado, o faraó mudou seu nome para Akhnaton, que significa "agradável ao Disco Solar", rompendo com o sincretismo do culto tradicional a Amon. Nesse momento, criou uma concepção religiosa, muito mais simples e natural, baseada no princípio básico da vida. *Aton*, o Disco Solar, não era uma expressão material, mas a emanação visível de uma divindade única que dispensava vida e calor, assim como enviava seus raios e sua magnificência indistintamente a todos os seres. Era um culto exclusivo ao Kado Disco, isto é, ao espírito ou energia existente no interior dele. Foi uma revolução religiosa que contrariou os interesses sacerdotais e as crenças milenares, de sorte que se instalou uma situação de conflito aberto. O conflito resultou na abolição pelo soberano da religião tradicional e na perda das vantagens da poderosa casta sacerdotal. Ele proclamou a veneração a Aton como uma nova forma de liberdade, de estilo de vida e de concepção do mundo. Abandonou a cidade de Tebas e construiu uma nova capital, chamada Akhetaton (o horizonte de Aton), situada onde hoje se encontram as ruínas de Tell-el-Amarna. A nova cidade era destinada a ser "uma ilha de paz num mundo de guerras", como disse Savitri Devi (1981, p. 110).

A disputa com os sacerdotes fez o rei se isolar e se enfraquecer no âmbito interno e, por causa de seu pacifismo extremado, que preconizava a não violência e o fim das guerras de conquistas, o império perdeu suas possessões na Síria, na Palestina e no Mitani, levantando um clamor geral contra o "faraó herético". Tendo se desmoronado o império colonial em menos de uma década, foram inevitáveis a reorganização da oposição e a reocupação do reino pelas elites conservadoras. Por isso, até hoje se encontram nos escritores e historiadores diatribes contra Akhnaton. Por exemplo, Hall (1948) considerou-o um tipo degenerado, de caráter admirável, mas anormal, cujo raquitismo evoluiu para o cretinismo e possivelmente para a loucura. Outros descreveram-no como contemplativo, dado a convulsões e a alucinações ou alguém intoxicado pela divindade (Devi, 1981). Freud, em seu esplêndido trabalho *Moisés e o monoteísmo* (2006), apontou nele um tipo sonhador. Contudo, também foi reconhecido como um indivíduo de caráter excepcional, que estava além de sua época, levando James Henry Breasted, um notável arqueólogo e historiador norte-americano, a ver nele "a primeira individualidade da história da humanidade" (apud Devi, p. 74).

Para Akhnaton, o sol era o princípio criador, doador e mantenedor da vida, tomada em amplo sentido, como fonte responsável pela existência dos seres e dos processos naturais em todo o universo. Seus raios iluminando o mundo eram representados pelo símbolo *ankh* da vida. Importava, acima de tudo, a ressonância na mente da luz, das cores e do brilho, mas também da forma pela qual o sol fazia cada indivíduo experienciar a vida interior. Nesse relacionamento, era sempre a vida que era celebrada. O rei-poeta cantava em seus hinos que sentir os raios do sol correspondia a sentir um sopro de vida nos pulmões (Devi, 1981). A cada manhã o sol fazia renascer vida interior, sendo essa uma presença inolvidável e inefável. Tudo indica que a experiência pessoal de Akhnaton se referisse à presença do sentimento de vida e à luz interior, vivenciadas como um forte apelo aos vínculos. Ultrapassando o dado sensorial, a experiência passava ao plano imaterial, alargando a visão da realidade e produzindo a alegria de viver. Desse modo, a vida existente no interior do Disco Solar comunicava-se com os seres humanos, provocando a expansão deles, porque a vida em si mesma era algo extraordinário, imenso, inesgotável, indecifrável e misterioso. Ligar-se a ela equivalia a dar sentido à própria vida, indo ao encontro do cerne da realidade.

Nas paredes dos túmulos de Akhetaton foram encontrados os hinos escritos por ele que chegaram até nós, apesar das tentativas de destruição de toda a memória dessa época, por conta da retomada do poder pelos sacerdotes de Amon, após a morte do faraó. Alguns pesquisadores concluíram que esses hinos foram cantados nos templos de Aton com o acompanhamento de arpas (Maspero e Sete, s/d). O chamado *Pequeno Hino* é considerado um hino à vida,[2] pois fala da eternidade da vida, assim como da vida que se instala na interioridade humana. A luz do sol, em cores e brilhos, irradia-se pelo mundo em cintilâncias que cativam e encantam, fazendo os corações viverem por sua simples presença. Aton, autocriado, é criador de tudo o que existe: homens, mulheres, gado, animais, árvores. Eles vivem enquanto permanece sobre eles o brilho do sol. De manhã, à vista do sol, os corações animam-se de vida. Se esta desaparece, tudo se apaga, ao se apagar a fonte que ilumina. A experiência dessa presença é uma verdadeira revelação, que faz reviver os corações. A beleza do mundo é nutrição da vida interior, celebrada por cânticos de alegria. Perante o todo da criação, o ser de Akhnaton, em seu coração, está feliz. As emanações de Aton sobre a Terra são eternas: milhões de partículas do poder da vida fazem as criaturas viverem. Há uma embriaguez geral de vida, que se manifesta em todos os lugares. A alegria de viver espalha-se por tudo.

Chegou até nós, também, o *Grande Hino* que pode ser considerado um hino à universalidade, sustentado igualmente no princípio de vida. Nesse hino,[3] o princípio de vida é associado à beleza, quando o sol aparece no horizonte. Sua beleza e seu brilho, espalhando-se por todo o Universo, unem todas as terras e todas as nações, sem fronteiras. Na ausência dessa fonte, são as trevas e a morte que dominam. Quando o sol se esconde no horizonte, há males de todo tipo. A ausência de luz simboliza o que se passa na interioridade, quando a solidão predomina e a melancolia se instala. As trevas representam a falta de sentido da vida, a destruição e a morte. Mas há regozijo e alegria na luz que ilumina a alma. A claridade interior é vida e, nela, a melancolia desaparece: os seres

2 Uma tradução encontra-se em Devi (1981).

3 Baseado numa tradução para o inglês de F. L. Griffith (*in* Petrie, 1899).

põem-se de pé, vivem e trabalham. O contato com a fonte vivificadora da interioridade anima a relação com os seres da natureza: o gado, os pássaros, as ovelhas e até os peixes dos abismos profundos. Em vez da desesperança, tudo passa à vida. Aton impulsiona a vida por toda parte como um bem supremo, oferecido a todos os seres. Concede-lhes paz, tranquilidade e garantia de crescimento. Assim, tudo está no devido lugar, sendo o mundo uma expressão da bondade da vida. Nessa experiência, a mente se abre, penetra a profundidade dos fenômenos, encontrando na Terra um nicho de florescimento da vida. Isso faz animar e vivificar a própria vida interior. Cada coisa tem seu lugar no mundo, cada ser tem o que necessita por conta do princípio de vida. São diferentes como seres, mas são iguais pelo princípio de vida. A Terra é destinada indistintamente a todos na unidade desse princípio. Há lugar para todos, sejam egípcios ou estrangeiros. Todos têm direito à vida, são igualmente protegidos e são irmãos. Os raios do sol nutrem todos os jardins da mesma maneira. Milhões de formas veem o sol de cada dia. Elas são emanadas da vida e da beleza do sol, para que elas próprias tenham vida e esplendor. Descortina-se na Terra um espetáculo grandioso. Akhnaton teve uma experiência pessoal de conter a substância íntima do sol, o *Ka* do sol e, assim, ele e todos os que passam por experiências semelhantes se mantêm interiormente vivos, quiçá para sempre.

Penso que, ao realizar essa experiência, Akhnaton não pôde dissociá-la do sentimento basilar, quase larval, de ter um ser. Na interioridade, a experiência de presença de vida e de presença do próprio ser por vezes se equiparam, dando um forte sentido de individualidade. Não é sem motivo que, entre os gregos, a individualidade era representada por Apolo. Com o fortalecimento desta, a força de vida naturalmente se dirige ao encontro aprofundado do mundo. O sentido de vida passa pelo relacionamento com um universo vivo e pleno de significações. Mais do que isso, a descoberta do próprio ser corresponde a momentos de tranquilidade e paz, que propiciam o reconhecimento da beleza, da harmonia e da magnificência do mundo, quando elas existem. Trata-se de uma espiritualidade fenomênica, uma vez que o aprofundamento da experiência conduz ao desvendamento de aspectos imateriais porventura existentes no mundo. A mente abre-se ao acolhimento, que ocorre no relacionamento vivo com o mundo. Ultrapassando o armadilhamento no presente concreto e imediato, nos interesses puramente sensoriais, nas conjunturas e padrões situacionais e nos condicionamentos mentais limitadores, o fundo imaterial da realidade tende a se manifestar. Há uma experiência de libertação, ainda que ocasional, da sensorialidade onipresente e uma aproximação à realização da experiência de imaterialidade.

Em Akhnaton, a experiência aprofundou-se e alargou-se, de modo a colocar a vida individual sob a égide da universalidade. Ele teve a noção de que, havendo um ser em cada indivíduo, todos participavam da vida em sentido universal. Essa universalidade era derivada de sua concepção de vida, adotada como critério aplicável indistintamente a todos, de que resultou uma ética indiscriminalizante, tanto quanto possível. Estamos diante de uma admirável *Weltanschauung*, cuja extensão alcança diferentes domínios, inclusive da arte. Esta se tornou solta e criativa, opondo-se flagrantemente à arte hierática do Egito antigo. Nela, a experiência de viver encontrou meios de se exprimir livremente. No novo estilo, havia representações disformes do ser humano, principalmente do próprio Akhnaton, talvez para caracterizar uma arte livre de dogmas e de preconceitos; mas, também, para indicar que o faraó era um ser humano comum, e não uma divindade. Importante, sem dúvida, era livrar-se da tradição e de tudo o que representava Tebas e seus sacerdotes, a fim de criar uma sociedade nova, livre do peso esmagador do passado. Um ideal que se consubstanciou na fundação de Akhetaton.

Entretanto, a busca da espiritualidade convergiu frontalmente para a ideia de religião organizada. Akhnaton encaminhou seus sentidos e sua sensibilidade para o lado místico e religioso, que era a alternativa cabível naquela época. Foi o caminho encontrado na objetivação de suas sensações e captações mais sutis. A deificação no culto ao sol constituiu a expressão objetiva de uma subjetividade quase inexprimível. Isso foi o começo de alguma coisa que voltou a se repetir por inúmeras vezes na história da humanidade. No século V, encontramos, por exemplo, em Dionísio Aeropagita a noção de "Deus como lume, fogo, fonte luminosa" (Eco, 2004, p. 102). Ou seja, a divindade manifestava-se nas coisas imanentes. Se o sol era vida, esta era divinizada, no sentido de ser um dom divino, cósmico e universal. Pelo sentimento de comunhão com o todo, Akhnaton experimentava "sua unidade com o Sol" (Devi, p. 70). Uma experiência que o conduzia à dimensão cósmica, não deixando de ter raízes imanentes. Para ele, o mundo inteiro passava a ser uma obra sagrada, portanto divinizada. Essa parece ter sido a sua noção fundamental e primeira, que convergiu para a representação de Aton, simbolizado como Deus universal e exclusivo: um monoteísmo.

Mesmo transformados em religião, os princípios de Akhnaton não deixaram de conter forte apelo à experiência. Em seu túmulo, ficou gravado que, em suas relações com Aton, ele respirava a brisa, enxergava a beleza e tinha o rejuvenescimento físico do vigor da vida. A religião continuava a ser parte de suas experiências com a realidade imanente. Era uma relação com os seres vivos e um encontro da beleza tangível do mundo. Tinha a percepção dos raios do sol derramando-se sobre o mundo, produzindo vida, beleza e amor. A divindade naturalista fundamentada na imanência dava origem à transcendência, cuja fonte era a experiência não-sensorial. Conviria, pois, distinguir em Akhnaton as duas faces da mesma moeda: a face mística e religiosa, e a outra face, associada à não-sensorialidade, que compunha um referencial norteador de tudo o que se seguiu. Desse modo, torna-se possível separar da tendência à experiência de imaterialidade a constituição de um pensamento religioso, sendo este uma formulação independente e uma consequência periférica daquela. As bases de todo o edifício não são constituídas pelas crenças, mas sim pela presença do próprio ser em estado de abertura e acolhimento à profundidade do que existe, tal como existe. Por isso, talvez, o faraó sensível e *rêveur* não se definiu como teórico, nem como criador de sistemas. Sequer chegou a ser explícito a respeito do sobrenatural e do mundo do além (Devi, 1981).

O maravilhamento diante do mundo, com sua grandeza, beleza e harmonia, bem como com seus mistérios, é sem dúvida independente dos credos e das instituições religiosas. Essa verdade, evidente nos dias de hoje, parecia não o ser na época do rei-poeta, de modo que sua proposta de mudança geral da sociedade e da cultura teve que passar pela reforma religiosa, a única que parecia alcançar uma reformulação da interioridade dos indivíduos. Em contraste e oposição à sociedade altamente hierarquizada, à arte hierática, à cultura convencional e à religião dogmática e ritualizada, o faraó ousou interferir justamente nos alicerces sobre os quais repousava toda a estrutura triunfante e violenta do império egípcio. Ali, segundo Malraux (s/d, I, p. 175), "desde muito tempo se misturavam os deuses, os demônios e os mortos". Os princípios que insuflavam vida, mobilidade, liberdade e beleza, encimados pela exclusão da violência, não admitiam compromissos com a ordem anacrônica, despótica e cruel. Os resultados do embate foram catastróficos. Akhnaton foi tragado em vida pelas forças que combatia. Parece ter-lhe afetado a violência geral que se desencadeou sobre ele, especialmente pela perda das possessões estrangeiras e por sua recusa a guerrear. Após a sua morte, com o tempo, o Egito imergiu no *statuo quo ante*, voltando a ser *manu* *militari*o que sempre tinha sido. Sucessivamente, subiram ao trono Semenkhkarê e Tutankhamon, seus genros, sucedidos por Aye e, finalmente, por Horemheb, sob o qual a antiga ordem foi restaurada por inteiro, no ocaso da XVIII dinastia. Procuraram-se eliminar todos os traços da passagem de Akhnaton pela Terra e da lembrança de sua religião, considerada herética. Os sacerdotes de Amon retornaram ao poder, à riqueza, à corrupção, à superstição e à magia, com o aplauso das massas. Uma fresta de luz, porém, tinha se descortinado no horizonte, e continua a iluminar o presente com pujante e espantosa claridade. Ainda hoje, a busca da felicidade permanece um formidável desafio, assim como nos recuados tempos da humanidade.

8. Grécia: a acrópole

Em Atenas, a colina da acrópole, plana e rochosa, situa-se em posição privilegiada, dominando a cidade, numa altura de aproximadamente 100 metros. Desde a Antiguidade, tal domínio foi especialmente cultural e religioso. Em 480 a.C., os persas invadiram Atenas e destruíram os santuários da acrópole, provocando a indignação e a ira dos gregos que, a partir de 450 a.C., voltaram a construí-los. Esses trabalhos duraram cerca de 40 anos, coincidindo em parte com a Guerra do Peloponeso. Nessa época a Grécia tinha atingido um nível notável de civilização e Atenas era a capital de um império. Foi quando floresceu a chamada arte clássica, que alterou todo o panorama artístico precedente, cujo estilo era mais conceitual e severo. A arquitetura e a escultura tornaram-se bastante sofisticadas e repletas de inovações. A acrópole foi embelezada com templos magníficos, esculpidos em mármore e dispostos com perfeição. A arquitetura dórica juntou-se à arte jônica, numa tentativa de criar o esplendor. Péricles foi o grande estadista responsável pelo projeto e pela realização dessas obras, tanto que a época de reconstrução da acrópole foi denominada

"Idade de Ouro de Péricles". Ele conseguiu insuflar tal entusiasmo em seus concidadãos que isso perdurou por muito tempo depois de sua morte, em 429 a.C. Os principais monumentos erigidos na acrópole foram o Partenon, os Propileus ou portões externos, o Erecteion e o Templo de Atena Niké. Além destes, havia outros santuários, assim como uma infinidade de estátuas espalhadas por toda a elevação rochosa. Fora da acrópole também se construíram templos, como o Hefaisteion e as *stoai* da Ágora. O Partenon, célebre por suas esculturas, era ao mesmo tempo um templo e um tesouro (Pedley, 1999). Seus frontons, frisos e métopes são realmente extraordinários; temos hoje somente o que restou de um tesouro incalculável. Os Propileus abrigavam pinturas que eram expostas, daí seu nome de Pinacoteca. No Erecteion, um templo igualmente admirável, ainda se podem observar as cariátides, que se mantêm de pé, com suas figuras leves e majestosas, apesar dos séculos de destruição que pesam sobre elas. O Templo de Atena Niké celebra a Vitória (feita intencionalmente sem asas, para não fugir). Esses templos, e tudo o que neles havia, foram obras executadas primeiramente sob a direção de Fídias, e prosseguiram depois de sua morte. Trabalharam na acrópole os mais autênticos representantes da escultura e da arquitetura da época clássica, dentre os quais Calícrates, Ictino, Mnésicles e Policleto. Atenas era na época uma cidade cosmopolita, que inspirava a criação em todos os domínios, incluindo-se certamente a filosofia e o teatro. Entretanto, já no final da época clássica, as guerras fizeram Atenas descambar para o pior desastre, levando de roldão a ideia de helenismo (Toynbee, 1960). De ser um modelo de cultura para a humanidade, resta hoje uma sombra, um espectro do que foi a Atenas dos tempos de Péricles. Apesar de tudo, não morreu a inspiração nascida em Atenas, que é a origem da cultura ocidental, de que somos herdeiros e beneficiários. As imagens e os apelos que a acrópole ainda guarda constituem um desafio e um incentivo à humanização, de permeio à destrutividade que campeia, grassa e se dissemina por toda parte.

Qual era a alma desses monumentos? Tucídides (apud Pedley, 1999), opositor político de Péricles, não deixou de neles reconhecer o espírito de reverência, o amor à beleza e o cultivo do espírito. Plutarco (1973, p. 195), um grego que viveu na Antiguidade romana, escreveu que Atenas "veio a ser toda ela como um templo" por suas obras inimitáveis em grandeza e elegância. Pairava por tudo uma luminosidade, uma transparência no ar e uma pureza da atmosfera (Mondolfo, 1960). Parecia que "os deuses olímpicos viviam entre os atenienses" (Pedley, 1999, p. 251), fundindo-se a imagem ideal com a real. Mais que dignificados, os mortais tinham suas existências nas proximidades dos deuses, tanto quanto estes existiam nas proximidades dos mortais, dado o caráter luminoso que revestia os monumentos. Na acrópole, as figuras humanas revelavam grandeza, beleza, graça, majestade e harmonia: uma elevação artística quase divinizada. Rodin (2013, p. 119), diante das Parcas do Partenon, disse que "sua postura é tão serena, tão augusta, que parecem participar de alguma coisa enorme, que não se vê: a razão imaterial, eterna, a que toda a natureza obedece". Na época, havia alguém a quem essa visão imaterializada era particularmente importante: Péricles. Para ele, a democracia, tomada como sentimento de liberdade presente em todos os cidadãos, implicava coerentemente expressões livres na arte, que tendia a modelos harmoniosos.

Na Grécia antiga, os modelos da arte clássica tinham por sustentação os princípios de mobilidade, individualidade e harmonia. Reunidos, esses princípios compunham os cânones de uma arte frequentada pela experiência de imaterialidade. No plano da mobilidade, uma de suas principais características era a leveza dos movimentos vivos. Disso são claros exemplos as Nikés aladas que circundam o Templo de Atena Niké e a elegante leveza artística que se encontra nos frisos do Partenon. A etérea leveza da arte, em sua aproximação ao que é humano transfigurado pelo espírito, foi amplamente representada nas grandes obras da acrópole. Era associada à liberdade que se desvencilhava da prisão em todos os sentidos e da escravidão às ideias e emoções condicionadas. Aqui, mais do que um culto prestado aos deuses, importava sobretudo a arte, cuja mobilidade penetrava o tempo, tanto que reviveu inalterada na Vitória de Samotrácia. Em relação a esta, disse Cézanne (Gasquet, 2012) que o corpo não necessita de asas para voar, porque ele voa naturalmente.

Embora, para Hegel (apud Papaioannou, 1983), a pólis grega ignorasse o valor infinito da subjetividade, e a pessoa, tomada como si mesma, fosse uma sombra irreal, essa convicção não transparece na estatuária da acrópole. Ao contrário, as obras causam a impressão de haver a existência de um ser em cada representação humana. Nelas, paira geralmente a profunda presença de um ser pessoal, de modo que é difícil deixar de senti-las como expressões da individualidade. Tomemos, por exemplo, Apolo, Artemis e Poseidon do friso do Partenon: para além dos movimentos flutuantes, dos quais eles emergem, está a indissociável individualidade. São obras de equilíbrio interior, de que se origina a mobilidade. Nelas, não seria a vida presente no corpo uma expressão direta da energia de um centro estável e mantenedor, ou seja, de um ser que se irradia? Não exprimiriam, por essa razão, a alegria de viver? Penso que a questão da individualidade está no foco das relações do espírito grego com sua arte, particularmente em Atenas, onde algumas condições se mostraram favoráveis, no século V a.C., ao desenvolvimento das noções de si mesmo; em especial, a democracia. Nos fundamentos desse espírito está a tenacidade com que aqueles gregos levaram adiante a arte do florescimento da individualidade. A beleza, a graça, o viço e o vigor da estatuária da época de Péricles correspondem a necessidades de dar forma visível à experiência íntima de ser, que é, antes de tudo, expressão de inteireza e de harmonia. A descoberta da individualidade foi, portanto, um fator altamente significativo para a disponibilização dos recursos interiores ao entusiasmo e ao prazer de viver. Mas, também, para a construção do universo artístico, cuja atmosfera tendia à imaterialidade. Onde floresce a individualidade, ela participa da vida e do viver, em relação com a beleza, a grandeza, a serenidade e a magnificência. Foi justamente o que os antigos gregos procuraram erigir e fixar sobre o rochedo sagrado, na forma da comunhão com os deuses. Hoje pode ser encarada como tentativa bem-sucedida de superação das vicissitudes terrenas em benefício de um ideal de elevação espiritual. No entanto, não representa senão a abertura das portas da percepção a uma espiritualidade que sobressai do relacionamento com a imaterialidade do próprio mundo, encontrando neste a sua realização. A acrópole não deixa de ser uma metáfora a respeito do espírito que transparece no mundo, condensado no ideal de cidade celeste.

Na arte clássica da acrópole revela-se a relação necessária entre a expressão do ser e a expressão da harmonia. Sendo a realidade interna experienciada como inteireza, equilíbrio e plenitude no contato suficiente com um ser que é orgânico e globalizante, descortina-se a harmonia, quando existente no fundo das coisas. Para Papaioannou (1983, p. 22), nos gregos antigos "a constituição de uma harmonia interna e de uma perfeita colaboração entre as diferentes faculdades do espírito era condição para o conhecimento das harmonias e das revoluções do Universo". Eles tiveram a percepção de uma ordem não-sensorial, que associaram diretamente ao cosmo, sendo uma implicação da existência da harmonia interna. Na acrópole, tudo parece derivar dessa tendência geral à harmonia, que se originava da serenidade. A ordem harmoniosa emanava da própria existência do cosmo, considerado como princípio eterno e modelo fundante de todas as relações justas e verdadeiras. No conceito fundamental de cosmo estava implicado o reconhecimento dos princípios de ordem, organização e harmonia, porquanto "o cosmo era por inteiro harmonia" (Papaioannou, 1983, p. 55). A concepção de harmonia do cosmo foi retirada da observação da regularidade dos movimentos dos corpos celestes, segundo os conhecimentos da época. Os astros eram a melhor representação da noção de harmonia na natureza e o que melhor servia de parâmetro a uma aproximação entre a ordem humana e a divina.

Diferente dos movimentos do espírito, os movimentos dos corpos celestes não estavam sujeitos a perturbações. Havia "a percepção clara da ordem permanente que estava no fundo de todos os acontecimentos e de todas as mudanças da natureza e da vida humana" (Jaeger, 1986, p. 9). Tendo em vista esse modelo, o homem grego foi conduzido a relacionar-se com as obras harmoniosas. A criação da beleza fazia-se segundo certas prescrições, pelas quais se obtinham no mundo sublunar efeitos parecidos com aqueles existentes na esfera celeste. Se o cosmo era uma totalidade perfeitamente organizada, as coisas terrenas estavam nele contidas, de tal modo que não se constituíam em entidades fragmentárias, e sim imbricadas e interligadas pelo todo, no qual as partes se harmonizavam. Assim, a visão do cosmo como totalidade era um referencial norteador para os fatos da vida humana. Disse Jaeger (1986, p. 9) que os gregos "buscaram *a lei*[1] que age nas próprias coisas, e procuraram reger por ela a vida e o pensamento". Homens e deuses sujeitavam-se à lei natural, cuja formulação mais clara e universal foi dada por Sófocles em *Antígona* e por Ésquilo em *Prometeu acorrentado*. Disso o ser humano teria que obter compreensão antes de agir; caso contrário, sua ação seria parcial, equivocada,

1 Grifado no original.

desordenada ou destrutiva. A quebra dos princípios norteadores foi denominada *hybris* (descomedimento), *eris* (discórdia), *adikia* (injustiça), *anomia* (anarquia) e *pleonexia* (avidez).

Se a noção de cosmo constituía uma referência para a aproximação ao mundo, a visão do todo aplicada à arte conduzia à arte harmoniosa. Um mundo de perfeição e beleza poderia ser intuído, vislumbrado e representado pelo artista que dirigisse sua contemplação do cosmo eterno para as tentativas de espelhar em suas obras a harmonia, tal como era concebida na capacidade para a *theoria*. Mesmo sabendo que o ser humano jamais seria capaz de contemplação ininterrupta, que era apanágio dos deuses, ele poderia obter ocasionalmente as chaves desse universo harmonioso. Malraux (s/d, II) disse que a arte grega era uma comunhão com o cosmo. Havia a condição de serenidade, a partir da qual as portas poderiam se abrir, tanto que Rodin (2013, p. 159) vislumbrou em Fídias a "divina serenidade". A obra humana atingiria seu máximo esplendor se fosse inspirada na ordem profunda do Universo, desde que alcançadas as fontes internas da experiência de ser. Da serenidade do ser para a existência do mundo, no fulgor da aproximação à ordem harmoniosa. Sendo o mundo um lugar de forças descomunais, desconhecidas e inexoráveis, mas também de encantamento e maravilhamento, sua profundeza poderia ser vivida em plenitude na interioridade do artista. Longe de ser racionalidade pura, o artista propunha-se ao contato mais direto e vivencial possível com a harmonia que ele encontrasse em estado natural, ao transformar o dado sensorial em experiência imaterial.

Dessa conjunção de fatores, nasceu na arte grega "a forma serena, equilibrada e perfeita do ideal clássico", apontada, entre outros, por Mondolfo (1960, p. 24). Essa forma se expressava especialmente como beleza de proporção, justa medida, sentido de equilíbrio e sensibilidade para a simetria, no relacionamento harmonioso entre as partes que se compunham dentro da totalidade. Se, no geral, os templos dóricos-jônicos exprimem esse ideal, não causam impacto diferente as representações humanas da acrópole. Nelas, o corpo humano é um todo, participante de uma totalidade regida por princípios e leis.

Os artistas gregos representavam de preferência a beleza humana, porque era ela que melhor configurava a unidade na diversidade e tocava mais de perto, na individualidade, todo o vigor, toda a precisão, toda a proporção e todo o equilíbrio possível de obter-se de uma forma ideal. Refulgiam nela a grandeza, a regularidade, a musicalidade e a graça que somente tinham paralelo na visão imaterial do cosmo. "O seu erotismo esfuma-se", diz Malraux (s/d, I, p. 70), "descobrimos que irradia liberdade". Não há transbordamento nem contenção, apenas a expressão harmoniosa da leveza volátil que se desprende diretamente da pedra dignificada. Na criação da forma viva, a beleza não é mais que representação da harmonia do ser em completude: a harmonia do corpo sendo a harmonia do espírito que o vivifica. Ou seja, o ideal da *kolokagathía*.

Essa é sem dúvida a passagem do universo concreto ao universo imaterial. Se o cosmo é uma universalidade que representa a harmonia, ela está em toda parte em que seja possível descobri-la, especialmente no corpo humano rejuvenescido. Da matéria sobressai sua significação espiritual, ou se apresenta "uma natureza espiritual desenvolvida em estrita unidade com o corpo", como dizia Emerson (2005, p. 42). Ultrapassando a esfera puramente sensorial, as estátuas gregas da acrópole têm o ar de individualidade, vivacidade, eteridade, encanto e desprendimento terrenal encontrado na passagem para uma dimensão atemporal.

Na acrópole, as obras foram feitas com a marca daquilo que se coloca, no nascedouro, fora do tempo. Mesmo contaminadas pela ação do tempo e pela destruição insensata dos homens, elas transcendem o próprio tempo, como se, ao serem vistas, os deuses as contemplassem em estado de graça. Portadoras de mensagens sempre novas, delas emana um aspecto espiritual inalterado e válido para sempre. Plutarco (1973, p. 193) exprimiu sua admiração, ao dizer:

> *Cada uma dessas obras que àquela época foram acabadas pareciam ser mui antigas por sua beleza e, no entanto, por sua graça duradoura nos parecem hoje recém-feitas e novas. Há nelas um certo ar de frescor florescente que parece preservá-las da ação do tempo, como se cada uma encerrasse um espírito vivo que lhe comunicasse juventude e viço, e uma alma eterna que a conservasse sempre em bom estado.*

Nelas está presente uma força longeva e sagrada, concernente a coisas antigas e solenes de sentido universal, que existem em todas as épocas e lugares, ligadas ao significado grandioso do Universo. Libertando-nos das cadeias imediatistas e concretistas, elas respondem por nosso processo de humanização. Nosso espaço mental se imaterializa, tornando-se ele próprio aquilo que o soleniza, em reverente ligação com a vida e suas origens ancestrais.

9. Dinastias chinesas: a poesia Tang e a pintura Song

No período clássico da arte chinesa, a poesia e a pintura estavam unidas pela origem em comum e pelos mesmos princípios estéticos, de tal modo que, segundo se afirmou, os poemas se constituíam em verdadeiras pinturas, e estas eram expressões de verdadeiros poemas. Isso era especialmente significativo em relação à pintura paisagística e à poesia representativa do contato com a natureza. Nessa combinação, eram comuns as inscrições e os colofões apostos nas margens das pinturas para lhes completar os sentidos. De modo semelhante, as pinturas correspondiam, por vezes, aos poemas e aos textos caligrafados, com as quais se harmonizavam. Era particularmente impressionante a voz da natureza nos poemas e nas pinturas, exprimindo a profunda sensibilidade do artista na captação dos refinamentos com que ele se comunicava. Sobressaíam com invulgar solicitude as expressões fugitivas de vida, as imagens etéreas, a pureza da representação da beleza instantânea, as sugestivas formas evocadoras de surpresa, o espanto diante da unidade, da totalidade e do absoluto; enfim, tudo o que se poderia imaginar como tendência à experiência de imaterialidade. No centro da literatura, da caligrafia e da pintura da China antiga estava a figura emblemática do letrado, fosse de tendência taoísta, confucionista ou budista. Ele reunia numa só pessoa as figuras do poeta, do pintor, do calígrafo, do ensaísta e do filósofo. Apesar das diferenças religiosas e das diferentes atitudes mentais, os letrados representavam um estilo de vida, uma cultura e uma civilização. Tinham em comum o propósito de alcançar pessoalmente a elevação espiritual e, em relação aos demais, realizar a leitura e a transmissão dos sinais da existência de uma realidade em plano profundo. Neles, a alta individualidade constituía uma meta, forjada no discernimento e na experiência de vida. Incluía disciplina pessoal, recolhimento de espírito, autopreservação em face das seduções mundanas e aperfeiçoamento dos processos de criação. Geralmente, era necessário não compactuar com os desmandos dos poderosos e, para isso, o sábio fugia da fama, da riqueza e do poder por meio de uma vida simples e retirada. Isso lhe proporcionava coerência, elevado senso moral e estético, assim como uma perspectiva distanciada e uma visão ampla dos acontecimentos. De modo geral, o sábio chinês do passado não estava submetido aos sistemas de pressão políticos, religiosos e sociais, sendo, portanto, mais independente e livre. Ele podia se estabelecer com relativa autonomia tanto em relação ao *establishment* e às leis do convívio humano, quanto à ordem divina. O que mais de perto lhe dizia respeito era estar em conformidade com os princípios da natureza, da vida e do Universo. Para isso, as três religiões (taoísmo, confucionismo e budismo) tendiam, no âmbito do letrado, a uma convergência e uma harmonização (Robinet, 2012). Veremos, a seguir, como a influência do letrado chinês se estendeu por longos períodos e, especialmente nas dinastias Tang e Song, produziu os mais belos e preciosos frutos.

A poesia da dinastia Tang

A dinastia Han, que durou de 206 a.C. a 220 d.C., terminou em luta pelo poder entre os clãs e em desordem generalizada. A dinastia Chin (265-420) não conseguiu impor unidade completa ao país, que foi invadido pelas tribos do norte. A unidade foi obtida somente na dinastia Sui (559-618), seguida pela dinastia Tang (618-907). Nesta, a China desfrutou de raro esplendor, sendo um período áureo, que durou 290 anos, abalado apenas por uma revolta interna no ano de 755. Detida a ameaça de invasões externas, o país tornou-se organizado, estável, desenvolvido e expandido. Sua influência se estendeu por toda a Ásia Central. A dinastia Tang não foi somente uma época de grande atividade política e econômica, foi notadamente uma nova era clássica de renascimento cultural, de refinamento dos costumes, de interesse generalizado pelas coisas do espírito, de maior liberdade para as mulheres e de efervescência criativa. Havia predileção por novas ideias e apareceram múltiplas tendências nas principais correntes de pensamento. As artes vieram a ocupar seu lugar, em especial a literatura, a pintura, a caligrafia, a música e a dança. Foi um período incomum na história da humanidade, com 138 anos de paz ininterrupta e de prosperidade. Foi considerado a idade de ouro da literatura chinesa, em que a poesia atingiu suas culminâncias, tendo por expoentes poetas como Li Tai Po (701-762), Wang Wei (699-759), Tu Fu (712-770), Tu Mu (803-852) e Mong Hao Yan (689-740), entre outros. Se o conto e a novela tiveram crescente vulgarização, a poesia expressou com mais propriedade, elegância e penetrância o espírito da época.

Considero importante dar uma ideia, ainda que pálida, de quanto a poesia chinesa da época Tang se distinguiu pela busca de transcrições imateriais, sem perder de vista o sentido da imanência. O problema com que se depara o observador ocidental é a dificuldade de apreender, reproduzir e traduzir toda a sutileza e todo o refinamento contidos num poema chinês, dadas as características peculiares da língua e da escrita, das formas de representação cultural e artística e, ainda, do próprio recorte do contato com a realidade, que são diferentes de nossas concepções habituais. Quando se busca realizar a tradução, a transposição e a transliteração para as línguas ocidentais, os poemas chineses esbarram com os obstáculos da apreensão de um texto que é em si mesmo móvel, fugidio e transformante, ainda que se possa considerar ser essa a sua maior virtude. A variabilidade morfológica faz com que uma mesma palavra possa ser empregada como substantivo, adjetivo ou verbo, por exemplo. Há certa medida de invariabilidade, em que cada palavra assume múltiplas funções. A sintaxe é bastante flexível, podendo se apresentar sem verbo, sem sujeito etc. (Ryckmans, 1993). Os sentidos das palavras podem ser dados pelas tonalidades e, assim, a palavra é normalmente politônica. Há abundância de vocabulário, numa escrita em que o pictograma assume um caráter especial para cada palavra, dentro do contexto ideográfico (Granet, 1997). Desse modo, é antes um elemento concreto que está em jogo na escrita: um verso pode equivaler a uma pintura. Na poesia, conta sobretudo a justaposição das palavras e das imagens, que podem se entrelaçar, se complementar, formar contrastes, e assim por diante (Ryckmans, 1993). Um poema costuma ser breve e compacto, primando por concisão. Para sua compreensão, cada um de seus elementos se insere no contexto global, não devendo ser tomado de modo isolado e independente, mas ser apreendido pela intuição do todo (Escande, 2000). Geralmente, determinada palavra torna-se emblemática e impõe-se ao pensamento, vindo a dar a tônica ao sentido do contexto (Granet, 1997). Como um poema é feito de par com o ritmo, a sugestão dada pelo timbre da voz e pela sonoridade aponta o sentido do texto. Além disso, o sentido, muitas vezes, é apenas sugerido, devendo ser procurado e encontrado pelo destinatário da comunicação. Apesar de todas as dificuldades do leitor ocidental, penso que resta muita coisa na tradução da poesia chinesa clássica que serve de alimento ao espírito. Uma característica que geralmente não desaparece é sua capacidade de transmitir a ultrapassagem do dado meramente concreto, a fim de atingir a significação imaterial.

Com certeza, é impossível resumir os temas e os conteúdos de mais de 50.000 poemas da dinastia Tang que chegaram até nós. Mas, de modo geral, eles apontam certas tendências, e são estas que nos importam. Antes de tudo, o letrado chinês buscava a quietude, o silêncio e a paz de uma vida despreocupada, de preferência solitária, com poucas palavras e com gestos profundos, comoventes. Pelas necessidades de interiorização, ele evitava empenhar-se em atividades excessivas, a fim de encontrar-se e de descobrir a real natureza do mundo. Para isso, refinava a sensibilidade e zelava pela liberdade, tendo o cuidado de não violentar a mente e de tratá-la com toda a atenção. Seus poemas evocavam separações e perdas, encarnavam tristezas e saudades: o adeus ao amigo que partia, o pesar da mulher cujo homem foi à guerra, os amantes que se despediam para sempre, a vida que passava inexoravelmente, a perda da juventude, a velhice, a morte, o desespero e a esperança (Mathieu, 2015). São temas universais. A diferença está no modo de tratá-los, de fazer com que o coração suspire ou se enleve. Tudo se perdia no infinito, no mundo de sonhos, nas brumas do tempo, de que só restavam vestígios e miragens. Se não era uma indagação filosófica sobre a vida (porque não era uma poesia intelectual), era sem dúvida um convite a vivê-la de modo desprendido, num espaço imaterial, com os sentimentos de distância e amenidade, com os lamentos, surpresas e alegrias de seres cuja vida não durava mais que um instante.

Mas não havia somente lirismo nessa poesia. Por vezes, profunda e sagrada era a relação do letrado com a natureza, cujo modelo era dado pelo eremita solitário da montanha, que tinha instantes transfigurados. Os versos cantavam a eflorescência, a limpidez e o silêncio da natureza no céu, na floresta, nos rios e lagos, nas montanhas, nas brumas, nas estações do ano, nas flores, nos pássaros, no sol e na lua. Tudo era motivo de elevação espiritual, não apenas em símbolos, mas em contato visceral. Havia a participação aguda nos sentidos do que era vivo, no amor à vida e no prazer de viver, embora fossem tão fugidios quanto as nuvens e o vento; nem por isso eram menos admiráveis e sublimes. Ainda que fosse predominantemente descritiva, a realização poética propunha-se a ir além das palavras e dos conceitos, apontando a pureza e o perfume que emanavam da natureza, algo por assim dizer inexprimível.

Para o letrado, a própria realidade apontava a dimensão onírica. Não seria o processo de viver semelhante ao de sonhar? Não estaria o mundo envolvido em atmosfera de sonhos? A dissolução e a impermanência de todas as coisas, o desaparecimento de tudo no nevoeiro do tempo, a perda dos contornos concretos dos objetos e a incompreensibilidade diante dos fundamentos e da existência do Universo evocavam as relações entre a vigília e os sonhos. O sábio podia conceber as figuras que se moviam à sua volta como imagens de sonhos e, por isso, convidavam a um *détachement*, a um desprendimento. A realidade, dessa forma, passava a ter o sabor poético de quem não se iludia pelas aparências, nem se deixava aprisionar pelos imperativos categóricos. Mesmo as dinastias e os palácios de outrora mergulhavam na poeira dos tempos e nas brumas do esquecimento. Sem deixar de ser real, a realidade era sonho para o sonhador desperto. Mas, justamente por isso, tornava-se mais viva e colorida, portanto "mais real". As aparências e as ilusões da concretude do presente cediam lugar a um relacionamento despretensioso, muito mais puro e nobre. O olhar do poeta alçava-se a uma órbita aberta, mutável e flexível, em que a vida de sonhos se afastava da sólida dureza cotidiana e da forte impregnação pelo tempo imediato ou remoto.

Por vezes, eram sonhos encantados. Como em um poema de Wang Wei, o cenário era feito de sendas montanhosas, de vales impenetráveis, de flores vermelhas esparsas e de azul do espaço infinito. Um cenário em que o tempo se dissolvia, distante do tempo condicionado da vida cotidiana. Todo poeta trazia dentro de si, em primeira mão, os sonhos e as imagens: Ts'ien K'i (séc. VIII) cantava, em homenagem a um eremita, o musgo rubro, o transbordamento do azul celeste, a vida no meio das flores e as borboletas adejantes nos sonhos. Hugo de Castro (1978, p. 40) traduziu de Mong Hao Jan: "frígidas gotas, pérolas de luz, cromoirisadas, pingam dos bambus". Imagens interiores de rara beleza plástica falavam do encontro do poeta, envolvido em limpidez e pureza, com a imaterialidade do mundo. No espírito aquietado e no espaço interno livre, as emergências poéticas tornavam-se leves, soltas e insaturadas, por conta de grande abertura ao contato. Sonhos e imagens vinham habitar essa atmosfera espiritual. Difundiam-se o perfume das plantas, o frescor da primavera, o som límpido da fonte, o brilhante luar, a beleza da tarde e o crepúsculo na montanha. Havia a surpresa da passagem do material ao imaterial, fazendo sentir não só a impressão subjetiva, mas o encontro inefável do mundo em que o poeta vivia.

Em especial, na poesia de Li Tai Po, a surpresa era uma constante, justamente por essa capacidade de pôr em palavras a profundidade do mundo, envolvido em encantos e mistérios. As palavras por si mesmas não dariam conta de exprimir o inexprimível, se não fosse o recurso à alusão, em que elas se tornavam gestos quase secretos, a fim de deixar entrever ou de fazer adivinhar o que estava além do vazio. Eis os versos que sobre a condição humana nos legou Li Tai Po, considerado o maior poeta chinês de todos os tempos:

Viajante marítimo

Sobre seu barco de vento

– Ave atravessando as nuvens –

Para além, tudo desaparece.[1]

Metaforicamente, a poesia de Li Tai Po era leve como a pluma, conduzia aos espaços vazios e aos cumes montanhosos, fazia cavalgar ventos e pássaros selvagens, subia aos céus dos imortais, perdia-se nas brumas e nas torrentes, abraçava a lua brilhante e a própria Via Láctea, alcançando um Universo vivo e transparente, um outro mundo no mundo. O espírito dessa poesia esteve presente nas composições do século VIII ao século XIII, estendendo-se depois, com menor vigor, no tempo. Ela destilava o frescor da vida, exalava a fragrância primaveril e apontava as promessas de um mundo etéreo, transfigurado e infinito. Nela, importava sobretudo a imaterialidade, que melhor se definia pela ausência:

Símios brancos no outono,

Dançantes, leves como a neve:

Subir nos galhos de um salto

E na água beber a lua.[2]

Um outro mundo no mundo era a aspiração do letrado chinês do passado, por isso sua poesia era descritiva, com aparência

1 Tradução da transliteração de Cheng (1980, p. 96).

2 Tradução da transliteração de Cheng (1980, p. 140).

material, de que emanavam cintilâncias imateriais. Havia nela um elemento de espanto, que sobressaía dos movimentos, formas, cores, brilhos e, especialmente, do vazio. Na poética de Wang Wei, o espanto era elemento assíduo:

Não há vivalma na colina silenciosa,

E no entanto alguma coisa reluz:

O sol da tarde no fundo da floresta

Brilha sobre o musgo verde-jade.[3]

Poderá haver uma simbologia implícita, mas a origem parece ser, sempre, uma chispa desprendida da matéria para disseminar a doçura e a graça, o frescor da vida, o delicado perfume e o refinado encantamento do Universo. Não seria essa a razão de ser uma poesia descritiva do mundo, feita por quem com este se unificava em estado de não-sensorialidade? Compreendemos melhor, assim, que o mundo externo e o interno se aproximavam numa área de intersecção, em que a experiência era unitária e indecomponível, sem divisão entre dentro e fora, como no poema de Hsuan Chueh (séc. VIII):

Claro espelho do coração, reflexo infinito,

Separa o vazio em mundos inumeráveis,

Espelhando todas as coisas, sombras, luzes.

Pérola irradiante: não há fora, nem dentro.[4]

---

3 Harmonização em português feita pelo autor a partir de traduções do poema para o inglês, o francês e o espanhol.

4 Tradução da transliteração de Cheng (1980, p. 188).

O poeta era um ser que vivia simultaneamente em dois mundos, o material e o imaterial. Às vezes, ele conseguia ultrapassar a esfera sensorial e ascender, num voo das alturas, a uma visão da realidade mais profunda, mais pura e mais abrangente. Isso nos comunica o poeta Wang Wei:

Do pó da terra livrar-me-ei?

Limpo as vestes. A terra cala.

Livre, cajado na mão,

Retorno aos jardins celestes.[5]

Para Li Tai Po, a resposta estava na montanha, onde ele entrevia a comunicação entre a terra e o céu:

por que razão morar nestas verdes montanhas

responde só o sorriso o coração sereno

a flor do pessegueiro cai as águas seguem

entrando a um outro mundo além do meio humano.[6]

Os olhos voltados para a terra não se afastavam, porém, da totalidade cósmica. Na época Tang, uma aura da totalidade impregnava a literatura chinesa e, mesmo que o letrado cuidasse das coisas do mundo, tinha primariamente o infinito por referência, tal como aparece no poema de Tch'en Tseu-ngang (661-702):

---

5 Tradução de Chin e Loureiro (1988).

6 Na tradução de Portugal e Xiao (2013, p. 71), o poema de Li Tai Po procura conservar algumas formas estruturais da construção chinesa.

Ignorante, antes de mim, dos homens do passado,

Ignorante, depois de mim, daqueles que virão,

Penso no infinito do Universo imenso

E, sozinho, derramo lágrimas de amargor.[7]

A totalidade e o infinito participavam da vida do letrado. Ele buscava imprimir em sua poesia uma ordem e uma harmonia que correspondiam a sua concepção do Universo. Para ele, um princípio altamente estético dominava o Universo e cada uma de suas partes, constituídos como conjuntos ordenados de influências recíprocas, segundo o princípio da harmonia natural. As coisas eram vistas mais como conectadas entre si do que como causadas, tendo cada uma seu lugar no todo e sendo regidas pela harmonia que lhes era intrínseca (Racionero, 1993). Ou seja, todas as coisas eram interligadas em sistemas que tinham por base a unidade do todo. Isso não era concebido apenas como um princípio racional, mas vivenciado na ligação com os ritmos da ordem universal. Todo ser humano, e necessariamente o poeta, deveria estar em sintonia com os ritmos da natureza, a fim de captar-lhes os sopros; assim, o poeta manifestava um espírito vivo, denominado *qi*, existente como ritmo vital na esfera da harmonia, com que ele se relacionava (Racionero, 1993). O mundo em si mesmo era algo a ser decifrado e comunicado em suas metamorfoses e transformações por intermédio das manifestações de seus dinamismos internos, que em última análise correspondiam e se correlacionavam com o dinamismo cósmico. Diz Ryckmans (1993, p. 138) que "o objetivo supremo do artista consistia em captar essa energia no macrocosmo e injetá-la no microcosmo de sua obra". Desse modo, sua obra seria uma

7 Tradução da *Anthologie* de Demiéville (1962, p. 231); transliteração para o francês por Tch'en Yen-hia.

expressão do sopro, porque o artista passava à condição de "fazer circular a correnteza" do *qi* (Ryckmans, 1993, p. 141). A identidade cósmica realizava-se em correspondência com as raízes profundas das coisas em seu dinamismo cósmico, ocorrendo no aqui e agora como *qi*, de que o poeta apreendia a essência e revelava a verdadeira face, sob a forma de harmonia.

Na dinastia Tang, a poesia não era feita de simples palavras. Ao contrário, era sangue e vida, descoberta e esplendor. Havia, antes, um ser humano que transmitia sua penetração nos sonhos e mistérios do mundo, em sua radiância e infinitude. O poeta chinês não era intérprete da divindade, como queria Platão,[8] e sim intérprete das entranhas do mundo. Ao extrair deste a intuição, a percepção e a compreensão de sua imaterialidade arredia, podia dar significação à vida humana. A poesia era, assim, o derradeiro baluarte contra o domínio do mundo pela insensibilidade, pela destrutividade e pela desumanidade. O letrado representava a memória viva da evolução do espírito, que lutava contra os poderes tirânicos do aniquilamento e do horror.

A pintura paisagística Song

Na China, a dinastia Song durou do ano 960 ao ano 1279, sendo dividida em dois períodos: Song do Norte (960-1127) e Song do Sul (1127-1279). O primeiro período correspondeu a um grande desenvolvimento cultural, mas terminou com a invasão do Norte da China pelas tribos tártaras Kin, vindas da Ásia Central. Em consequência, a corte imperial deslocou-se para o Sul do Rio Amarelo, indo de Kaifeng para Hang-Tcheou, onde floresceu o segundo

---

8 No diálogo *Ion*, Platão (1978) disse que, sendo o poeta movido pela força da graça divina, o poema era em si mesmo uma obra divina.

período Song. Tanto o primeiro quanto o segundo período proporcionaram extraordinário desenvolvimento da literatura e da pintura, chegando a ser uma época culminante da pintura clássica, tanto que sua influência se estendeu pela posteridade afora. A pintura de paisagem, que vinha tendo evolução expressiva desde a dinastia Tang, passou a ser uma arte extremamente requintada sob a dinastia Song, alcançando imenso significado espiritual, de tal modo que os membros da corte, a família imperial e os próprios imperadores procuravam se apresentar como pintores e amantes da arte de pintar. Nesta, estava incluída a caligrafia, pelas estreitas relações que o letrado chinês estabelecia entre a pintura e a escritura, pertencentes a um universo em comum. Se o letrado escrevia com um pincel, sua pintura era para ser vista como uma escritura. Na pintura de paisagem, ambas participavam de uma descrição singular da natureza, pondo em relevo os aspectos essenciais desta, ou seja, sua espiritualidade fenomênica. Uma das razões da imensa vitalidade da pintura de paisagem foi a captação dos traços sutis, da leveza, da abrangência e do infinito, contidos na visão pura que o letrado tinha dos fenômenos naturais.

A dimensão espiritual da pintura clássica chinesa esteve presente como um legado mais filosófico do que religioso das três crenças tradicionais que durante séculos dominaram o pensamento chinês. Como vimos, em determinados períodos históricos, notadamente durante a época Tang, o taoísmo, o confucionismo e o budismo tornaram-se convergentes, sendo pouco antagonistas entre si, de modo a proporcionar em conjunto os fundamentos de um elaborado pensamento estético. Eram concepções de vida que apontavam essencialmente a natureza e a purificação do coração para o contato com ela. Se, para o confucionista, o letrado poderia alcançar sua plena humanidade nos ares montanhosos, para o taoísta, a ordem da natureza e a harmonia natural apontavam e realizavam o Caminho, enquanto para o budista uma via de ascese estava na renúncia e no desprendimento do relacionamento com a natureza, sendo esta uma fonte de contemplação e de meditação, em que o espírito se libertava. O contato com a natureza estava, portanto, enraizado na alma do letrado chinês. A manifestação pictórica não constituía senão uma decorrência por assim dizer inevitável das convicções filosóficas, estéticas e religiosas.

A pintura chinesa em seu conjunto parece ser uma ocorrência muito antiga, remontando aos tempos das dinastias arcaicas de Shang e Chu (séculos XVIII a V a.C.), embora tenham sobrevivido poucos vestígios arcaicos (Cheng, 1980). No período imperial, sob as dinastias Tsin e Han (entre 221 a.C. e 220 d.C.), a pintura que chegou até nós encontrava-se predominantemente nos templos, túmulos e palácios, referindo-se a motivos religiosos e funerários, a temas míticos e comemorativos, e a assuntos da vida cotidiana (Cheng, 1980). Até o século V, a paisagem normalmente não se destacava na pintura, sendo apenas um motivo secundário. A primeira obra propriamente paisagística apareceu no século VI, denominada *Passeio na primavera*, atribuída a Chan Tzu-chien (550-604). Faltava à pintura de paisagem feita antes da dinastia Tang não só a diferenciação dos planos de profundidade como a sofisticação (Lesbre e Jianlong, 2004). Houve, porém, uma mudança radical de pensamento e de concepção estética na dinastia Tang, de sorte que se inaugurou uma nova dimensão cultural, com amplas repercussões sobre a pintura paisagística.

Se, anteriormente, a atenção e os interesses dos pintores se voltavam à pintura de retratos, na época Tang os letrados alcançaram maturidade técnica sem precedentes. Passou a haver pleno domínio das cores e da representação diferenciada de figuras e fundos de acordo com as diferentes profundidades das imagens. Lesbre e Jianlong (2004, p. 266) disseram que "a pintura de paisagem adquiriu então a profundidade", tornando-se uma pintura completa em sua forma e distintiva em seus diferentes planos. Como na poesia, o traçado do pincel, uma característica essencial dessa pintura, buscava a representação do *qi*, isto é, das vibrações indistintas, mas presentes como "sopros" nos objetos. Foi possível o aprimoramento dos traços leves e suaves, que se encontram, por exemplo, nos seguidores da técnica monocromática de Wang Wei. O pintor, geralmente solitário, pintava paisagens etéreas para transmitir seu relacionamento especial com a natureza. Essa pintura era quase sagrada, tanto que ao letrado não era permitido vender sua obra. Tal estado de espírito se espalhou pelas épocas posteriores, repercutindo no período histórico situado entre Tang e Song, denominado Cinco Dinastias (906-960), em que a China sofreu mais uma vez esfacelamento territorial e político. Apesar de tudo, vingaram várias escolas de pintura e começaram a aparecer as academias, que se tornaram instituições especializadas e centros importantes de desenvolvimento da pintura de paisagem. Mas será somente no século XI que essa pintura alcançará a aura que a distinguirá para sempre, notabilizando a própria Dinastia Song.

No século X, o último imperador Tang, Li Yu (937-978), fundou em Nankin uma academia de pintura, e seu exemplo se espalhou. Na época das Cinco Dinastias, houve, igualmente, diversas academias sob o patrocínio das dinastias reinantes. Mas foi somente no período chamado Song do Norte que a Academia Imperial de Pintura de Kaifeng causou um efeito impressionante, que alcançou a celebridade. Sua atividade foi interrompida pela invasão tártara, mas prosseguiu com a fundação de uma nova academia no Sul, em Hang-Tcheu, para onde migraram muitos pintores. Assim, a pintura paisagística Song teve a duração considerável de mais de 300 anos. Além da duração, são os estilos particularmente ricos que dão a tônica a essa pintura. No início da Dinastia Song, os pintores mais conhecidos e celebrados na arte paisagística foram Li Tcheng (919-967), vindo das Cinco Dinastias, Fan Kuan (século X), Hiu

Tao-ning (século X) e Kuo Hsi (1020-1090). Depois vieram Mi Fei (1051-1107) e seu filho Mi Yu-gen (1086-1165), bem como Su Shi (1036-1101), pintor e poeta mais conhecido como Su Tung-po, Wen Tong (1018-1078), Guo Xi (1067-1085), Li Kunglin (1040-1106) ou Li Lungmien e, especialmente, Li Tang (1050-1131), cujo estilo influenciará decisivamente a pintura de paisagem da Dinastia Song do Sul. Não foi de menor importância o papel desempenhado por inúmeros pintores anônimos, que deixaram indelevelmente seus traços. No período Song do Sul, a nova Academia Imperial manteve semelhanças de estilos com a do Norte, a ponto de alguns historiadores e críticos afirmarem que ela traduziu com perfeição a essência da pintura paisagística Song. Além de Li Tang, houve outros pintores renovadores, como Ma Yuan (1190-1224), seu filho Ma Lin (cerca de 1220) e Hsia Kuei (1180-1230). Foi considerável a influência no Sul de pintores budistas Tchan, como Mu-Ki (1181-1250) e Liang Kai (cerca de 1200). Outros artistas destacados foram Kuo Hsi (1130-1200), Tchao Po-kiu (cerca de 1140), Liu Sungnien (1170-1230), Li Ti (cerca de 1130) e Wen Tung (cerca de 1070). Alguns desses pintores desligaram-se da Academia, outros foram puramente independentes, evitando o academicismo, como Mu-Ki e Liang Kai (Brodrick, 1988).

É impressionante que, na multiplicidade dos estilos, correntes e escolas, seja possível encontrar denominadores comuns. Quando se trata de observar a pintura de paisagem Song por meio dos exemplos mais significativos, verifica-se que tanto no Norte quanto no Sul os letrados tiveram em mente alcançar a expressão mais completa da experiência de captação da natureza. Esta se revela em suas qualidades evanescentes, em seus movimentos vivos e secretos, em suas formas e cores transfiguradas; enfim, em sua espiritualidade imanente. Uma tendência geral que incluía as principais vertentes dessa pintura. Por esse objetivo em comum, os pintores de paisagem conseguiram se colocar além das costumeiras divisões e disputas, estando à disposição de um relacionamento homem-mundo que passava de corpóreo a incorpóreo, de material a espiritual, de sensorial a imaterial. Essa unidade consensual compreendia os artistas arcaizantes e os inovadores, os tradicionalistas e os modernizadores, os acadêmicos e os inconformistas com determinados padrões. De maneira geral, parecia essencial tomar a paisagem para expressão de alguma coisa que estava nela, mas ultrapassava o dado puramente concreto, a fim de se transformar no sopro ou suspiro que a natureza exalava. Talvez por isso, ao comentar essa arte, Malraux (s/d, II, p. 69) tivesse dito que "pela escolha sutil do efêmero ela visa a sugestão da eternidade".

De que modo? O espaço mental, esse imenso reservatório de surpresas, pode gestar a dimensão de sonhos, as imagens artísticas espontâneas, a presença de vida, o colorido e a luz, a leveza e a pureza, o alargamento e a abrangência, a harmonia e o silêncio, a atemporalidade, a totalidade, o infinito e inúmeros outros aspectos. O que nos sugerem o vento nas árvores, as nuvens fugidias, o voo de andorinhas desaparecendo no horizonte, as flores do campo, o grande espaço da paisagem? Cada uma dessas flutuações da natureza poderia apontar uma mensagem em si mesma decifrável e compreensível: o frigir das folhas como expressão de vida, as nuvens como fugacidade e leveza, as flores como coloração preternatural, a amplidão do espaço como alargamento da visão do planeta, o voo elíptico dos pássaros como um mergulho no infinito, e assim por diante (Trinca, 2006). Longe de ser puro romantismo, a natureza faz despertar relações e significações profundas. Era isso, sobretudo, que o letrado chinês queria expressar na sua pintura.

Contemplando cada uma dessas obras, é possível descobrir uma expressão móvel, solta e fugidia, por vezes quase líquida. Há nelas uma fugacidade de movimento, que dilui toda a concretude da aparência. Isso se encontra especialmente na paisagem, mas aparece com frequência na pintura de flores, pássaros e animais. Como exemplos dessa pintura, um artista anônimo do século X legou-nos *Símios e cavalos* (col. Museu do Palácio, Taipei, Formosa) e Tsuei Po (século XI) deixou-nos *Gaios e lebre* (col. do mesmo museu). Não é incomum o caráter evanescente e vaporoso da pintura para a representação dos aspectos inconcretos, passageiros e transformantes das coisas. A técnica do esmaecimento em tons lavados foi empregada para isso, como se nota, por exemplo, em *Montanhas nas nuvens* (col. Museu Municipal de Osaka), de Mi Yu-gen. Os letrados chineses tinham a dupla qualidade do domínio de uma técnica elaborada aliando-se à liberdade e à espontaneidade da composição, de maneira que, tomando por referência a natureza, conseguiam combinar a forma com a libertação da forma, para as finalidades de expressão da vida do espírito. O que realmente diferencia essa arte em relação a outras modalidades de representação é a sua capacidade de obtenção do deslizamento fluido, que faz aproximá-la das imagens espontâneas e das vivências oníricas. Liang Kai, em *Pássaros sobre um galho de salgueiro* (col. Museu de Pequim) ilustra claramente essa afirmação. A eteridade da composição distancia-se da rigidez formal, ao transformar o que é estrutural em inestrutural.

Tendo por base as noções de imaterialidade, os pintores buscaram por todos os meios a manifestação da leveza, que eles descobriam por toda parte na natureza. Conquanto fossem budistas ou confucionistas, não deixavam de se influenciar pelo espírito do taoísmo, que privilegiava a flexibilidade, a mobilidade e a surpresa, em contraste com a rigidez, a dureza e a inflexibilidade. Por vezes, a leveza e a pureza reuniam-se no único movimento do pincel. A paisagem tornava-se então visão pura, tal como se encontra em *Visão pura: curso d'água e montanhas ao longe* (col. Museu do Palácio, Taipei, Formosa), de Hsia Kuei. Aqui, descortina-se a claridade cristalina que os paisagistas Song souberam perfeitamente representar. Mas, para isso, haveria que purificar o coração. Disse Brodrick (1988, p. 35) que "a imaculada campina de rochas e águas simbolizava uma vida não contaminada pelo mundo". Atingia a finalidade de reproduzir o fundo imaterial das coisas. Para tanto, o "instrumento" da pintura, sendo a interioridade do pintor, tinha que estar depurado na calma do relacionamento bem realizado do pintor consigo próprio e com o mundo. Quanto mais despoluída fosse a interioridade, mais fiel seria a representação da pureza contida na paisagem.

O centro da questão estava em não se deixar concretizar pelo mundo externo, nem pelo mundo interno. O espaço mental deveria estar isento de concretude o máximo possível. Se isso acontecesse, a interioridade poderia se tornar solta, fluida e etérea. Essa era uma condição indispensável à arte interior, que respondia pela realização da obra artística. Quem visse com olhos interiores, veria com mais penetrância as formas, as cores, os brilhos, os movimentos, a delicadeza e a profundidade daquilo com que se sintonizasse. A liberdade e a espontaneidade poderiam vir a ocupar o primeiro plano e, assim, alcançariam o caráter móvel, transformante e evanescente do mundo. A mente livre estaria igualmente propícia ao surgimento das imagens de leveza, vivacidade e amplidão, especialmente no relacionamento com a natureza. A pintura resultante era chamada de pintura do coração. Por isso, Tchao Pu-tche (1053-1110) disse num poema que, quando Wen Tung (1018-1078)(cujo apelido era Yuke) pintava bambus, estes já se encontravam prontos em seu coração (Demiéville, 1962). Era função do artista a captação e a elaboração do *princípio interno constante* de cada coisa com que ele se relacionasse. Ou seja, a internalização da presença no objeto da harmonia universal, de modo que o princípio interno constante (*li*) se realizasse na obra (Escande, 2000). Na pintura do coração, a imagem mental correspondia a alguma coisa totalmente despoluída, cuja formação espontânea era produto do contato bem-sucedido do artista consigo próprio e com a natureza, sendo que daqui brotava naturalmente a obra de arte. Os grandes artistas da época Song pintavam as imagens que sua visão interior lhes proporcionava, muitas vezes em estado de entrega e de unificação com o objeto representado.

Nessa disposição de espírito, a interioridade nutria-se da síntese realizada no contato com a realidade externa. O produto poderia ser uma imagem mental espontânea que, antes de se expressar na pintura, *era vivida* como leveza, transparência, clarificação ou transfiguração da mesma realidade. Figuras de grande beleza plástica habitavam a mente do letrado, desde as quais ele tinha a convicção de penetrar a real natureza do mundo. Uma convicção sustentada na síntese obtida, que de modo algum se confundia com imaginação ou com a alucinação, dada a consistência das imagens em relação às experiências de existência do mundo real. Uma vez que as imagens-sínteses estavam na mente, tinham a propriedade de criar uma ambientação ou um envoltório propício à melhor percepção do mundo, pelo caráter de leveza, mobilidade, vitalidade ou amplidão que elas imprimiam. Nem sempre, porém, se constituíam em produtos acabados. Às vezes, eram simples ondulações e pontos coloridos, bem como colorações interiores que, expandindo-se, encontravam o colorido e a eteridade da realidade externa. Ou seja, a interioridade do artista abrigava uma atmosfera colorida, que estava pronta a receber e a representar as nuanças da sutileza, da delicadeza e da sublimidade porventura existentes no mundo. Por exemplo, uma atmosfera colorida parece estar presente e desempenhar papel importante na composição intitulada *Laranjas maduras e tangerinas verdes* (col. Museu do Palácio, Taipei, Formosa), de Chao Tanien (cerca de 1180), também conhecido como Chao Lingyang. A tônica dessa pintura foi dada pelo tom lilás, certamente sugerido pela ambientação interna do pintor, igualmente lilás, que conseguiu transmitir uma aura de leveza e de surpresa, estendendo-se pela composição como um todo.

O processo poderia se ampliar em direção às imagens de luz, que eram igualmente livres e espontâneas. Por vezes, a consciência receptiva do artista era uma consciência iluminada, que armazenava ou continha luz. A mente tornava-se elástica e deslizante em atmosfera fluida, plena de imagens de luz, que produziam efeitos etéreos, mas também vitalidade e alegria. A luz interior representava-se frequentemente na obra artística, tal como se observa na pintura clássica, especialmente da época Song. Chama a atenção, em particular, uma produção de Kao Ko-ming (cerca de 1035), denominada *Primeira neve sobre o rio* (col. J. M. Crawford Jr., Nova York), em que a vista do espectador se detém sobre a iluminação da paisagem, que corresponde por certo aos efeitos da luz primeiramente apreendida na interioridade do artista. Enquanto o bosque ensombrece, o restante da natureza, iluminada pelo sol, faz-se reluzente num foco mágico. O lugar ocupado pela figura humana é pequeno e relativo; como, aliás, de modo geral na pintura paisagística da China antiga.

Independentemente de haver ou não imagens espontâneas, o artista chinês cultivava a disposição interior para a recepção da radiância da natureza. A realidade circundante era diretamente apreendida em brilho e cor, sonoridade e fragrância, movimento e vida, resplandecência e graça espiritual. Para esse artista, a radiância não equivalia apenas à beleza, porque exalava um fulgor e uma harmonia que ultrapassavam os dados meramente sensoriais. Quando expressa em pintura, transmitia os sentidos de uma realidade mais profunda. Por essa razão, ao comentar uma folha de álbum de Ma Yuan, denominada *O erudito e seu servidor sobre o terraço* (col. C. C. Wang, Nova York), o especialista em pintura chinesa James Cahill (1977, p. 82) afirmou que, olhando o quadro, passamos "alternadamente do mundo material ao mundo imaterial". Essa formulação poderia se estender amplamente à compreensão do universo da pintura paisagística Song, certamente com algumas exceções.

No relacionamento sensível do artista chinês, estava contida, em primeiro lugar, a participação no fenômeno espantoso chamado vida. Era possível encontrá-la em miríades de manifestações e, a bem dizer, o Universo configurava-se como uma emanação das forças com que o artista deveria se pôr em sintonia. Se isto acontecesse, a arte seria uma expressão viva, e seria tão sutil, fluida e etérea quanto a própria vida que se espalhava pela natureza. O artista verdadeiramente atento a sua arte estava pronto ao acolhimento das ondulações da vida imensurável, por meio da flexibilidade de acompanhamento dos movimentos transformantes, inefáveis e eternos. Isso se dava primeiramente como sentimento de presença de vida interior, que se relacionava com a vida exterior. Só poderia encontrar fora aquilo que, antes, estava dentro, sendo essa uma formulação presente nos escritos de Shitao (1996, p. 47), monge, pintor, literato e filósofo do século XVII, que dizia: "a infinidade das criaturas pode revelar sua alma ao homem, porque este detém o poder de formação e de vida". A pintura era uma forma de expressão que continha vida e se destinava a infundir vida à alma do ser humano, libertando-o do enclausuramento ao plano da sensorialidade. Assim, a arte representava a vida em seu sentido mais profundo, apreendendo-a em seus meandros e sutilezas imateriais. O artista Song pintava sua experiência profunda de captação da vida exterior pela vida interior, seja na contemplação direta da natureza, seja nas imagens interiorizadas. Por isso, sua pintura se aproximava dos elementos móveis e vivos do Universo em perpétua transformação. Estes, por sua vez, introduziam e proporcionavam contato com a mobilidade da mente do espectador, em apelos ao sentido do vivo. Chao Chang (século XI), por exemplo, foi um letrado que se cognominou "pintor da vida". Uma de suas obras, chamada *Quatro pegas* (col. Museu do Palácio, Taipei, Formosa), mostra o movimento puro da vida, que se transmuda em beleza imaterial pela harmonia dos gestos e pelo sublime encanto, presentes nos pássaros, nos ramos e nas flores. Revela, portanto, a capacidade maravilhosa da natureza de produzir o fenômeno imaterial. Seu resgate pela arte corresponde à manifestação do próprio ser do artista. Em conformidade com isso, Shitao (1996, p. 69) dizia: "montes e rios encarregam-me de falar por eles; eles nascem em mim, e eu neles".

A pintura de paisagem era privilegiada na época Song porque, melhor do que outra, exprimia a relação do ser humano com a harmonia. Ou seja, o encontro da harmonia interior com a harmonia exterior. Ryckmans (1993, p. 131) afirmou que "o conceito-chave da civilização chinesa era a harmonia". Nessa pintura, em comunhão e unificação com a natureza, o pincel seguia de modo natural o que daí emanasse e, assim, realizava sua obra sem esforço. Correspondia perfeitamente à concepção chinesa de inação (*Wu Wei*), cujo sentido não era a ausência de atividade, mas a privação de atividade oposta à harmonia natural, à ordem e à tendência natural das coisas, tal como ensinou Chuang-Tse (1985). Liberta a mente de interferências e obstáculos, a inação decorria de quietude, paz e silêncio vividos interiormente, que eram propícios ao encontro da harmonia existente na realidade exterior. Isso se denominava *qiyun* e demonstrava que a harmonia era, antes, uma experiência de contato bem-sucedido do artista com seu próprio ser, que se deixava ir em conformidade com o que era natural na e pela ação do Universo e de seus princípios, representados como Tao. Disse Escande (2000, p. 31) que um verdadeiro conhecimento da estética chinesa significava "apreender seu ser profundo para agir em completa espontaneidade, desde que as questões técnicas tivessem sido superadas". Com esse espírito, tornou-se possível a um letrado anônimo da época Song pintar *Retorno do barco sob o vento e a chuva* (col. Museu de Xangai), assim como a Kao Ko-ming produzir *Vilarejo de pescadores entre morros revestidos de pinheiros* (col. Museu do Palácio, Taipei, Formosa).

Muitas vezes, as pinturas paisagísticas tinham por propósito a evocação do infinito, que animava a sensibilidade do artista por meio da calma e do afastamento de toda perturbação do espírito. O infinito não era algo sobrenatural, tampouco uma noção física ou matemática. Era, antes, a percepção do desaparecimento da concretude de um objeto que com surpresa se tornava imaterial, por pertencer a uma realidade inatingível e distante, cujos contornos tocavam o infinito e poderia ser representado de diferentes maneiras. Havia a sugestão de infinito nas montanhas distantes e nos largos panoramas, geralmente associados ao vazio, como se nota numa pintura anônima da época Song, denominada *À borda d'água, sob a Lua* (col. Museu de Pekim). Mas, também, o infinito era representado na indeterminação das coisas que, por serem sutis, se desfaziam no ar, indicando sua não existência material e sua leveza aérea, sugestiva de surpresa. A surpresa era às vezes obtida na representação de um elegante voo de ave sobre os abismos, cuja trajetória silenciosa descrevia um movimento etéreo, que se desvanecia ao se esgotar nele mesmo, desaparecendo como por encanto no vazio. Poderia ser, ainda, a imponderabilidade de um simples galho que, ao se retorcer e pender no vazio, descrevia o espanto de um movimento curvilíneo que desaparecia no infinito. Em *Pássaros com galhos de salgueiro* (col. Museu de Pekim), Liang Kai apresentou o movimento leve, grácil e evanescente dos galhos que mergulham em dimensão órgica e do voo dos pássaros que realizam uma comunicação entre o mundo visível e o invisível. Fazem lembrar o poema de Li Tai Po (Portugal e Xiao, 2013, p. 69): "voos de pássaros que se desvanecem / nuvens que se dissipam / no infinito olhar / em que tudo desaparece". Cheng (1993, p. 79) observou que, nesse caso, há "um movimento que gira sobre si mesmo e que, por sua vez, se abre para o infinito". Na representação pictórica, abre-se comumente para o vazio. Este corresponde ao fundo invisível, de que a realidade visível é figura. Sendo assim, ele é fonte nutriente de que se originam novos símbolos, animando a criação. Talvez por isso Cheng (1980, p. 39) tenha afirmado que "o vazio é o sopro".

O que seria o sopro (*qi*), para o letrado chinês, senão um estado harmonioso no relacionamento com os ritmos do Universo? Sob as aparências, escondia-se, para ele, a ordem fundamental da natureza. Era nisso que ele se baseava para compor sua obra. O sopro era o próprio impulso do Universo, existente em espontaneidade e harmonia. O artista que conseguisse ir a fundo participava desse fluxo e representava na obra, sem esforço, os movimentos do Universo, dando-lhes forma segundo a apreensão humana. A paisagem pintada era o que melhor convinha a essa representação, visto que a força imanente da natureza era manifestação dessa harmonia e, quando fosse sintonizada em nível profundo, podia ser apresentada em expressões estéticas inigualáveis. Wang Wei (apud Cheng, 1993, p. 68) dizia que "o sopro rítmico era o único [fator] a guiar o pincel". Nessa pintura, a natureza, em sua imanência, era experienciada imaterialmente no silêncio de sua própria existência, ao ser sintonizada pela mente igualmente silenciosa. Isso não era experienciado como transcendência, mas como participação e unificação com a natureza, naquilo que ela tinha de mais profundo e harmonioso. A natureza vinha se colocar ao artista em estado original e puro, isto é, desprovida das interferências sensoriais do fundo humano do artista e, então, ela podia se revelar tal como realmente era. Dessa perspectiva, pode-se compreender o que disse, no século VII, Yu Shinan, um erudito chinês (apud Escande, 2000): semelhante a um espelho, o coração-espírito une-se ao maravilhoso, refletindo como uma água clara aquilo que existe.

Contemplando um rolo de pintura anônima do século XII, intitulada *Pássaros numa moita de bambus e de ameixeiras* (col. Museu do Palácio, Taipei, Formosa), o espectador é convidado a deixar-se conduzir pela experiência de haver um silêncio despertado no ato da contemplação. Nessa experiência, nada mais existe senão os pássaros e as plantas num grande silêncio, que abarca a disposição harmoniosa das formas e o charme das pétalas em flor. O espectador deixa seu próprio ser se manifestar livremente, e isso corresponde, em termos da filosofia e da arte chinesas, ao acolhimento da ação do Universo por espelhamento do que é natural. Essa experiência é sentida como existente fora do tempo, isto é, longe de toda e qualquer determinação ou impregnação temporal. Para o artista chinês, essa era uma das portas de entrada da unidade, no sentido da eliminação da dualidade entre dentro e fora, entre sujeito e objeto. Shitao (1996, p. 67) compreendia a unidade como uma síntese entre esses dois aspectos e dizia que "se o Uno é totalmente apreendido, a multiplicidade dos seres revela sua ordem harmoniosa". Essa é uma filosofia que vem de remota antiguidade, tendo encontrado em Lao Tse (1973) uma formulação que se perpetua. Segundo ela, a obtenção da unidade implica pureza, tranquilidade, eficiência, plenitude e criação, sendo um paradigma universal.

Vemos, assim, que o artista chinês da época Song contemplava a paisagem com os olhos do espírito e sua pintura reproduzia experiências de encontro profundo da realidade, em que a imaterialidade era vivenciada em solidão íntima. Sua pintura revelava a imaterialidade da natureza, especialmente como espiritualidade fenomênica. Para isso, a interioridade do artista era deliberadamente preparada para o contato com o fenômeno espiritual emergente na realidade a seu alcance. A pintura paisagística atingiu sua maturidade e suas culminâncias na dinastia Song, manteve relativamente inalteradas suas características na dinastia Yuan, vindo a declinar gradativamente nas dinastias Ming e Ching. A época Song foi sem dúvida extraordinária para a pintura, sendo uma daquelas épocas raras, que se contam nos dedos, de florescimento cultural da humanidade. Nessas ocasiões privilegiadas, há um salto qualitativo rumo ao desenvolvimento do espírito, em que a vida humana se engrandece, grávida de surpresa e maravilha. A criação parece tocar as bordas da eternidade, trazendo mensagens de esperanças para novas etapas de humanização.

10. Catedrais góticas e Renascimento: a aspiração ao infinito

Se a infinitude era um tema frequente na poesia Tang e na pintura Song, não deixa de ser uma temática universal. Nas melhores épocas da história da humanidade, quando a vida do espírito se sobrepôs à ignorância e à brutalidade, a relação estética com o infinito brotou de modo quase natural. Em períodos de elevação espiritual, a sensibilidade humana, desprendendo-se do acúmulo de sensorialidade, tendeu a pairar de modo soberano, florescendo uma realidade mais abrangente, da qual sobressaia a infinitude. Em intervalos felizes de cessação dos horrores da destrutividade, a vida do espírito renasceu por força da necessidade de dar sentido à vida e ao viver. Sempre foi possível encontrar na história humana vislumbres da marcha sagrada em direção à realização espiritual. Em períodos de áureo esplendor, isso se mostrou plenamente em claridade diurna, refulgindo como um deslumbrante arco-íris. Veremos, a seguir, como esse movimento do espírito se apresentou na Idade Média e no Renascentismo sob a forma de infinitude.

Os vitrais góticos

Sabe-se que a vidraçaria vem sendo utilizada desde a Antiguidade nos edifícios públicos e particulares, especialmente nos lugares de culto. Alguns sítios arqueológicos atestam a existência, no século V, de vidros colocados sobre o chumbo. Nos séculos VII e VIII, foram descobertos vidros pintados na França, que parece ter sido o berço dos vitrais. No século IX, as imagens pintadas vieram a se incorporar aos vitrais e, no século XI, a iconografia já se constituía em sequências de narrativas. A técnica do vitral expandiu-se enormemente no século XII por toda a Europa, principalmente na França, na Bélgica, na Alemanha e na Inglaterra. Contudo, foi somente no século XIII que se usou massivamente dos vitrais nas grandes catedrais góticas, sendo uma época culminante da pintura em vidro. Antes do gótico, o estilo românico teve pleno desenvolvimento entre os anos de 1050 e 1150, sobressaindo-se a pintura de vitrais nas igrejas de Chartres (reconstruída em estilo gótico), Saint Denis, Mans e Poitiers. A partir dessa época, o estilo gótico obteve ascendência, sobrepujando o românico. A catedral de Vézelay, na França, cujo apogeu se situa no ano de 1146, é um exemplo da combinação dos dois estilos (Jean-Nesmy, 1991).

O que hoje chamamos de estilo gótico foi considerado na época *ars nova* ou "estilo francês". Era uma arquitetura em linha vertical, cujas coberturas, sustentadas pelos cruzamentos dos arcos ogivais, formavam abóbadas pontiagudas que se elevavam às alturas. Apesar de grandiosas, essas estruturas primavam por leveza e ousadia. No conjunto, a distribuição harmoniosa das partes causava forte impressão de sublimidade. A altura arrojada das abóbodas ogivais conjugava-se com as cores e com a luminosidade dos interiores, em que os vitrais não eram apenas adornos, mas poderosos elementos espirituais. Disse Lorentz (2014, p. 113) que "a partir do século XIII, os vitrais góticos tornaram-se imensos anteparos translúcidos e coloridos". No ambiente magnificado das catedrais góticas, importante era a própria luz filtrada em cores brilhantes e esplendorosas, especialmente nos tons azuis, vermelhos, dourados e prateados. Ela refulgia do fundo do Universo a um espectador surpreendido e embevecido. Para o observador da Idade Média, tudo parecia conduzir a uma dimensão maravilhosa: as estruturas pentagonais, as janelas aumentadas, a rutilância das cores e dos brilhos, as grandes rosáceas, a iconografia e a hagiografia, as proporções e o equilíbrio do conjunto. Isso era motivo de deslumbramento e de recolhimento.

Há uma série de construções desse gênero, edificadas desde a segunda metade do século XII até a primeira metade do século XIV, nas cidades de Paris, Sens, Chartres, Bourges, Auxerre, Rheims, Amiens, Nuremberg, Viena, Toledo, Angers, Strasburgo, Rouen, Beauvais, Colônia, Canterbury, Florença e outras, tanto na França quanto em vários países da Europa. Algumas foram igrejas românicas reconstruídas em gótico, outras foram originalmente projetadas em gótico, sendo que todas sofreram processos de restauração e grande parte dos vitrais primitivos não se conservaram. Ao longo dos séculos, houve incêndios, desabamentos, estragos e retiradas dos vitrais para aumento da claridade ou por perda do interesse. Às vezes, as restaurações conseguiram manter relativamente o padrão original, como na Sainte-Chapelle, de Paris. Afortunadamente, nesta foram conservadas quinze grandes janelas dos vitrais do século XIII, com seus brilhos fascinantes e multicolores. Em Chartres subsiste até hoje grande parte dos vitrais góticos originais. Isso se encontra em muitas outras igrejas, como na Catedral de Colônia. Em grande número delas, o que restou do XIII século é diminuto, como as rosáceas da Catedral de Notre-Dame de Paris. Apesar de tudo, os vitrais cintilantes continuam a se compor com a unidade espiritual das catedrais, tendo a mesma finalidade original de servir a grandes propósitos e de estimular grandes sentimentos.

Perante elas, por vezes é despertada a emoção de participar de uma obra magnífica, feita não para simples deleite do espírito, mas para aspirações ao infinito.

Chama particularmente a atenção a questão das imagens pintadas nos vitrais. No século XII, um monge chamado Teófilo destacou a importância da iconografia dos vitrais, que servia para representar com finalidades doutrinárias e pedagógicas as figuras legendárias de Cristo, dos apóstolos, dos santos e dos mártires, bem como os dogmas e mistérios sagrados da religião e da fé (Lorentz, 2014). A associação original entre o pintor tradicional e o pintor-vidreiro trouxe um acréscimo à iconografia, que se tornou artisticamente atraente às populações da Idade Média, de tal modo que as imagens pintadas se expandiram enormemente. Contudo, é necessário colocar em foco se a atração pelos vitrais era devida à iconografia e aos elementos narrativos ou, ao contrário, era um efeito de conjunto, produzido pelas cores e pela luminosidade, conjugadas com a magnífica arquitetura da catedral, da qual as imagens pintadas sobressaíam como símbolos. Para inúmeros escritores e pesquisadores, não é a arte figurativa que dá o tom aos vitrais, mas o esplendor das cores e da luminosidade. Se, por um lado, os vitrais não se dissociam do conjunto harmonioso da catedral, por outro, têm por si mesmos elementos essenciais que os tornam únicos. Um deles está na luz tremeluzente que, sem ferir os olhos nem turvar o espírito, se reflete como um "diamante multifacetado", segundo a expressão de Camille (1996, p. 46). Para Umberto Eco (2004, p. 117), "a catedral é construída em função da luz que irrompe através de um túnel de estruturas". Na luz está colocado o centro de gravitação que dá coerência e significação ao conjunto.

Os vitrais góticos não são somente quadros luminosos, eles existem para momentos de fortalecimento do encontro de uma realidade mais profunda, que promove a elevação de espírito e a ligação com a vida. Quando vistos à luz crepuscular, o fundo negro que realça seu esplendor não faz apenas sonhar, senão transfigurar os efeitos da percepção. Nota-se que os vitrais "são como joias decoradas com pedras preciosas brilhantes e coloridas" (Lautier e Kurmann-Schwarz, 2014, p. 71). Marcel Proust, Joris-Karl Huysmans e muitos outros escritores os definiram dessa maneira (Cappronier, 2014). Assemelham-se a pedras preciosas pelo brilho e pela cor, mas também pela superfície polida, em que a luzidia suavidade se torna por vezes opalescente. Esfumam-se ao olhar, comunicando uma dimensão etérea da realidade como beleza transfigurada e como graça infinita. Sendo joias vivas em escala amplificada, servem de porta de entrada e de penetração na experiência de imaterialidade. Por essa razão, os povos da Idade Média acreditavam que por seu intermédio seria possível a contemplação de um pedaço do paraíso. Contudo, a luz incorpórea dos vitrais espiritualiza-se não como transcendência, mas como imanência. Em suas variações, torna-se menos incisiva e concreta, mais doce e flutuante. Ao desvanecer-se, aprimora-se delicadamente, ressaltando sua pureza virginal.

Na Idade Média, as catedrais góticas foram erguidas para a evocação de uma grandeza suprapessoal, que revigorava o espírito. Os vitrais, existentes no plano da realidade imanente, prestavam-se a ser intermediários da comunicação entre a Terra e o infinito. Correspondiam à busca da experiência direta com a luz que deslumbrava, a ponto de suscitar a relação estética. Era uma linguagem que comunicava algo longínquo e enigmático, mas também antigo e solene, provindo de regiões ignotas e indecifráveis, apenas entrevistas, esboçadas ou sugeridas, mas sem dúvida intuídas como infinitude. De regiões invisíveis, surgiam nos vitrais eflorescências sutis e fugazes, evocadoras do fundo inaprisionável da vida que mergulhava no insondável, na coisa-em-si inabarcável, esmagando a condição humana. A estética do infinito era indicada pelos leves e imponderáveis movimentos desvanecentes que, ao perpassarem, deixavam no ar o vislumbre de um horizonte que sugeria sua continuidade no indeterminado. Poderiam ser vividos como a sublimidade do encontro da beleza, da grandeza e da majestade do Universo. Assim como a música maravilhosa que, ressoando na alma, despertava a infinitude, os vitrais estavam em harmonia com o fundo da vida, dos tempos e da criação.

Na catedral gótica, tudo sugeria o silêncio da vida claustral, voltada ao recolhimento, muito mais do que à vida ativa e social da comunidade. A religiosidade do século XIII imprimia quietude ao interior do templo para a experiência de silêncio, que conduzia à concentração e à contemplação. Em vez de exterioridade da vida mundana, a arquitetura, a luz e as cores da catedral tinham por substrato a obscuridade aproximadora da interioridade e dos sentimentos profundos. O sóbrio fluxo de luz e as cores rubis e safiras das igrejas do século XIII contrastavam com os vitrais transparentes em branco e ouro do final do século XIV, nos quais predominava a tendência à busca de claridade (Lorentz, 2014), afastando-se sensivelmente das fontes internas da meditação. Isso provavelmente tinha o significado de uma mudança de orientação espiritual, que se deu marcadamente a partir do século XV, quanto ao sentido da luminosidade. Se a catedral gótica era a igreja românica amplificada para o acolhimento e a emissão da luz exterior em benefício da luz interior, doravante as exigências mundanas fariam adotar novas concepções teológicas e novas formas artísticas. Apesar disso, as imagens puras e radiosas dos vitrais das catedrais góticas, sustentadas por seus engenhosos pilares e arcobotantes, nunca abandonaram os adoradores das maravilhas das cores e da luz, que por séculos nelas se inspiraram para alimento do espírito na experiência de imaterialidade. Os vitrais são propiciadores de imagens espontâneas e de sentimentos alargados em relação à vida e ao viver. Seu benéfico esplendor se internaliza e habita o espaço mental, transformando-o em arte interior.

Poderia objetar-se que esses vitrais, mais do que imanentes, estavam a serviço doutrinário da Igreja. Seria difícil de distinguir neles os valores universais perenes que serviam ao revigoramento da vida psíquica. Eles pertenceriam mais ao reino de Deus do que ao ser humano necessitado de habitar o mundo. Contudo, essa objeção não leva em conta que os vitrais góticos são em si mesmos formas vivas de existência, que inspiram a vida e o viver. Diante deles, vive-se em comunhão com a expressão das fontes da vida, que busca por todos os meios o encontro de uma linguagem, ainda que o faça, em certas circunstâncias, sob a submissão aparente ao divino. Nada modifica, porém, o fato essencial de ser uma linguagem de sensibilidade, que se conecta com os aspectos mais profundos e misteriosos da realidade. É uma linguagem que se coloca muito além de todas as crenças e ideologias. Aliás, disso dá provas Riviale (2014, p. 241), ao afirmar que o valor e o uso dos vitrais estão "além dos conflitos religiosos". O ser humano possui natural propensão a viver em beleza e harmonia, bem como a superar a dimensão meramente prosaica e concretista de sua existência, ao elevar a mente e o coração a esferas de comunicação com o fundo remoto da vida, no qual se vislumbra a infinitude.

O Renascimento italiano: Rafael Sanzio

Junto com Leonardo da Vinci e Michelangelo Buonarroti, Rafael Sanzio é considerado figura emblemática do Renascimento italiano. Com ligeiras diferenças de idade entre eles (Rafael era o mais novo), pertenciam à mesma época e às mesmas tradições artísticas. Não há muito o que dizer que não se saiba a respeito de Rafael: nasceu em 1483, em Urbino, e faleceu em 1520, em Roma, onde trabalhou no embelezamento dos aposentos papais. Apesar de ter tido uma vida relativamente curta, sua obra foi um dos principais cânones de beleza dos três séculos seguintes. Seu pai, Giovanni Santi, que também era pintor, levou-o a aprender a arte com Perugino, outro pintor que se tornou célebre na Idade de Ouro da pintura italiana. Em 1504 mudou-se para Florença, que era o principal centro artístico da época, onde permaneceu até 1508, tendo convivido com vários artistas famosos. Ali, Rafael trabalhou especialmente na pintura de Virgens, adquirindo uma técnica formidável. Foi para Roma a convite do papa Júlio II, tendo ali permanecido até seus últimos dias. Concluiu vários trabalhos de grande envergadura, especialmente sob o papado de Leão X, sucessor de Julio II, que faleceu em 1513. Não obstante o imenso trabalho exercido no Vaticano, Rafael continuou pintando Virgens, que foram sempre a sua predileção. Diferentemente da arte de Michelangelo, que era forte, massiva e atormentada, a arte de Rafael primava por jovialidade, doçura e leveza.

Ele teve a felicidade de viver numa época excepcional e num lugar onde o Renascimento produzia seus frutos em abundância. Se a Itália foi o país onde o Renascimento começou e no qual ele melhor se impôs, era porque eclodia uma nova etapa na cultura e na civilização ocidental, ocorrendo como uma contradição justamente no núcleo duro da Europa tradicional. Uma contradição que revelou ser uma síntese entre o pensamento novo que então se desenvolvia e a bela harmonia das formas gregas, tanto que se expressou de preferência no domínio das artes. Desde Giotto, Duccio e Cimabue, no *Trecento*, até Ticiano, Cellini e Tintoretto, no *Cinquecento*, é verdadeiramente impressionante o desfile de artistas que empregaram a *manieranuova*, na qual, segundo Pater (2014, p. 50), "tudo respira aquela unidade de cultura em que todas as coisas que são graciosas se reconciliam, para a elevação e o ornamento de nossos espíritos". Rafael é apenas um exemplo, ainda que extraordinário, no amplo panorama do Renascimento, em que o ser humano veio a ocupar um lugar central. Parece que, desdenhando o estreitamento, esse ser ergueu os olhos para os céus na conquista da luz e na contemplação do esplendor.

Por que reservo um lugar justamente a Rafael nesse panorama repleto de gênios e imortais? Como Malraux (s/d, I), eu poderia dar como motivo a suavidade de Rafael, ou como Rodin (2013), apontar sua deliciosa serenidade, contrastante com a paixão intensa de Michelangelo. Talvez haja algo parecido em Ticiano, mas a leveza etérea é uma forma alcançada por Rafael sobre o sentimento fundamental da relação imaterial com o mundo. Na pintura das Virgens isso se deixa transparecer em alto grau. No polo oposto à arte densa de Michelangelo, a de Rafael é especialmente delicada e terna, qualidades que não se encontram nas melhores obras de Giorgione, nem de Boticelli. Também, há nele uma visão da transcendência humana que é alcançada de modo natural, sem sair do plano terreno, enquanto em Leonardo há uma intenção permanente de busca da transcendência, sempre voltada a ela, num limite quase intransponível. Então, o que conta não é o equilíbrio, nem o relevo e a terceira dimensão, senão a representação da imaterialidade da visão terrena, sob a égide de um mundo transfigurado. Há momentos nos grandes artistas em que ocorre um deslizamento para o segundo mundo, não sendo outro que o da pureza, da graça e da infinitude. Especialmente em algumas Virgens, Rafael não procurou a representação da realidade sensorial das emoções, e sim o pertencimento humano ao universo da beleza infinita.

A arte de Rafael apresenta pontos privilegiados e ressaltantes, que se distinguem em sua obra e para onde converge o olhar, que Pater (2014, p. 28) denominou "princípio ativo". Parece que o ponto central se localiza na representação da espiritualidade de suas Virgens ou, mais precisamente, na fisionomia das Virgens, de onde se expande o equilíbrio da composição e onde se concentra sua luz. De modo geral, em Rafael os rostos femininos tendem a isso, mas a melhor forma é obtida em algumas Virgens, especialmente na *Virgem da Cadeira* (col. Pitti, Florença) e na *Virgem de Alba* (col. National Gallery, Washington, D.C.). O tema da Virgem com o Menino Jesus iniciou-se nos anos florentinos, sem nunca deixar de figurar na obra com um todo. Está presente, também, nas Sagradas Famílias, que necessariamente se adicionam ao conjunto, tanto pela forma quanto pelo espírito. É um tema que se desenvolveu extraordinariamente ao longo do percurso do pintor. Ao todo são mais de trinta Virgens, considerando-se as Sagradas Famílias. Se a *Virgem do Granduca* (1504, col. Pitti, Florença) e a pequena *Virgem de Cowper* (1504, col. National Gallery, Washington, D.C.) não haviam alcançado plenamente o ar da graça das criações posteriores, a *Santa Família Canigioni* (1507, col. Alte Pinakothek, Munique) mostra o atingimento do vigor de uma arte em vias de perfeição, cuja natural delicadeza desponta igualmente em *A Bela Jardineira* (1507, col. Louvre, Paris) e na *Virgem de Goldfinch* (1507, col. Uffizi, Florença). Essa tendência se observa num crescendo, que passa naturalmente pelas *Virgens de Aldobradini* (1510, col. National Gallery, Londres) e de *Diadema* (1510/11, col. Louvre, Paris). A perfeição técnica coloca-se a serviço do sentimento de sublimidade, em um lento processo de evolução, que corresponde aos movimentos de maturidade do pintor, em combinação com grande autodeterminação e imenso esforço de realização. Rafael consuma essa disposição e atinge a perfeição possível na *Virgem de Alba* (1511). O alvo do estilo, uma vez alcançado, assegura sua própria continuidade, salvo quando são os discípulos que pintam parte dos desenhos do mestre. Uma continuidade que, seguramente, se encontra na *Virgem de São Sisto* (1513/14, col. Gemäldegalerie, Dresden). Mas, sem sombra de dúvida, é na composição circular da *Virgem da Cadeira* (1514) que Rafael obtém a sublimidade da representação que eleva o ser humano à condição de beleza transfigurada e atinge a expressão da imaterialidade mais nobre e requintada, fazendo reter o alento e transformar-se em suspiro.

Em maior ou menor grau. As Virgens de Rafael dirigem-se, pela transfiguração, à estética do infinito. A simplicidade da transposição ao infinito surpreende, embaraça e encanta. O gesto humano é traduzido de modo a representar o extremo refinamento da vida, tocando o indizível. O fim almejado não é somente a harmonia, e sim o universo inabarcável e impessoal da graça, no qual cada coisa se desmaterializa para se imaterializar.

Na *Virgem de Alba* está representada a capacidade humana de apreender um objeto finito como infinito, pela comunicação de presença da infinitude na própria finitude. Essa comunicação é feita por intermédio da sublime delicadeza da representação, que convida o espectador a elevar-se docemente da terra aos céus. Um fino rosto de porcelana distancia-se suavemente de nós, elevando-se e imaterializando-se. Não se trata, porém, da transcendência divinizada, mas da imanência glorificada. Não nos satisfaz a contemplação da fisionomia simplesmente sensorial, porque a morada do espírito se situa na intraduzível infinitude. Como uma joia, a superfície polida do rosto e do olhar assemelha-se ao nacarado das conchas, refletindo os matizes da aurora e sublimando-se em direção ao que nunca é atingido.

Na *Virgem da Cadeira*, Rafael representa igualmente a intensidade de sua abertura ao contato com a infinitude, pela transfiguração da realidade comum na sublimidade da obra de arte. O corpo reaparece na fisionomia e nas vestes da Virgem com a finalidade de oferecer a visão esplendorosa da aproximação ao infinito, pondo-o ao alcance dos mortais. A delicadeza da expressão denota a captação pelo artista do refinamento que a vida humana comporta, ao transcender a esfera puramente terrena e sensorial.

O rosto humano translúcido, como finíssima porcelana ou magnífica pérola rosa, desdobra-se a fim de encontrar notável representação órgica, pela elevação do espírito à ordem da graça imaterial. O pintor tece com finíssimo tecido a flor mais requintada da alma e o que é puramente humano aproxima-se do divino, sem derrogar a própria condição humana. Nada é mais primoroso a um pintor que conquistou plenamente o sentido da imaterialidade na transfiguração da realidade que toca a infinitude.

Daqui se torna mais simples compreender o inusitado percurso artístico do pintor até culminar na *Mulher de Véu* (1516, col. Pitti, Florença), identificada por uns como Fornarina, a mulher de Rafael, e por outros como Lucrécia della Rovere (Vecchi, 1987). Ainda que alguns críticos cheguem a duvidar da atribuição a Rafael, e embora não se trate de uma Virgem, tem todos os requisitos da semelhança. A fisionomia translúcida, a vivacidade do olhar, a elegância das cores, o amarfanhado do tecido, o pregueado de ametista, o ondulado em refluxos vivos e a combinação maravilhosa do conjunto causam uma impressão preternatural. Parece que o artista tinha interiormente uma atmosfera em cores para a criação da obra. Esta não seria mais que a expressão tecnicamente evoluída de uma visão interior, pela qual ele deu vida e esplendor a sua criação. A se confirmar a hipótese, o espaço interno passa a ser habitado por imagens e coloridos que se instalam espontaneamente, como se fossem pinturas de uma realidade tridimensional, existente fora do tempo, em esfuziantes cores, formas e movimentos. Uma arte interior que transfigura preternaturalmente os objetos do mundo real em realidades imateriais. Se a expressão privilegiada do mundo é móvel, deslizante e fluida, para atingi-la o espírito necessitaria estar igualmente móvel e receptivo, compatibilizando-se com ela. Não seriam essas as precondições da visão interior?

O tratamento dado por Rafael a todas as suas formas corresponde à aguçada visão interior que, todavia, não se dissocia da percepção real, se a consideramos do ponto de vista da penetração que vai muito além das impregnações sensoriais. Não seria possível a penetração por intuição no invisível, ultrapassando-se as contingências aparentes de tempo e espaço? A beleza humana toca as fontes da criação, quando se realiza plenamente a penetração no âmago da existência de outro ser. Seria isto um logro ou uma realidade? A dúvida resolve-se por manutenção da tranquilidade e da plena atenção, que proporcionam o encontro com a verdade mais profunda da existência do outro. Um sentimento sem reservas de entrega e sintonia, de que sobressai a intimidade da relação, apreendida em sua pureza extrema. Não estaria esse sentimento nas proximidades dos mistérios da criação? Em atmosfera de pureza, o espírito passa a ser ressonância dos abismos que se presentificam. Estes não são do domínio das emoções passionais, porque se trata do próprio ser em expansão, na sua realidade de existência. A forma mais simples e pura do ser confunde-se com o amor sem objeto de atendimento. Trata-se do amor purificado e, portanto, apto ao encontro da profundidade, como se um deus viesse a semear benesses ou desvendasse os véus do paraíso terrestre. Daqui se vislumbra um mundo transfigurado e a pintura exprime sublimidade, sendo vencidas as barreiras entre a sensorialidade e a imaterialidade. Um gesto de humildade surge da comunicação com aquilo que, na percepção e na compreensão, se revela único, profundo e real. Não seria, então, a arte um convite à penetração, quando ela se nutre da pureza do coração? Uma penetração reveladora do que realmente existe, sendo este o próprio infinito?

Para concluir, parece que Rafael trilhou uma via que os próprios clássicos não trilharam, seja em Roma ou na Grécia: a transfiguração do humano que se aproxima do infinito. Se os gregos da época de Péricles alcançaram a plena harmonia das formas, tendo influenciado toda a civilização ocidental, Rafael atingiu a sublimidade virginal que se dirige ao infinito, estampado em deliciosas formas humanas. Obteve-o não pelo ideal das formas, mas pela percepção translúcida da vibração do corpo transfigurado. Uma glorificação radiosa do ser humano que, em outros termos e de modo totalmente diferente, se encontra na obra magnífica desses clássicos.

11. Romantismo: entre as trevas e a luz

No começo do século XVIII, iniciou-se um movimento de amplas proporções na cultura ocidental, que revolucionou as concepções então vigentes sobre a literatura, as artes plásticas e a filosofia. Sua influência se estendeu sobre a música, o teatro, a dança e até sobre a política, a religião e a sociedade, determinando uma atitude característica perante a vida em geral. Esse movimento se denominou romantismo, e sua força de atração se espalhou pela arte moderna, da qual ele é um precursor e um desbravador. A fase culminante do romantismo situa-se entre 1750 e 1850, sendo seus berços a Alemanha e a Inglaterra, de onde migrou para outros países, como a França, Portugal e o Brasil. Alguns autores, na esteira de Hegel, recuaram o começo do romantismo a Shakespeare, outros a Goethe e a Schiller. Importante, porém, era o espírito da época que ele determinou. Foi um movimento que privilegiou o sentimento e a imaginação, tendendo a levá-los aos excessos. Por vezes, havia uma relação ardorosa, desesperada ou mórbida com a vida, sob o primado do gozo e da paixão, mas também do sofrimento e do aniquilamento. Uma das características do romantismo era a liberação do *self*, em conformidade com o aguçamento da sensibilidade do sentir. Ele se insurgiu contra a rigidez das regras clássicas e, como concepção lírica da vida, ultrapassou tanto o espírito clássico quanto o renascentista, especialmente aquele herdado de Rafael Sanzio. Daqui derivou uma disposição de oposição e de rebeldia contra toda forma de ordem inflexível, mas também uma tendência à excentricidade, ao personalismo e ao misticismo.

No Brasil, o drama sentimental voltou-se para o nativismo e para o culto das origens indianistas. De modo geral, o romantismo pôs em evidência a liberdade de espírito e a quebra dos valores estabelecidos, cultivando a tragicidade, o êxtase passional, os mitos obscuros, a magia cósmica e a inquietação pelo absoluto. A alma romântica almejava um tipo de espiritualidade nascida da intimidade, que atingisse o cerne da significação da realidade visível e invisível. Se essa aspiração se encontra em outros movimentos do espírito humano, a especificidade do romantismo está em que a aspiração se tornou propositada e intencional. Disse Béguin (1960, p. 155, grifo do original) que "ele buscava *deliberadamente e em completa lucidez* provocar a elevação das vozes misteriosas." Essas vozes não eram senão as das trevas interiores e das potências obscuras, instigando o talento da penetração ilimitada, que passava pelo insólito, pelas sombras e pelos abismos. Passava, outrossim, pela intimidade do culto à natureza espiritualizada na beleza dos sentimentos estéticos. *Grosso modo*, tal era o universo desses grandes artistas, pensadores e escritores que se chamavam, por exemplo, na Inglaterra, Keats, Shelley, Byron, Wordsworth e Blake; na Alemanha, Novalis, Arnim, Friedrich, Brentano, Jean-Paul e Tieck; na França, Victor Hugo, Baudelaire, Nerval, Rimbaud e Mallarmé; em Portugal, Almeida Garrett, Alexandre Herculano, Antonio Feliciano de Castilho e Camilo Castelo Branco; no Brasil, José de Alencar, Gonçalves Dias, Joaquim Manuel de Macedo, Castro Alves, Alvares de Azevedo e Casemiro de Abreu.

O espírito do romantismo incarnava, portanto, a oposição, o contraste e a dialética entre, por um lado, as trevas, o abismo, o tédio, o horror, a morte e, por outro, a luz, a criação, a renovação, a esperança e a vida. Um lado sempre esteve em relação com o outro, ainda que amiúde a destrutividade sobrepujasse a construtividade. Na arte, o conflito entre o belo e o feio dava a medida de uma nova estética, pela inclusão do grotesco, do extravagante e do horrível, como partes da realidade a ser considerada. Disse Eco (2004, p. 321) que, para os românticos, "o feio não era a negação mas a outra face do belo". Uma vez incluído o objeto em sua totalidade, ele tenderia a mostrar sua fisionomia profunda e a fazer sobressair o vigor de um valor estético integrado, colocando-se além das antinomias. A estética romântica mergulhava, pois, na aceitação dos contrastes, na multiplicidade das aproximações aos diferentes aspectos da realidade e nas sínteses dinamicamente realizadas. Os princípios conceituais de Keats (Ramos, 2010) ilustravam essa posição epistemológica, que incluía, além da intensidade das emoções, a condição de igualdade entre a beleza e a verdade, mas também a capacidade negativa (de cegar-se ao conhecido e de manter-se em estado de incerteza) e a supressão do preenchimento egoico. Ou seja, ao manter-se em suspensão o conhecido, indo ao fundo das coisas, obtém-se a apreensão da profundidade de existência das coisas, que revelam seu aspecto estético e põem em evidência a sua verdade. Nesse caso, a verdade equivale à beleza, e não apenas às emoções que eclodem na mente. Em mais de cem anos Keats precedeu Einstein, para quem a beleza das equações fazia acreditar em sua verdade.

Certamente, há diferentes formas de romantismo, assim como diferentes estilos de criação e diferentes origens da obra artística. Em relação à mente que a produz, a obra poderá se originar de comprometimento psicótico (por exemplo, a arte do esquizofrênico), de repressão emocional, de sublimação dos impulsos, de fusão com o objeto, de reparação do objeto destruído, e assim por diante. Penso, porém, que se encontra incluída no romantismo uma expressão artística, literária e filosófica que corresponde à experiência de imaterialidade. A ela pretendo dedicar toda a atenção. Ocorre quando as emoções turbulentas cessam de interferir, ofuscar ou eclipsar o contato do indivíduo com seu próprio ser e, assim, advém um estado de liberdade, que se manifesta como deixar-se ir em tranquilidade e desprendimento, em que são afastados os conflitos, as angústias e as impregnações sensoriais de todo tipo, surgindo como resultados mais comuns os sentimentos de amenidade, limpidez, alargamento e atemporalidade, entre outros. No romantismo, aparecem com relativa frequência a visão de sonhos para a vida desperta, as imagens artísticas espontâneas, a relação com a natureza em dimensão transfigurada, os vislumbres harmoniosos do fundo do Universo e da totalidade cósmica, o alargamento para a infinitude, o acolhimento dos enigmas e mistérios e a abertura ao assombroso desconhecido. Sem dúvida, essas são expressões da experiência de imaterialidade, se as tomarmos como modalidades de contato profundo com a realidade interna e externa. Na experiência, é sempre a realidade que se encontra, mesmo que se empreguem a imaginação, as imagens mentais e os sonhos que, interpretados, conectem o *rêveur* à realidade. Tudo isso existe no universo romântico, embora sejam pepitas de ouro no cascalho, que devem ser procuradas diligentemente. A obra, aqui como em toda parte, reflete o momento vivencial de quem a cria, segundo a sintonia que estabelece consigo próprio e com o mundo. A escolha entre as trevas e a luz, com todas as variações do espectro, vai depender do prisma mental adotado.

O prisma poderá incluir a relação com a natureza. O culto da natureza era uma constante em quase todas as formas de romantismo. Algumas vezes glorificada, outras vezes divinizada, a natureza era sempre festejada em suas virtudes majestosas. A sintonia com ela possibilitava vivências profundas e transformações poéticas de valor incalculável, como se encontra, por exemplo, em William Wordsworth (1770-1850). Nele, não havia somente a concepção romântica da natureza, mas o voltar-se a ela para a descoberta do fenômeno imaterial. Wordsworth (1988, p. 31) não se cansou de cantá-la de miríades de maneiras:

[...] E outra vez escuto
Estas águas que fluem dos mananciais do monte
Com seu manso murmúrio interior. Outra vez
Olho estas íngremes escarpa saltaneiras,
Que, num cenário agreste e retirado, imprimem
Sugestões de retiro mais profundo; e ligo
Toda a paisagem à serena paz do céu.

O poeta romântico inglês encontrava a radiância do mundo em expressões transfiguradas (Wordsworth, 1988, p. 55):

Houve um tempo em que o prado,
O bosque, o manancial,
A terra e o que nela se via,
Tudo me parecia
Envolto em luz celestial,
Um sonho de esplendor e louçania.

Muito além do louvor à beleza, o coração de Wordsworth (1988, p. 51) estava em festa pela graça de sua experiência de flutuação em estado de pureza e leveza imateriais:

> *Eu vagava qual nuvem flutuando*
>
> *Por sobre o vale e o monte em solidão,*
>
> *Quando vi de repente uma hoste, um bando*
>
> *De narcisos dourados pelo chão,*
>
> *Junto ao lago, debaixo da ramagem,*
>
> *A adejar e a dançar à doce aragem.*

Os narcisos despertavam-lhe imagens mentais de beatitude e eteridade (Wordsworth, 1988, p. 51):

> *[...] quando vazio e cismador,*
>
> *Repouso no divã, eis que amiúde*
>
> *Fulgem eles naquele olho interior*
>
> *Que para a solidão é beatitude;*
>
> *E então minha alma se abre em mil sorrisos,*
>
> *E se põe a dançar com os narcisos.*

Para o sentimento de presença de vida, seria necessário que o arcabouço corpóreo se tranquilizasse, cessando o peso esmagador da sensorialidade, a fim de penetrar o fenômeno vivo existente na realidade externa (Wordsworth, 1988, p. 33):

[...] o abençoado enlevo
No qual o grande fardo do mistério,
No qual o peso fatigante e esmagador
De todo o nosso mundo incompreensível
É aliviado; o tranquilo e abençoado enlevo
Em que os afetos gentilmente nos conduzem,
Até que, quase interrompido o alento
Do arcabouço corpóreo, e mesmo o palpitar
De nosso sangue humano, adormecemos
No corpo, e nos tornamos alma viva;
Enquanto, serenado o olhar pelo poder
Da harmonia, e o poder profundo do êxtase,
Nós a vida das coisas penetramos.

Talvez fosse possível o encontro de um mundo vivido como sonho, mostrando a beleza e a grandeza de existências cujos sentidos mal se poderiam obter em estado de vigília. Os românticos eram seres que frequentemente viviam imersos em atmosfera onírica para a produção de suas obras. "Por que, William, tu passas o tempo a sonhar?", perguntava-se Wordsworth (1988, p. 23). A resposta dada por Albert Pinkhan Ryder (1847-1917), pintor norte-americano da época do romantismo tardio, foi um calculado esmero na produção de suas telas. Ele pintava o sentimento, como se nota em *Siegfried and the Rhine Maidens* (col. National Gallery of Art, Washington, D.C.), uma tela na qual a luminosidade, o colorido e a atmosfera onírica, muito mais que o apelo à lenda, dão vida e alma à pintura, cuja beleza preternatural é fruto de uma vida interior excepcionalmente rica. De igual modo, em *The Forest of Arden* (col. S. C. Clark), o artista representou a luminosidade exuberante de um dia dourado à hora crepuscular, em surpreendente atmosfera onírica. As pinturas paisagísticas de Ryder foram realizadas com as imagens da mente, em que as cenas interiores se apresentavam tão vivas e reais quanto as exteriores, com a diferença de que as primeiras se abeiravam dos sonhos, dando sentido onírico à vida real. Buscando a luz, seus quadros representavam o colorido interior, que ele sorvia na luminosidade dourada das tardes passadas nos campos e na paisagem urbana. Parecia ser importante a representação da realidade não de forma puramente conceitual ou estética, senão como era experienciada na apreensão que o artista fazia da profundidade do universo com que ele se relacionava. Isso lhe assegurava a representação de uma realidade transfigurada, ela própria originária das sínteses de percepções e de intuições. O espaço interno colorido e iluminado ressignificava a percepção, reencontrando o mundo em sua profundidade. Uma simples copa de árvore, iluminada pelo sol, reverberava tal fisionomia, tal brilho, tal coloração, tal vigor que impactavam, quando percebidas sob o colorido e a luz interiores, que abriam as portas ao encontro da realidade exterior.

Esse era, também, o universo da pintura paisagística de Caspar David Friedrich (1774-1840), um solitário artista do romantismo alemão, amante das horas crepusculares e da neve. Suas paisagens eram feitas de largos espaços, leveza de formas, cores etéreas, luminosidade delicada e horizontes infinitos. Nelas, a natureza era continuamente reencontrada em seus mistérios, sob os voos amplificados do espírito repleto de silêncio. Por toda parte irradiava a reverente quietude de união com a natureza. A concretude dissolvia-se em prol da majestade do todo, no qual o tempo cessava e a vida de sonhos vinha a ocupar seu lugar. Para Friedrich (apud Béguin, 1960, p. 126), "a única fonte verdadeira da arte é o coração, em sua pureza e candura", isto é, uma arte cristalina, liberta de toda sensorialidade. Tal era a concepção romântica da arte que se exprimia na experiência de imaterialidade. Ela esteve sempre à espera de um espírito que a apreendesse, a desvelasse e a comunicasse, em sua universalidade.

Mas poderá haver confusão de interpretação entre a experiência de imaterialidade e a experiência religiosa. A confusão torna-se maior quando se unem romantismo e fortes convicções místicas, como acontece, por exemplo, em relação à obra de Novalis.[1] O Barão Friedrich von Hardenberg, chamado Novalis (1772-1801), é considerado o verdadeiro fundador do romantismo alemão e, de fato, ele se sobressai dentre as grandes figuras literárias do século XVIII. Seu romantismo constituía uma concepção de vida, na qual o mundo visível se ligava ao invisível, sendo aquele praticamente um símbolo deste (Béguin, 1960). Importava sobretudo trazer à luz do dia o que era obscuro e dominá-lo pela exploração da interioridade e pelo acompanhamento das imagens da mente, que desvelavam o espírito das coisas. Se a experiência mística é sempre referida à divindade, Novalis, como Spinoza, concebia o espírito e a matéria como formas indistintas de uma substância cósmica única, que era ao mesmo tempo viva e transcendente. Para ele, espírito e matéria pertenciam à mesma unidade primordial, à qual deveria aceder o espírito humano, unindo-se ao Universo. O objetivo máximo do ser humano seria, portanto, a eliminação da separação e a integração com o todo. Para isso, a aspiração fundamental consistia em ultrapassar a polarização entre interior e exterior, a fim de realizar um mergulho na realidade primordial e uma fusão com o absoluto. Esse mergulho implicava o despojamento e o abandono da própria individualidade, que se dissolvia em prol da suprapessoalidade, considerando-se a essência eterna presente em cada ser

1 Encontra-se um interessante resumo em Béguin (1960).

humano. O apego à morte fazia parte dessa constelação. Contudo, a aspiração ao infinito era movida predominantemente pelo poder da consciência visionária, que incluía a imaginação, em especial a imaginação poética, como também a transfiguração da realidade por meio da magia e a animação do mundo por meio dos sonhos acordados e noturnos. Em tudo, preponderava o poder da exaltação mística, na qual a magia, o sonho, a imaginação e a realidade se interpenetravam e se confundiam numa contemplação dita superior. Ou seja, os estados de alma se constituíam em fontes absolutas para o conhecimento das realidades transcendentes. Como no xamanismo, para Novalis, o espírito, ao penetrar o objeto, assumia as características desse objeto, pela força de atração exercida na entrega à magia, ao sonho e ao devaneio. Desse panorama emergirá um dia o ser humano divinizado, numa espécie de Idade de Ouro do porvir. A divindade oculta existente em cada um de nós encontrará sua contrapartida em união com a divindade cósmica e, desse modo, o humano não se diferenciará do divino.

Essa posição, ao mesmo tempo literária e filosófica, se expandiu pelo romantismo e ultrapassou suas fronteiras, vindo a acarretar inúmeros problemas: 1) a projeção de um Universo animado pela mente que o fabrica; 2) a crença onipotente em que a realidade seja um produto dos desejos humanos; 3) o excesso de teorias e de premissas dadas previamente, sem verificação, como supostas verdades; 4) o desmesurado uso da imaginação, do sonho e da magia para a condução da busca e para a conclusão do que se sabe de antemão; 5) a fé sobrepujando e dominando todos os meios de verificação direta e indireta; 6) os fatos imprecisos guindados à condição de verdades evidentes; 7) a relação com a imanência feita por via da transcendência; 8) o desligamento de si próprio em favor do êxtase místico; 9) o ideal da consciência divinizada sobrepondo-se ao discernimento e à razão; 10) o invisível tendo precedência sobre o visível e o não natural sobre o natural na ordem das coisas;

11) a entrega ao supranatural e a fusão com o maravilhoso como critérios de verdade. Novalis, do mesmo modo que muitos outros românticos, não se contentou com a existência do mundo real, que deveria ser ultrapassado em prol de um outro mundo, escondido e necessitado de ser posto à luz em intersecção com a realidade última. Não mantendo firmes e claras as cores da imanência, os românticos, com toda a sua sensibilidade, perderam-se na transcendência. Se o absoluto era o objeto a ser alcançado no estado de dissolução da individualidade e de fusão com a divindade, o sujeito, englobado pelo objeto, desaparecia. O que restava em seu lugar era um produto repleto de emoções, mas aniquilado na existência própria. Ou seja, desprovido da realidade existencial de sujeito. De outra perspectiva, isso tende a acontecer todas as vezes em que o indivíduo é conduzido pela intensidade das emoções cegas, sustentadas por ideologias, crenças ou convicções de valor absolutista.

Disso, porém, os próprios artistas, filósofos e escritores românticos conseguiram muitas vezes se livrar, quando suas emoções foram canalizadas em vista da penetração profunda na realidade, considerando a existência de si mesmos e do mundo. Nesse caso, não era o predomínio do objeto e o esvaziamento do sujeito que prevalecia, mas a experiência vincular e a realização do sujeito. Disse Eco (2004, p. 318) a esse respeito que "sem perder sua liberdade e sem se tornar escravo, o sujeito se inter-relaciona com o objeto, mantendo sua própria subjetividade". O amor romântico pode, portanto, libertar-se do jugo das emoções e alçar o voo das alturas, encontrando sua realização no plano do espírito. Tem por substrato a paixão pela vida, ligando-se de modo pleno e verdadeiro. As escolhas não são determinadas pela dependência, mas pela liberdade enraizada no conhecimento da realidade. Assim, torna-se livre o sujeito, tanto quanto o objeto. Um relacionamento desse tipo tende a descobrir no mundo o que este tem de melhor a oferecer, desde um sentido espiritual de vida até a plenitude da alegria. Para esse romantismo, os enigmas e mistérios do Universo encontram uma base imanente de sustentação. Isso significa que a realidade pode ser encontrada no plano do relacionamento profundo, desde que para isso a mente esteja preparada, lidando com as emoções sensoriais e com outras interferências ao contato. Sendo assim, passam ao primeiro plano da experiência íntima e da vida contemplativa as imagens interiores e as sínteses perceptivas e intuitivas do contato sensível e realístico que o artista, o escritor e o pensador têm consigo próprios e com o mundo. Então, torna-se evidente que o aprofundamento da consciência expansiva difere essencialmente dos estados anormais e alterados de consciência. Enquanto nestes tudo parece ser válido para a obtenção da experiência visionária, naquela importa essencialmente a experiência de imaterialidade, como vimos em Wordsworth, Ryder e Friedrich.

No romantismo, a experiência pessoal do artista e do poeta poderá ser validada como experiência real, se a meta de seu ideal supremo for atingida em atmosfera de pureza, graça, doçura e eteridade, que se vivifica, se amplifica e se aprofunda na visão penetrante da natureza, da vida e do Universo. O contato com o próprio ser é condição necessária ao contato com a realidade externa, uma díade da qual deriva a consciência expandida. Sintonizar o próprio ser não é uma vivência meramente intelectual, nem um simples desejo. Ao contrário, é função primordial da vida contemplativa, porque, sendo o ser de natureza não-sensorial, ele é também condição de possibilidade da experiência, pela ultrapassagem dos entraves sensoriais e dos distúrbios que interferem na apreensão da realidade imaterial. Indo em busca dos elementos sensoriais do universo das trevas, o espírito romântico, quando lida com a mente em contato profundo, torna possível o encontro da luz, a que parece se destinar seu primeiro e original impulso.

12. Impressionismo: Monet e Cézanne

O impressionismo tem origem na primeira exposição que, em 1874, cerca de trinta artistas franceses, recusados pelo Salão Oficial, realizaram em Paris para demonstrar suas diferenças e desavenças em relação aos padrões e modelos artísticos da época. Participaram dessa exposição artistas que depois se tornaram célebres, como Pissarro, Renoir, Degas, Cézanne e Monet. A tela de Monet denominada *Impression, soleil levant* não obteve elogios no início, mas acabou dando nome ao movimento impressionista, que se transformou numa das mais importantes e notáveis escolas de pintura. Toma por base as impressões, as sensações e os sentimentos provocados no artista pelos objetos e pelas situações, em especial pelas cores e pela luminosidade. Eles são expressos na pintura de maneira nuançada, móvel, fugidia e fluida, mas também viva e harmoniosa, com total independência em relação aos padrões convencionais. Se os contornos e volumes permanecem em essência, as pinceladas geralmente correspondem a cores brilhantes, contrastantes e radiosas, realçadas pelos efeitos da luz. Dão identificação e harmonia às formas sem perder o tributo concedido à delicadeza.

Parece ser um mergulho do artista no universo da cor e da luz, de modo a ressaltar o que de melhor o mundo tem a oferecer.

Contrariamente ao formalismo das regras clássicas, alcança-se emancipação relativamente ao passado, em que, segundo Clay *et al.* (1973), geralmente há assimetria de composição, minimização da perspectiva, independência da coloração, interpenetração e desmaterialização dos objetos, deslocamento da centralização, nova maneira de conceber a intimidade e novas exigências estéticas sobre o nervo ótico do espectador. Essa aparente incoerência dá origem a uma nova harmonia, regida pela cor e pela luz. Cada ser animado ou inanimado é inundado por colorido, luz, musicalidade e fragrância que se tornam focos de beleza e harmonia. O olhar penetrante e educado do espectador descobre no ambiente comum e imediato do artista a grandeza e a universalidade, contidas nas cenas triviais e nos espetáculos da vida cotidiana. Os motivos mais significativos dessa pintura podem ser encontrados nos ambientes rurais e urbanos, nos cafés e teatros, nos rios e praias, nos interiores das casas e nos lugares de atividades. Faz pensar que há implicitamente no impressionismo uma noção filosófica da significação do momento passageiro, vivenciado como valor permanente. Ou seja, à ideia de que a tela oferece uma simples impressão visual, sem nada mais (que foi uma imprecação inicial contra o impressionismo), se sobrepõe à ideia de que a impressão refinada do artista responde pelos significados mais preciosos e inefáveis da vida do espírito. O instante fortuito colocado na tela não é senão a manifestação atual dos assombrosos processos da Grande Vida.

Se o artista pinta a natureza, ela é percebida primeiramente pelo olho interior em estado de aprimoramento, calma e descomprometimento sensorial. Só assim se alcança o equilíbrio instável da representação aperfeiçoada e profunda. A limpidez interior, ainda que momentânea, vai determinar o grau de profundidade da relação com a natureza. Cézanne (Gasquet, 2012, p. 165) disse que "para haver progresso, não há senão a natureza, e o olho se educa ao seu contato". Para ele (2012, p. 170), as cores da natureza "são expressões da vida, que se elevam das raízes do mundo". Quão longe estamos, no impressionismo, da sensibilidade decadente que só encontra o tédio e o nada na relação com a natureza! Estamos distantes, também, da insensibilidade gritante do homem sensorializado, dito moderno, que se propõe a substituir a relação com a natureza por um *décor* artificial, onde tudo é falsidade e fingimento. A Natureza é, sem dúvida, a fonte primordial de que se alimenta a vida do espírito e, no impressionismo, ela readquire seu vigoroso *status*.

Se inadvertidamente Monet deu nome ao impressionismo, Cézanne concedeu conscientemente a Pissarro o título de primeiro impressionista. De Pissarro derivaram tanto os impressionistas quanto os neoimpressionistas, incluindo Van Gogh, Manet e Gauguin. A lista dos pintores famosos que de algum modo fizeram parte dessa escola é imensa. Destacam-se especialmente Toulouse-Lautrec, Sisley, Seurat, Morisot e Bonnard. Para efeitos da presente exposição, cujo objetivo não é realizar uma crítica de arte nem uma apresentação didática do impressionismo, seleciono dois artistas que parecem estar mais bem familiarizados, ao menos em certos momentos de suas obras, com a transformação da pintura em tendência à representação da experiência de imaterialidade. Esses artistas são Monet e Cézanne.

Claude Monet

Claude Monet (1840-1926), considerado por Cézanne (Gasquet, 2012, p. 67) "o mais belo olho de pintor que sempre existiu", nasceu em Paris e morreu em sua propriedade em Giverny (França). Conviveu com a maioria dos pintores impressionistas de sua época, notadamente com Renoir, Cézanne, Sisley e Pissarro, tendo sido refugiado de guerra em Londres, onde recebeu influências de Turner e Constable. Seu estilo flutuante acabou por questionar a própria representação concreta da forma, que veio se submeter à cor e à luminosidade. Ele pintou admiravelmente flores, frutos, campos, praias e falésias, mas suas melhores produções se encontram na pintura de nenúfares (*nymphéas*). Os críticos afirmaram que, nessa pintura, ele impunha sua subjetividade: no entanto, ele dizia ser somente realista. Um realismo que, para Huxley (1974, p. 84), era simplesmente arrebatador, porque na visão profunda "os nenúfares não estavam referenciados a noções meramente humanas... eles eram parâmetros de si mesmos". Na verdade, o artista captava a luminosidade e o colorido que esplendiam daquilo que era visto e interiorizado, transformando em imagens de pintura as imagens interiores. Já em 1867, Monet pintou em Sainte-Adresse tanto o *Terraço* e a *Regata* (ambos da col. Metropolitan Museum of Art, New York) quanto a *Praia* (col. Art Institute of Chicago), que são quadros aparentemente realistas, nos quais a manifestação da sensibilidade apurada para as cores e a luminosidade faz o espectador descobrir a beleza imaterial do mundo. Se nada mais Monet tivesse pintado, eles seriam suficientes para imortalizá-lo. O mesmo se poderia dizer de *Pêssegos* (col. particular, 1833) e de *Perus* (col. Musée d'Orsay), que estão entre suas melhores telas.

Contudo, foi em Giverny que ocorreu a fase áurea da pintura de Monet. Ali havia um casarão, um pomar, um riacho e um imenso jardim repleto de flores. Tudo o que o artista necessitava para a nutrição do espírito. Foi ali que ele pintou seus melhores nenúfares, alguns dos quais estão no Musée de l'Orangerie e no Musée d'Orsay, em Paris. Embora a fase de Giverny tenha se iniciado em 1883, houve um período, aproximadamente entre 1899 e 1908, em que os nenúfares esplendiam maravilhosamente nas telas, irradiando sua magnificência. São eles que mais se acercam da tendência à comunicação da experiência de imaterialidade: deixam de ser simples formas coloridas para se tornarem cores harmoniosas, em que as formas se diluem. O esmaecimento das formas está a serviço da representação feita pela mente flutuante e descompromissada com a concretude. Vigora o princípio da fluidez, no qual as formas participam da dinâmica das flutuações. Esta é movimentada pelo deslocamento do olhar, que encontra a delicadeza esmaecida do conjunto, pigmentado pelas cores e, em alto grau, pela luminosidade. Estão dispostas harmoniosamente como nuvens flutuantes, sustentando as formas que quase aparecem e quase se desfazem. Disso se origina um universo evanescente, tendo por base a mobilidade psíquica.

Cada quadro é animado pela tonalidade da atmosfera que se dissemina pelo conjunto, dando a tônica do colorido e da luminosidade, que se interpenetram. A luminosidade das cores ressaltantes aparece no interior dessa atmosfera, que parece provir, em sua origem, de uma imagem mental amena, sutil e evasiva. Assim, os mais belos nenúfares de Monet impõem-se por si em suavidade e encantamento, unindo cores, luzes e formas, de modo a tornar onírica a atmosfera da pintura, sem deixar de participar do mundo em que vivemos. Toda a diluição da pintura dos nenúfares aponta ao espectador a liberdade de flutuação e o elemento fluido disseminado na obra. O espectador não se surpreende se, indo ao encontro da harmonia, se eleve acima do aspecto puramente naturalístico, deparando-se com a irisação colorida de que fala Cézanne. Poderá ser criada uma verdadeira suspensão do espírito, envolvido em leveza e flutuação inerentes à experiência de imaterialidade. Em Monet, esta se associa ao deslumbramento dado pela luminescência e pela pigmentação colorida, que conduzem ao universo das realidades etéreas. A matéria envolvida na pintura torna-se um convite a seu desfazimento, em favor de sua pureza original.

Não significa que, em toda a sua vida de pintor, Claude Monet tenha conservado irrestritamente as mesmas disposições de espírito; nem seria natural esperar que fosse assim. Tanto no início quanto no final de sua carreira, houve distanciamentos de suas tentativas de aproximação às manifestações mais puras da imaterialidade. No início, era menor a evanescência: o quadro tornava-se mais parecido com a riqueza formal do modelo. No final, a tendência à dissolução da forma se impôs sob o predomínio da cor, mas a pintura se guiou por outras vertentes que não pelos efeitos da transfiguração do real em direção à cintilância e à eteridade. Embora as situações iniciais e finais sejam diferentes entre si, em ambas os graus de leveza e de frescor, que sustentariam sua origem na experiência de imaterialidade, sofreram alterações em benefício de outras experiências criativas, certamente importantes para o mestre do impressionismo. Contudo, são os nenúfares das melhores épocas que impressionam pela capacidade de suscitar o transporte do espírito para a apreensão de sua sublimidade.

Paul Cézanne

Quanto a Paul Cézanne (1839-1906), aí está uma imaterialidade igualmente deslumbrante. Se Monet pintava as imagens mentais despertadas pelas sínteses perceptivas mais apuradas, Cézanne realçava na pintura o colorido interior, que as imagens do mundo lhe proporcionavam. Ele nasceu e morreu em Aix-en-Provence, uma bela região da França, onde fez suas melhores pinturas. Sua obra é magnífica sob inúmeros aspectos, apesar de ter sofrido a indiferença e até o desprezo de muitos de seus contemporâneos. Desde os anos de juventude, demonstrou imaginação exuberante, que o levou à pintura, colidindo diretamente com as pretensões do pai, um banqueiro que almejava a carreira de negócios para o filho.

A amizade com Emile Zola, desde a escola primária, facilitou sua mudança para Paris, onde teve tempo suficiente de conhecer e de se relacionar com artistas de destaque do movimento impressionista, inclusive Camille Pissarro, de quem se tornou próximo. Descontentamentos com Zola e desavenças com impressionistas fizeram-no isolar-se e refugiar-se na Provença, onde passou a maior parte de sua vida. Pintou cerca de oitenta vezes a Montanha Sainte-Victoire, demonstrando uma técnica original e aperfeiçoada na representação de paisagens, que ele procurava realizar em pleno ar. Embora fosse de índole reservada, conseguiu revelar seus pensamentos e sentimentos mais discretos a Joachim Gasquet, filho de um colega de infância, que registrou as conversações de memória (Gasquet, 2012).

Apesar de seus conflitos e diferenças com os pintores impressionistas, Cézanne foi marcado pela proposta impressionista de captar a vibração e a presença de vida existentes no instante passageiro, que ele procurava resgatar e registrar em cores e luzes de modo vigoroso. Havia a impressão a respeito das coisas, mas ela poderia ser vaga e inconsequente ou corresponder a um mergulho profundo no plano da realidade. Nesse caso, nada melhor a Cézanne do que seguir as recomendações de Pissarro, consagrando-se ao estudo da natureza. As deformações técnicas da pintura foram colocadas a serviço do aprofundamento das expressões da realidade, que melhor se apresentavam pela observação da natureza. Se nisso havia simbolismo, Cézanne consagrava-se ao simbolismo da própria realidade. Para ele, havia uma pintura que buscava captar não apenas as impressões que as coisas comunicavam, mas suas significações mais profundas em brilhos, cores, formas, gestos e fragrâncias. Elas diziam haver uma realidade que subsistia muito além da percepção comum. É nesse sentido que ele desejou (Gasquet, 2012, p. 167) "fazer do impressionismo alguma coisa sólida e durável como a arte dos museus".

Na verdade, a excelência da pintura de Cézanne ancorava-se na luz e no colorido. Especialmente no colorido, porque a forma era algo que alcançava sua plena maturação quando as combinações das cores a deixavam sobressair, emergindo das tonalidades harmoniosas. Por intermédio de um jogo de reflexos que se interpenetravam, as formas conquistavam seu lugar ao sol. Düchting (1993, p. 209) disse que Cézanne empregava o método pictórico das modulações: "a aposição paciente e a disposição das manchas de cor, até obter uma estrutura coerente em que a forma, a cor, o espaço, a superfície, o volume e a luz são expressos a partir de um único meio pictórico: a cor". O próprio Cézanne (Gasquet, 2012) sublinhou os efeitos dos contrastes dados pela sensação colorida, resultando na unidade estrutural do quadro. Para Düchting (1993, p. 200), o livre jogo das cores fazia minimizar a importância da forma, tornando a pintura comparável aos cristais cintilantes, em que "a cor se transforma numa substância imaterial".

Foi no elemento paisagístico que Cézanne se sentiu plenamente à vontade, porque estava ali a vibração de seu ser por inteiro. Embora começasse a pintar paisagens por volta de 1870, suas melhores produções foram realizadas entre 1874 e 1898. Nelas, comumente se encontram tentativas por assim dizer filosóficas de representar um universo existente além de toda temporalidade. As combinações coloridas em que descansava a paisagem se transformaram maravilhosamente em algo distante do tempo atual, adquirindo valor permanente, fora do tempo. Naquela época, isso se distanciava enormemente do gosto convencional de uma sociedade burguesa, que tinha em relação à arte seus padrões de agrado e desagrado, aceitação e rejeição. Apesar de recolhido, ressentido ou isolado, Cézanne deu prosseguimento à obra a que se propôs, procurando não ser afetado pelo jogo dos conflitos e contradições. Disso são exemplos brilhantes suas pinturas paisagísticas. Em especial, aquelas denominadas *Plateau de la Montagne Sainte-Victoire* (col. Museu Puschkin, Moscou) e *Auvers, vuepanoramique* (col. The ArtInstitute, Chicago).

Mas, além das paisagens, eram especiais para Cézanne as naturezas-mortas. A elas ele se dedicou desde 1872 até o final de sua vida, com destaque para a década de 1890. Ao pintor das sensações coloridas, que ele era, veio se juntar a luminosidade incidente sobre os objetos, que esplendiam em luzes e cores. Nas naturezas-mortas o simbolismo da realidade tornou-se transfiguração da realidade, elevando os objetos da vida cotidiana a categorias imateriais. Contendo em si mesmos luminosidade, esses objetos ainda a refletem para nós por meio da pintura do colorido e transmitem a impressão de um todo harmonioso, num mundo onde eles são focos exclusivos. Essa pintura alcançou culminâncias indizíveis em, por exemplo, *Nature morte* (col. Narodni Galerie, Praga, Venture 348), pela justa combinação do aveludado das cores translúcidas, banhadas pela luz cristalina, sobre um fundo igualmente preternatural, dando ao quadro a perfeita unidade da transparência na opacidade das formas. De modo semelhante, o fascínio acompanha *Nature morte auxfruits* (col. Ermitage, São Petersburgo, Venturi 337), em que um raio de luz incide vivamente sobre o tecido e os frutos, fazendo contraste com os objetos semiapagados dos fundos. O espectador cativado é convidado a penetrar no universo longínquo da graça. O contraste entre figura e fundo determina o ângulo de visão daquilo que é para ser visto como pura existência, além do tempo, sem palavras. A espantosa emergência de um universo em cores e luzes não tem outra necessidade a não ser de sua simples existência. Desde aqui denuncia sua pertinência à imaterialidade, em que toda banalidade se transforma em espiritualidade pelo mero ato do reconhecimento. Não há como evitar o assombro diante de *Nature morte: pommes et biscuits* (col. Musée de l'Orangerie, Paris, Venturi 343): a penetrante luz de fogo, que irradia os frutos avermelhados, fere docemente o olhar para instalar na alma uma pureza divinal transposta à terra sob a forma de luz e de cor. Para essa infinitude não cabe, por insuficiência, palavras alguma.

Algumas questões, no entanto, se colocam. Haveria na mente do artista um processo mediante o qual ele alcança esses resultados? Seria possível distinguir as etapas de um processo? Em primeiro lugar, a realidade externa é o dado original e primeiro que, contendo elementos de transfiguração, transmite ao artista, de modo atual, o espetáculo da existência de formas, cores, luzes, amplidão e sublimidade. As condições para a percepção e a compreensão da natureza mais íntima da realidade consistem no afastamento ou na ultrapassagem, ainda que em parte, dos conflitos, turbulências e outros comprometimento psíquicos, de forma a alcançar estados mentais de receptividade, acolhimento e tranquilidade. Ou seja, está na obtenção do estado de atenção espontânea e sem esforço. Como disse Cézanne (Gasquet, 2012, p. 150), o artista "necessita calar nele mesmo todas as vozes dos prejulgamentos, fazer silêncio e ser um eco perfeito daquilo que ele deve traduzir". Assim, a percepção e a compreensão da realidade tendem a se instalar e o artista passa a ser meio privilegiado de ressonância da vida multiforme existente em toda parte. Na base desse encontro está o contato da pessoa com seu próprio ser, que responde por mobilidade psíquica e introduz disponibilidade fluida na correnteza de experiências. Isso é sinônimo de liberdade interior, de que se origina ambientação favorável à criação. Por meio de mobilidade psíquica, a interioridade tende a se tornar fluida e solta, mas também depurada de interferências estranhas ao contato com a realidade. Nessas condições, há predisposição à expansão de consciência. Em certas situações, que são mais frequentes nos artistas criativos, pode se formar interiormente um prisma colorido, que é fonte de sensações, percepções, intuições e imagens espontâneas. Por vezes, expressa-se como uma matriz de cor e de luz. Essa matriz produz disposição interior a movimentos espontâneos de todo tipo, como as imagens artísticas, as pigmentações e ondulações coloridas, as imagens luminosas, as sensações de presença de vida, a atmosfera onírica, os sentimentos de fluidez, leveza, liberdade e eteridade, entre outros. Referindo-se a Flaubert, que via em púrpura, Cézanne (Gasquet, 2012, p. 152) disse de si mesmo que era tomado por uma tonalidade azul-ruiva: "uma atmosfera, alguma coisa indefinida, uma cor azulada e ruiva". Tem sido observado que essa formação espontânea é fonte de sínteses criativas. A subjetividade apresenta um envoltório prismático, no qual as imagens do mundo são apreendidas e sintetizadas. Desde esse prisma, torna-se possível voltar-se ao mundo externo, captando-o e assimilando-o sob nova perspectiva. A formação interior passa a ser continente de apreensão aprimorada, depurada e aprofundada, cujo contato expansivo produz relações estetizantes. Alteram-se sensivelmente a percepção e a compreensão dos fatos, que se tornam significativos e expressivos, porque a vida interior redescobre a vida exterior, obtendo destas aproximações harmoniosas. Há o encontro da profundidade do ser com a profundidade porventura existente no plano da realidade e, se esta comportar transfiguração, o relacionamento será sentido como experiência de imaterialidade. Não se confunde com simples estados de alma, porque são apreensões reais de um universo que se revela como imaterial.

Em Cézanne, as cores interiores pareciam se comunicar com as cores exteriores e a pintura repousava sobre o substrato colorido, movimentando-se de dentro para fora e purificando o encontro do mundo. É o que ele (Gasquet, 2012, p. 184) denominava "estado de graça colorido". A limpidez e a nitidez da realidade se apresentavam de tal modo que ele podia confiar nas próprias sensações. As relações com a realidade, sendo limpas de interferências, faziam descortinar um universo surpreendente: "eu respiro a virgindade do mundo", dizia (Gasquet, 2012, p. 154). No ar puro que ele respirava, bastava abrir a janela para divisar o espetáculo luxuriante da natureza. Para Düchting (1993, p. 214), isso era em Cézanne "um estado do ser que englobava todas as coisas num equilíbrio harmonioso". Na visão aprofundada e imaterial, a harmonia pode ser entrevista e apreendida no fundo abismal das coisas. A realidade externa deixa de ser composta por objetos dispostos ao acaso, a fim de se manifestar como unidade na pluralidade. No fulgor imaterial que se irradia, a pintura não deixa de conter uma aura resplandecente. Ao menos por instantes, o mundo mostra-se em esplendor, e a tela não é mais que expressão da sintonia. É transportado para ela o "estado de graça colorido". Cézanne (Gasquet, 2012, p. 172) disse que vibrava com "uma espécie de arrebatamento, de êxtase, que me faz tremer nas bases, como num nevoeiro, quando termino minha tela".

Diferentemente de outros impressionistas, Cézanne faz-se notar por seu olhar direto e ingênuo, ainda que tecnicamente sua pintura seja muito elaborada. Excluindo-se as obras pesadas da juventude e do final conservador de sua vida, as tendências de sua arte geralmente se voltam à expressão da experiência de imaterialidade. Seria a razão de ele afirmar (Gasquet, 2012, p. 229) ser "apenas o primitivo de uma arte nova"? Podemos reter, sem dúvida, a conclusão de Henri Matisse (Düchting, 1993) de que Cézanne foi o pai de todos os que se seguiram. Tanto ele quanto Monet procuraram apresentar a arte de libertação da captura pela concretude. Uma arte que exprime a mobilidade do artista desaprisionado de conjunturas sensoriais, indo ao encontro do fluido perpassar do objeto transfigurado que, por isso mesmo, assume um valor permanente e universal.

13. Literatura moderna: Hesse e Thoreau

Até aqui, a ênfase recaiu sobre o domínio das artes, mas não significa que, em relação a nosso tema, haja menor preocupação e menos realizações em outras áreas. Há que se considerar especialmente a literatura e a filosofia, quando se ocupam do sentido da vida e das experiências do viver. No momento, emergem dois autores que, sem dúvida, ilustram perfeitamente nosso assunto: Hermann Hesse e Henry David Thoreau. Embora possam ser discutidas suas posições de vanguarda na literatura, eles são modernos na acepção plena da palavra. São escritores para quem a literatura não era um fim em si mesmo, mas um meio de comunicação de experiências profundas. Neles, a escrita servia para despertar, estimular e fazer sonhar. A linguagem apontava um valor que transcendia o mero padrão das palavras, indicando um horizonte encorajador do porvir da espécie humana. Eles representam a energia do espírito no embate contra toda forma de constrangimento e de cerceamento da liberdade, quer venha de fora ou de dentro da mente.

Hermann Hesse

Hermann Hesse (1877-1962) nasceu em Calw, nas proximidades da Floresta Negra, na Alemanha, vindo de uma família erudita de missionários protestantes. Não se adaptando à carreira pastoral a que era destinado, nem ao ensino escolar convencional, tornou-se autodidata. Ligou-se fortemente aos livros e às viagens, das quais fez magníficas descrições. Casou-se por três vezes, teve três filhos e escreveu inúmeros livros, muitos deles conhecidos no mundo inteiro. Era um escritor em contato permanente com as questões de sua época, tendo vivido os horrores de duas guerras mundiais. Em oposição ao espírito belicista, tornou-se pacifista convicto e cidadão suíço. Buscando tranquilidade e paz, assim como lenitivo para suas dores reumáticas, refugiou-se numa aldeia próxima do Lago de Constança e, também, no Ticino. Desde a idade de 13 anos decidiu ser poeta. Deixou-se influenciar pela cultura clássica alemã, principalmente por Hölderlin, Goethe, Schelling e Hegel, mas nada o impediu de se familiarizar com as culturas clássicas da China e da Índia. Era ligado às montanhas, especialmente às paisagens dos Alpes, que exerceram sobre ele grande fascínio, expresso nas aquarelas que pintou e nas obras literárias. Destas, as mais importantes são o *Jogo das contas de vidro*, *O lobo da estepe*, *Viagem ao Oriente*, *O último verão de Klingsor*, *Demian*, *Sidarta* e *A arte dos ociosos*, nas quais Hesse manifesta tendências autobiográficas e propugna pelo desenvolvimento da vida do espírito. Ganhou o Prêmio Nobel de Literatura de 1946 e, também, o Prêmio Goethe. Foi uma personalidade complexa, difícil de se resumir em poucas palavras, mas se destaca seu vínculo com a grandeza e com a sublimidade da natureza, da vida e do Universo.

Enquanto viveu, Hermann Hesse deparou com dois lados ou polos opostos de sua existência: um deles, era estável e localizado em chão firme; o outro, inseguro, movediço e, por vezes, implacável e terrorífico. O primeiro produzia alegria e desprendimento nas ligações genuínas; o segundo levava à inquietação e à depressão por julgamentos, culpas e remorsos. Um lado conduzia aos cumes elevados da literatura, da arte e da filosofia; o outro prendia-se a preocupações corriqueiras. Também, os dois lados referiam-se à liberdade de conduzir uma vida espiritual plena e autônoma *versus* o submetimento a padrões culturais, intelectuais, sociais e tecnológicos. Enquanto um polo incluía o desejo de mudança e o ideal de beleza, o outro estava à mercê do moralismo, do convencionalismo e da estagnação. Enfim, na oposição que se instalava, uma força existia em prol da vida, a outra, a serviço da renúncia, da paralisação e da morte. Esta última força exerceu um papel muito importante, manifestando-se cedo na vida de Hesse, ao mesmo tempo que ele esteve ciente do valor do conhecimento e da necessidade de lutar contra toda forma de destrutividade. Para tanto, precisava levar uma existência natural e primitiva, em contato com a natureza, que para ele eram as montanhas, a neve, a floresta e a reclusão. Tudo isso reunido não fez dele um solipsista maldizendo suas misérias e as do mundo, e sim um humanista refletindo sobre a unidade do Universo e sobre as vias de superação dos opostos. A "dupla melodia", como ele chamava, era ouvida com a finalidade de transcender a dicotomia, em vista da síntese. A obtenção de relação harmoniosa consigo próprio e com o mundo não era nele um dom gratuito recebido dos céus, mas fruto de atenção, cuidado, diligência, aceitação e luta por autoaperfeiçoamento. Como Nietzsche, escolheu o caminho da afirmação, em vez do aniquilamento. Escolheu-o por meio do *insight* de que a expansão provinha justamente de resultados bem-sucedidos dos embates entre os polos opostos.

Tendo conhecido pessoalmente C. G. Jung, Hesse fez análise junguiana com o Dr. Joseph B. Lang por conta de esgotamentos nervosos, mas também por necessidade de autoconhecimento.

Parece ter se colocado sob a versão dominante na moderna vanguarda psicanalítica de que a autossuperação tem por substrato o conhecimento dos conflitos e das vicissitudes pessoais em prol da individualização, mas também pela ampliação da vida do espírito nas relações com a realidade. Se, para Hesse, isso significava a busca de realização do ser que ele era, representava, outrossim, a conquista da tranquilidade e da ternura, necessárias ao encontro da inocência e da espiritualidade da natureza, que poderia descortinar sua jovialidade e sua imaterialidade. Desse modo, ele alcançou a universalidade na meditação, na reflexão e na experiência de viver, passando por questões pessoais que sempre tentou superar.

A filosofia de vida de Hermann Hesse consistia no fato puro e simples de que, para amar o mundo, seria preciso aceitá-lo tal como ele realmente era, sem quaisquer ilusões ou idealizações. Teríamos que aceitar igualmente as dificuldades e os infortúnios, os desvios e os desesperos, as deformações e as aberrações, porque isso nos faria compreender a natureza íntima da realidade. Tudo isso com a esperança de que a pulsão de vida sobrepujasse a de morte e sobressaísse a libertação do sofrimento, mesmo que de modo ocasional e momentâneo. No diálogo entre a vida e a morte, sua crença era de que "esta é sempre acompanhada de renascimento" (Hesse, 1976, p. 139). Um exemplo está no livro *A arte dos ociosos* (Hesse, 1973), um delicioso monumento de pequenas e grandes histórias, cheias de fracassos e sucessos, de sufocações e aprisionamentos, assim como de libertação e deleite para aquele que consegue se elevar ao patamar das ressurreições. Em seu conjunto, é um depoimento de ascese, desde o inferno terrestre até o paraíso terrestre, passando do sofrimento à alegria de viver neste mundo, reencontrado em estado de pureza e graça. Em seus livros, Hesse geralmente evoca a sensibilidade do artista diante dos terrores da vida dissipada e inutilizada, da perda cabal e irreparável, da morte iminente e inadiável, mas igualmente diante dos encantos e mistérios da vida e do viver: ao encontro da síntese com a força que faz germinar, vivificar e florescer por obra de amor. Atingido este ponto, a vida pode correr solta e saltitante. O sentimento de estar vivo conduz ao sentido de viver, ao significado e ao valor da vida.

O que traz encantamento nas descrições que Hermann Hesse faz da natureza é seu contato sensível e afinado, levando o leitor a sentir a espiritualidade que se desprende das paisagens, das quais sobressai a desmaterialização. Fazendo sentir que viveu a experiência, encontra palavras para transmitir a transfiguração das coisas aparentemente comuns existentes ao derredor. Se jamais engana o leitor com literatice, ainda que use o disfarce do humor ou da ironia, o fim derradeiro da escrita é atingir a dimensão da experiência de imaterialidade. Mas não só em relação à natureza. Nas inúmeras observações sobre pessoas, costumes e acontecimentos em que ele esteve pessoalmente envolvido, há excepcional agudeza e finura de penetração. Geralmente, entremeia certa dose de humor com o aprofundamento do contato, de maneira a ressaltar o colorido intrínseco e a luz a brilhar sobre as formas movediças, a fim de evocar a arte interior no foro íntimo do leitor. Suas descrições por vezes despertam o colorido interior e imagens mentais de cintilâncias multicoloridas. Numa tarde em que se propôs a pintar, ele escreveu:

> *Do verde relvado fitam-nos, nesses dias, as pequenas manchas de vermelho e ocre suavemente; os velhos mourões de videira quedam, pensativos, em sua sombra, ensimesmados e belos; e, mesmo à sombra mais profunda, fala-nos cada cor, com clareza e vigor. (Hesse, 1973, p. 226).*

Sobretudo, não é a descrição da realidade externa que conta, e sim a condição de suscitar o sentimento colorido e de abrir a mente às disposições imateriais. Parece que essa condição surgiu precocemente na vida de Hesse. Aos dez anos de idade, passou por uma experiência primordial, que o acompanhou por toda a vida (Hesse, 1999). Ao acordar de manhã, viu sobre o telhado da casa vizinha um céu alegre, de azul-claro puro, que fazia incidir um leve jogo de cores no telhado, transmitindo muita paz e alegria. Uma única telha de vidro azulado parecia viva, espelhando um céu de brilho leve e causando a impressão de beleza e harmonia. O céu, o telhado e o azul translúcido da telha harmonizavam-se bela e alegremente, pertencendo-se entre si. As cores azul-celeste, marrom-telha e azul-vítreo comunicavam-se ludicamente no brilho da manhã serena. A doce luz iluminava como um sol interior. O menino Hermann sentia felicidade, sem necessitar de motivos, justificações, intenções ou objetivos. O silencioso e claro universo matinal absorvia-o por completo. Era para ele algo novo e elevado. O mundo estava em ordem e aquilo parecia ser da ordem da eternidade. Uma total liberdade relativamente ao tempo, um bem-estar silencioso, sem qualquer relação com as atividades cotidianas. Era a felicidade atemporal da harmonia das coisas em união com seu próprio ser: um estado de unificação com o mundo. O menino estava inteiramente incluído nesse silêncio: "o silencioso e claro universo matinal penetrava em mim e me absorvia" (Hesse, 1999, p. 59). Só foi interrompido pelo ruído produzido pelos movimentos do tempo, do mundo humano e da banalidade, que retornaram de chofre, desfazendo o encanto.

É possível, então, compreender o alcance das experiências desse tipo. A busca de paz na natureza e a comunhão com ela traziam a Hesse a felicidade dos encontros bem-aventurados. Um personagem autobiográfico (Hesse, 1973) aspirava as cores e os perfumes delicados, mirava por horas a fio as verdes águas de um lago e perdia-se num jardim de flores ou nos veios de um pedaço de madeira. A contemplação pura era o tesouro de onde provinha sua criação espiritual. Uma simples flor de magnólia, fina e delicada como camurça, tinha as pétalas sedosas, refletia a luz como cetim e resplandecia como um halo, prodigiosa e irreal. Certamente por isso ele escreveu (Hesse, 1975, p. 112): "o sentido, a essência das coisas não se encontra por detrás delas, e sim nelas mesmas, e em tudo". Não procedia dessa vida contemplativa as razões de, ainda muito jovem, desejar ser poeta? Poeta é aquele que vai ao encontro do que há de mais nobre, salutar e verdadeiro no mundo; é aquele que tem visão pura, imaterializada, e a transforma em palavras. Sua missão consiste na transmissão da vida do espírito, vivificada no contato consigo próprio e com o mundo. Assim, ele pôde dizer (Hesse, 1976, p. 64):

> *Reconheço que minha própria vida me parece com frequência exatamente igual a uma lenda, é comum ver e sentir o mundo externo ligado e em harmonia com meu mundo íntimo, de um modo que só posso chamar de mágico.*

A ascese continua rumo aos mais elevados fins espirituais, que são os eternos e inexplicáveis enigmas da natureza, da vida e do Universo. Surgem as paisagens e as coisas que se põem fora do tempo, e a terra sublima-se em momentos transfigurados. Em Hesse, constituía momentos de busca do eterno no que era passageiro. A música infinita e a dança incessante da vida estavam além do tempo, fazendo a face visível da realidade brilhar eternamente. Era o que ele chamava de "reino sem tempo do espírito" (Hesse, 1976, p. 11). O que pertencia a todos os tempos afigurava-se eterno e, quando se manifestava ao espírito humano, não se o conhecia apenas pela inteligência: eram coisas de que se tinham obscuros pressentimentos, sendo ecos longínquos de um saber imemorial. Como eram oferecidos indistintamente a todos, poderiam ser postos em palavras. O escritor deveria fazer a experiência do aqui e agora, mas em contexto de sombras e mistérios, tanto quanto determinado acontecimento poderia se inscrever em atemporalidade. Então, para Hesse, o Universo e o espírito humano continham o supremo sentido da unidade que se encontrava na diversidade, sendo uma indissociável da outra. Desse modo, os sentimentos poderiam se harmonizar com a totalidade cósmica e cada pessoa se elevar de sua solidão individual à ligação, à união e ao amor. Daqui decorria uma categoria ética fundamentada no mundo como reino do espírito.

Em Hermann Hesse, a literatura consistia em expressões genuínas de libertação interior e vinha para comunicar a essência contida nos fenômenos, alcançada por discernimento, com base na intuição e na observação. Como águia de altas cordilheiras, distanciava-se do aprisionamento ao plano concreto e imediato, situando-se muito além do emparedamento espaço-temporal. A literatura vinha oferecer o perfume do mundo, embora pretendesse transmitir apenas a realidade e a verdade. Somente assim ela animava o espírito, consentia na entrega, irradiava alegria e dava sentido à vida. Qual seria seu valor original e intrínseco, se não incluísse a experiência de imaterialidade, que se contrapunha à pesada atmosfera sensorial dominante? A literatura, para Hesse, era a passagem bem-sucedida da perspectiva puramente sensorial à comunicação da dimensão imaterial, realizada como síntese entre os dois mundos. Não se prendia à ilusão visionária de alcançar de um salto o paraíso, mas de considerar as necessidades de viver, apreender, compreender e lutar, a fim de que a ascensão se fizesse por força de superação e libertação, lidando-se com as vicissitudes da mente e com os imperativos do mundo.

Henry David Thoreau

O poeta e ensaísta norte-americano Henry David Thoreau (1817-1862) era de ascendência francesa e escocesa, tendo nascido na cidade de Concord, do estado de Massachusetts, Estados Unidos, numa época em que a cidade efervescia de novas ideias. Diplomou-se pelo Harvard College, onde teve formação em Letras Clássicas. Tentou ser professor e agrimensor, mas a vida lhe reservou outras oportunidades e experiências. Realizou muitas viagens pelos arredores da região onde nasceu, tendo explorado os lagos, escalado as montanhas e se embrenhado pelas florestas. Thoreau encantava-se com a vida selvagem, numa época em que os pioneiros americanos tentavam civilizar o Oeste. Ele parece ter ido sempre na contramão dos padrões sociais dominantes, porque desejava viver em simplicidade uma vida meditativa e ascética. Isso significava viver por opção apenas o que ele considerava essencial, recusando deliberadamente os recursos que a civilização proporcionava em termos de conforto material dispensável. Tinha predileção pela vida simples, praticamente primitiva, desprovida de aparatos, aparências e ambições desmedidas, cujo sentido residia no desenvolvimento do espírito. Preferia a vida dos bosques, das florestas e das montanhas, ao ar livre, que lhe enchiam os pulmões e o punham distante das complicações da vida moderna. O ser solitário que nele havia lhe servia de baluarte em benefício da vida contemplativa, todavia, sem se alienar da vida ativa. Perguntava-se como seria possível realizar na prática uma existência despojada de coisas supérfluas e artificiais, de cargas inúteis, obrigações dispensáveis e tarefas insanas. A resposta inicial foi a construção por suas próprias mãos de uma cabana solitária, nas proximidades do lago Walden, onde ele viveu por cerca de dois anos com os produtos de seu próprio trabalho. A cabana ficava longe da civilização, mas perto do lago, da floresta, dos pássaros e de toda a vida selvagem que o cativava. Era a singular experiência de um poeta e aprendiz de eremita no pleno contato com a natureza. Em seu livro *Walden ou a vida nos bosques*, descreveu como conseguiu levar uma vida parcimoniosa na alimentação, na moradia e no viver cotidiano, ou seja, sem grandes custos e esforços, sem ter de pagar um alto preço por isso. Sua primeira intenção era demonstrar a possibilidade da abertura de espaço à vida do espírito. Antes dessa experiência em Walden, ele viveu durante quatro anos na casa do filósofo transcendentalista Ralph Waldo Emerson (1803-1882), que o incentivou às experiências de participação e apreensão diretas da natureza. Diferente da ênfase transcendental de Emerson, a focalização principal de Thoreau estava na natureza, tomada em sentido imanente. Sua busca principal se associava à liberdade e à autonomia, assim como ao autoaperfeiçoamento.

Thoreau era um declarado opositor da escravidão, sendo conhecida sua posição em defesa do abolicionista John Brown, que morreu enforcado. Também, propugnava pela resistência aos governos injustos e imorais, cujas leis eram lesivas, discricionárias e ofensivas aos direitos fundamentais do indivíduo. Seu texto *Desobediência civil* foi escrito após ter sido preso por uma noite, porque se recusou a pagar uma taxa de captação de recursos para a guerra contra o México. Como pacifista, partia do princípio do pleno direito de exercício, pelo cidadão, de uma ética própria, quando o governo se desencaminhava. Entretanto, sua escrita era predominantemente poética e suas mensagens, iminentemente humanísticas, muitas vezes entremeadas de citações dos clássicos. A maior parte de seus livros foi escrita sob a forma de diários e anotações esparsas, em linguagem simples, direta e coloquial. Manifestou especial interesse por botânica, tanto que seus registros sobre o florescimento das plantas serviram a comparações com os atuais estudos sobre as mudanças climáticas.

Se alguma coisa chama especialmente a atenção na personalidade de Thoreau é a simplicidade e a pureza com que encarava todos os aspectos de sua vida. A isso se associa a elevação espiritual no relacionamento com a natureza, na qual ele penetrava como um pintor e se curvava como um devoto. Eram milagres assistir ao sol nascer, antecipar a aurora, acompanhar o entardecer nas colinas, receber o vento, tentar se unir ao céu azul, ir ao encontro das tempestades de chuva e neve, penetrar nas florestas e ver crescer as plantas frutíferas. O cuidado com a própria vida e a responsabilidade de assumir uma vida plena constituíam para ele a ordem mais elevada. Pensava que cada pessoa deveria estar atenta às algemas de ouro e prata que se autocolocava, ao forjar a própria prisão na busca de um sucesso extravagante e de uma vida desesperada, transformando-se em máquina, em coisa. Cada um deveria cuidar de si mesmo com delicadeza e esmero, para cobrar domínio sobre a cupidez, a mesquinharia, o preconceito, o sectarismo, o utilitarismo, as cargas inúteis e a brutalização da vida, de que resultavam tormentos sem fim.

Por que carregar sobre os ombros um peso desnecessário, resultante das emoções de medo, desejo, ódio, inveja e autocrítica de todo tipo? Thoreau assestava suas invectivas sobre a mente buliçosa, sempre à cata do que se agitar, à procura de prazer e divertimento ou desejosa de dominar e tripudiar sobre os demais, causando disputas e guerras intermináveis. Isso era uma aluvião que devastava o planeta. Quão afastado estava Thoreau de entronizar a mente sensorializada do homem chamado moderno, cuja atividade sistemática, estratégica e sorrateira se esmera em competir, subjugar e vencer a qualquer custo, chegando a matar para saciar um punhado de ambições desmedidas! Simplicidade existencial antes de tudo, eis o lema de Thoreau. Simplicidade para deixar o espírito solto, leve, livre e descompromissado de cargas desnecessárias; para que a própria vida se tornasse uma distração. O antídoto ao apressamento, à exasperação, ao comprometimento e ao desvirtuamento da vida não era outro senão a simplicidade, de que decorria a pureza do coração e da mente, cujo paradigma eram os processos espontâneos que a natureza usava para atingir seus fins. Ele dizia (Thoreau, 2007, p. 81): "se respeitássemos somente o que é inevitável e tem o direito de ser, a música e a poesia ressoariam pelas ruas". Isso significava tranquilidade, serenidade e paz para a descoberta das coisas cuja existência era verdadeira e permanente; as outras não eram mais que sombras da realidade. Assim, poderia se descortinar um jardim encantado, um paraíso terrestre.

Para Thoreau, os sentimentos naturais e verdadeiros provinham de um olhar dirigido à fonte perene de nossa vida, que era o nosso próprio ser, cujas leis deveríamos conhecer e respeitar. No entanto, ele se dizia consciente de uma duplicidade, pela qual poderia se distanciar de si mesmo numa parte da mente que deixava de lhe pertencer (Thoreau, 2007). A cada dia deveria, portanto, aprender de novo as referências, os pontos cardeais. Para tanto, ele gostava de ficar sozinho, fortalecendo a individualidade. Renovando-se a cada dia, conseguia reerguer os olhos para encarar os fatos e para um relacionamento harmonioso com a natureza. A experiência direta em estado de sintonia consigo próprio e com a realidade externa eram os pilares de sustentação nos quais ele se fundamentava. Assim, pôde oferecer magníficas descrições líricas de sua experiência de mergulho no cerne da vida contemplativa. Eis, a seguir, alguns aspectos sob os quais se pode considerar sua relação com a experiência de imaterialidade.

Sentimento de presença de vida

A sensibilidade aguçada de Thoreau atingiu as culminâncias de uma alegria irreprimível ao cantar o dom da vida em Walden, onde na primavera a natureza estava em festa e sua atenção se voltava às cores deslumbrantes, aos movimentos sutis, às formas sofisticadas, à espiritualidade e à juventude perenes da natureza. Ele dizia (Thoreau, 2007, p. 243): "é glorioso vislumbrar essa faixa d'água centelhando ao sol, a face nua do lago cheia de júbilo e juventude, como a proclamar a alegria dos peixes em seu seio e a das areias na praia". A natureza, sendo fonte de onde a vida se alimentava, nutria a alma de vivacidade e ternura. Thoreau (2007, p. 78) "queria viver em profundidade e sugar toda a medula da vida". O sentimento de comungar com a vida em toda parte fazia nele reviver o momento presente em sua plenitude, porque a vida em si mesma era alegria, júbilo e proclamação.

Radiância do mundo

Ao maravilhoso espetáculo do Universo como um todo, vinha se aliar cada pedaço da natureza para oferecer sua cordialidade infinita. "Quem descreverá a doçura indizível e a vida imortal desta austera floresta, onde a natureza, mesmo no coração do inverno, é sempre primavera?", escreveu Thoreau (2012, p. 150). Cada porção da natureza era acolhida com carinho e devoção, porque esplendia em ternura e sublimidade, sendo "intangível e indescritível como os matizes da aurora e do crepúsculo" (Thoreau, 2007, p. 172). A voz desse magnífico poeta da natureza elevava-se acima da dor e da morte para saudar os fatos da existência terrena, em sua imaterialidade, à condição de poeira de estrelas e de fragmento de arco-íris. No fundo remoto da alma, em contato com o fundo remoto da natureza, encontrava-se a visão purificada.

Etérea leveza

Foi em busca de recolhimento e contemplação que Thoreau construiu sua cabana nas imediações do lago e da floresta. Uma cabana feita para despertar a imaginação, os sonhos e as imagens da realidade, que se transformavam em substâncias voláteis e etéreas. Ao habitá-la, a mobilidade instalou-se na vida do espírito e ele descobriu ou redescobriu a eteridade, que fazia parte da natureza. A mente flutuante recebia a flutuação do mundo. Escreveu (Thoreau, 2007, p. 106) que "a afinidade com as folhas esvoaçantes de amieiro e de álamo quase me tirava a respiração". Era um desfazimento da materialidade em favor da liquidificação das coisas ao redor, que se tornavam leves e flutuantes, quando ele podia percebê-las como existiam. Era, então, cercado por atmosfera de amabilidade. Um dia, ouviu um som singular:

> *Olhando para cima, observei um falcão gracioso e ágil, alternadamente se elevando e baixando como as ondas, mostrando a parte de baixo de suas asas, que brilhavam como fitas de cetim ao sol, ou como o interior nacarado das conchas [...] Era o vôo mais etéreo que jamais presenciei em minha vida. Ele não adejava simplesmente como uma borboleta, nem voava como o falcão gigante, mas volteava com uma confiança altiva os campos de ar. Elevando-se mais e mais, repetia sua queda leve e maravilhosamente, virando-se como um milhafre, e então elevando-se outra vez, como se nunca tivesse colado os seus pés na terra firme. Ele parecia não ter companheiro no universo – divertindo-se lá sozinho – e não precisar de ninguém, a não ser da manhã e do ar com o qual brincava [...] Locatário do ar, ele não*

> *parecia estar relacionado com a terra senão por um ovo chocado na fenda de um rochedo – ou fora seu ninho feito no ângulo de uma nuvem, trançado com as franjas do arco-íris e do sol ao crepúsculo e ligado com algum nevoeiro de verão levado da terra? Seu ninho era, então, alguma nuvem penhascosa. (Thoreau, s/d, p. 207).*

O voo etéreo do falcão indicava que a interioridade se purificava na percepção direta da imaterialidade, quando a mente se punha no plano da mobilidade livre e espontânea.

Luz interior

A luz interior era no poeta o efeito de uma preciosa mobilidade, que contemplava a percepção transfigurada da luz exterior em formas deslumbrantes. Por vezes, a interioridade predisposta à luz encontrava a realidade externa banhada de luz, sentida como celestial. Thoreau (s/d, p. 207) disse que via o vale e a floresta "banhados em uma luz tão clara e brilhante que teria despertado os mortos". Não seriam a descoberta e a receptividade da luz vivenciadas como experiência de imaterialidade? Sim, porque quando Thoreau acordava de manhã, havia uma aurora em seu espaço mental (Thoreau, s/d, p. 89). Nela, o espírito deixava-se ir serenamente, ajustado aos movimentos harmoniosos da vida. Uma surpreendente modalidade de contato com a realidade.

Alargamento mental

Em Thoreau havia abrangência no relacionamento com a natureza, a vida e o Universo, em que a mente se ampliava, elevando os pensamentos e os sentimentos. Ele louvava as alturas das montanhas, os espaços estrelados, as imensas florestas e a visão da lonjura, que livravam a mente das preocupações rotineiras e das insignificâncias da vida. Em *As florestas do Maine*, ele discorreu extensamente sobre suas aventuras, entre outras, de ascensão ao monte Wachusett, o ponto culminante de Massachusetts: "um desses lugares onde os deuses poderiam vagabundear, tão solene, tão solitário e tão distante de todo o contágio da planície" (Thoreau, 2012, p. 175). A natureza, refinada, purificada e inscrita no plano geral do Universo, constituía uma barreira contra os preconceitos e os fanatismos. Tudo nela era feito para abrir os olhos a um horizonte mais amplo, a fim de se divisar a grandeza, a majestade e a sublimidade. Livrando-nos da visão estreita, a natureza fazia abrir um espaço na mente que era acolhimento e abrigo da pureza, da abrangência e da amplidão.

Memória espiritual da humanidade

Para Thoreau, a história espiritual da espécie humana nutria-se de fontes imemoriais. Ele punha toda a sua formação humanística a serviço dos sentidos e valores dos acontecimentos que traziam as marcas da universalidade. Nele, a experiência de imaterialidade ligava-se aos seres humanos pertencentes a todas as épocas e todos os lugares; por isso mesmo, não se prendiam ao tempo. Havia uma memória espiritual, composta da sabedoria milenar. O poeta dirigia-se "à mente e ao coração da humanidade, a todos em qualquer época capazes de entendê-lo" (Thoreau, 2007, p. 86). A palavra tornava-se relíquia, universalidade e sopro de vida. Uma riqueza a ser aspirada por todos, tendo a força da eternidade.

Harmonia, totalidade e mistério

O encontro da harmonia, na alma poética de Thoreau, era um resultado dos relacionamentos interna e externamente bem-sucedidos. A própria ciência, para ele, que era membro da Boston Society of Natural History, não se compunha de observações e medidas isoladas, mas se inseria nas relações com o todo. Seu amigo Amos B. Alcott (apud Gillyboeuf, 2012, p. 12) escreveu que ele parecia "fazer-se uno com as coisas", no encontro da unidade subjacente da natureza e da totalidade cósmica, a que se alçava com emoção e razão, contemplação e ação. Nele, o tempo era por vezes inexistente. Ouvia um pássaro como se fosse um eco longínquo e sem tempo, de igual modo que comparava o tempo a um rio, cuja correnteza permanecia eterna, muito além das águas rasas e visíveis do momento atual. O assombro disseminava-se por tudo. Do insondável e do inexplorado surgiam as formas da vida. Do selvagem e do inesgotável, retirava-se o alento. Pelo miraculoso, ludibriava-se o pavor. A inocência universal era a saúde da natureza e dos seres humanos. Tal era a vida e a obra de Thoreau, que ele nos legou para fazer face a todo pessimismo e a toda destrutividade. Também, para uma suntuosa imagem do mundo.

14. Pensamento contemporâneo: Krishnamurti

Sob a expectativa de ter um grande destino, Krishnamurti (1895-1986) recebeu esse nome ao nascer, por ser o oitavo filho na ordem de nascimento, assim como Krishna, a encarnação divina, uma entidade que aparecia na Terra a cada dois mil anos. Jiddu era o nome de família, tendo nascido em Madanapalla, perto de Madrasta (Índia). Seu pai era brâmane e membro da Sociedade Teosófica. Annie Bessant e C. W. Leadbeater, chefes dessa sociedade, notaram em Krishnamurti aptidões espirituais precoces, por isso foi levado ainda jovem para a Inglaterra, onde recebeu educação esmerada e se tornou chefe espiritual da Ordem da Estrela do Oriente, uma organização esotérica. Ele deveria se tornar, como Krishna, o novo Instrutor da Humanidade. Nessa condição, fez inúmeras palestras, especialmente na Holanda e nos Estados Unidos, para um número considerável de seguidores. Com o tempo, porém, Krishnamurti passou a ter ideias próprias, que não combinavam com os padrões espirituais da Ordem. Causando impacto e estupefação em seus seguidores, ele acabou por dissolver a organização, afirmando que não pretendia criar mais uma religião e desejava que todos fossem absolutamente livres. O que para ele impedia o fluxo espontâneo da vida era, em primeiro lugar, o medo, que escravizava às tradições obsoletas e às crenças estéreis. Pelo que esperavam dele, é de se acreditar que Krishnamurti tenha passado por experiências contraditórias e conflitivas. Da submissão a um sistema religioso constritivo, conduziu-se à libertação e à transmissão de novas ideias filosóficas e psicológicas. Desde a dissolução da Ordem, passou a formular uma nova visão da realidade. Seus escritos e palestras concentraram-se na abordagem de questões relacionadas ao sofrimento humano, aos conflitos da vida moderna, à transformação interior e ao autoconhecimento. Não pregava nenhuma doutrina; ao contrário, dizia que um ser humano autoconsciente poderia ter por si mesmo uma visão profunda e direta da realidade. Sua proposta consistia em tomar o ser humano pela via da interioridade, a fim de que realizasse a transformação subjetiva e, em consequência, a transformação da sociedade. Nessa dimensão se inscrevia sua crítica a todos os sistemas corrosivos e obscurantistas, fossem eles religiosos, políticos, educacionais, sociais ou outros. Torna-se difícil sintetizar as linhas gerais de seu pensamento, não só por se basear em auto-observações generalizáveis, como por se manifestar, na maioria das vezes, sob a forma de palestras realizadas livremente.

Pode-se considerar como elemento focal do pensamento de Krishnamurti a noção de haver um *centro* na interioridade humana. Esse centro, formado pelo próprio pensamento, é tido frequentemente como equivalente ao *ego*. Ele é determinante de infinitas modalidades de relações, mas atua de modo absolutamente parcial. Sendo repleto de desejos, medos, memórias, ódios, inveja, avidez e todo o pano de fundo das emoções egocêntricas e turbulentas, o centro egoico distingue-se do que Krishnamurti chama de meditação. Esta passa a existir somente quando a mente se liberta de seu enredamento e de sua escravização pelo centro.

Podemos conceber a amplitude deste, se incluirmos, por exemplo, os sentimentos de poder, de posse e de culpa, assim como toda a esfera dos condicionamentos psicológicos. Estes são resultantes das impregnações do ambiente e das compulsões originárias das tradições milenares que pesam sobre o indivíduo. Mas também as características do temperamento, os comprometimentos e as idiossincrasias pessoais fazem parte do centro, além de todo o arsenal das interpretações distorcidas e enganosas feitas pelo uso de conceitos, palavras, concepções, padrões, teorias e sistemas incidentes sobre a formação dos símbolos, das ideias, das imagens, das percepções e das cognições, entre outros aspectos. A realidade seria completamente outra, se sua apreensão não fosse intermediada por toda a fragmentação dada por tais processos, mantidos pelo centro instalado na interioridade. Ele cria raízes e concentra imensa carga de energia, sendo grande responsável pelo lado equivocado e sofredor da condição humana.

Não tem cabimento pensar que a relação com a vida, essa coisa imensa, possa se reduzir às constantes do minúsculo centro egoico. Krishnamurti preconiza uma relação diferente daquela que se dá por meio desse centro, mas para isso este terá que cessar completamente suas atividades. A resposta está na obtenção de consciência ampla a respeito dos processos psíquicos, que consistem nos processos do pensamento. Ou seja, está na atitude de observar simplesmente o que acontece, sem nenhum desejo, medo ou motivo de qualquer natureza. A autopercepção fundamenta-se na ampla observação, na observação por inteiro dos pensamentos e sentimentos, incluindo a totalidade dos motivos, intenções, inclinações, compulsões, subterfúgios e mecanismos defensivos, sejam conscientes ou inconscientes. A autopercepção é uma observação pura, isenta de qualquer memória, julgamento ou desejo, assim como de qualquer esforço de atingi-la ou de intenção de alterar a natureza dos fatos. Para isso, é necessário seguir sem resistência a correnteza dos pensamentos, numa disposição que implica receptividade ao que se apresenta. Começa pela aceitação dos fatos como eles são. Krishnamurti diz que nessa situação a mente se aquieta. O aquietamento abre espaço à compreensão do que se passa. Por exemplo, ao perceber a inutilidade da busca de alguma coisa, uma busca alimentada por inveja, a mente torna-se quieta e naturalmente susta a busca. Isso significa a compreensão do conflito em sentido amplo, abrangendo a questão em sua totalidade. Ao se aquietar, a mente abre espaço ao surgimento de algo novo. Concorre, para tanto, a atenção plena ao que obscurece, mas também ao que clarifica os fatos. No limite, cada ser humano necessita ter uma visão completa e transparente de quem ele é, que se faz de instante a instante, enquanto duram os processos mentais.

O conhecimento dos processos totais do centro, da mente e do viver constitui necessidade inadiável de todos nós, mas de modo nenhum deve ser perseguido como desejo, busca, método ou objetivo a ser alcançado. Deve existir somente o encontro com a realidade e a verdade dos fatos, quando as condições interiores o permitirem. Isso ocorre pela autopercepção dos movimentos dos próprios fatos, em que compreendemos o que neles está em jogo. Não podemos fabricar a calma por intermédio do centro, mas nos acalmamos ao nos darmos conta do que acontece. As indicações de Krishnamurti (1973) parecem ser claras no sentido de compreendermos os condicionamentos existentes sem criarmos tipos de condicionamentos. A autopercepção do que sucede, como uma realidade que se impõe por si, é autolibertadora, deixando-nos livres; e somente estando livres é que podemos ser felizes.

Nos escritos de Krishnamurti, quase sempre o centro é considerado como um observador/experimentador repleto de condicionamentos. Essa dimensão mental está continuamente pronta a julgar, avaliar, condenar, tomar partido, ser categórica, guiar-se por preconceitos, ideologias, compulsões, disputas, crenças absurdas etc. O observador/experimentador vive mergulhado num universo conhecido, seguro e irremovível. Apega-se a toda garantia possível de estabilidade, sem questionamentos. Embora a realidade seja transformante, o observador não o é. Ao contrário, ele mantém um estado de continuidade e impede a experiência nova. Os relacionamentos são postos no plano das dimensões já configuradas, reforçando as experiências baseadas em modelos conhecidos. O observador adiciona ao centro os produtos da acumulação em dada direção, que faz aumentar o engendramento da mesmice e da banalidade, quando não for do ódio e da destrutividade, que podem atingir proporções devastadoras. Nesse universo, a noção de realidade circunscreve-se à conformidade com os padrões já pensados e instituídos. Isso quer dizer, especialmente, que o observador cria a coisa observada, em vez de ter uma experiência direta com a realidade.

Apesar de tudo, segundo Krishnamurti, há uma saída para a condição humana. É perfeitamente possível nos livrarmos da acumulação e da continuidade pela autopercepção, que significa autoconhecimento. Se conseguirmos olhar diretamente os fatos pelo que eles são, com independência dos padrões interferentes, o observador/experimentador desaparece, cedendo lugar à percepção da realidade. Ele diz: "se puderdes olhar uma coisa sem lhe dar nome nem avaliá-la, mas observando-a realmente, não há então nenhum observador" (Krishnamurti, 1973, p. 138). Ou seja, é a coisa observada que importa. A experiência direta com ela elimina o observador, porque só ela resta na mente. Nesse caso, o observador unifica-se com a coisa observada de modo a suprimir a dualidade existente. Krishnamurti (1973, p. 138) insiste nesse ponto: "se fordes capazes de olhar o fato – avidez, violência etc. – diretamente, e não por meio de palavras, fórmulas, conceitos, imagens, não há então observador nenhum e, por conseguinte, nenhuma dualidade; só há o fato e, assim, não existe conflito". Isso certamente implica grande liberdade, porque, livre de condicionamentos, a mente dá oportunidade a que o desconhecido possa se manifestar e a relação com a vida mudar de patamar.

Para caracterizar a divisão intrapsíquica, Krishnamurti utiliza-se de termos mais ou menos equivalentes, como observador-observado, experimentador-experimentado, sujeito-objeto, interior-exterior. Para ele, toda divisão necessita ser superada para haver percepção e compreensão completas do que se passa. Só pode haver encontro da realidade se não há divisão nem conflito, e isto se faz por atenção e entrega totais, em que é sintonizada diretamente a existência de cada coisa, sem nenhuma intermediação entre ela e nós. Mas ele vai mais além, ao comunicar sua experiência de que é possível fazer cessar a importância do sujeito, do experimentador e do observador, que se apagam no próprio ato da atenção direta e total, restando apenas um fenômeno único e inteiro, que é o próprio ato de experimentar, isto é, o estado de ser na experiência. Esse estado é uma experiência de união que não comporta dualidade. O ato de experimentar com a totalidade da mente é de suma importância, porque nele o sujeito da experiência desaparece, unificado com o objeto: "as árvores, os insetos, as vistosas samambaias não eram coisas separadas, algo exteriormente percebido; faziam parte daquela interna e externa serenidade" (Krishnamurti, 1965, p. 35). A mente faz-se vazia de palavras e de pensamentos, e o objeto torna-se um foco em que parece se concentrar toda a energia da vida sem começo e sem fim. Pelo afastamento do centro na mente, o objeto passa a participar da totalidade, sendo a própria totalidade. Caminhando à sua frente, uma mulher solitária com um cesto à cabeça era, para Krishnamurti, um foco de graça e beleza. Tudo apontava para ela como parte do todo, e não como entidade separada: "só existia aquela mulher, e não eu a olhá-la... eu caminhava com aquele cesto à cabeça" (Krishnamurti, 1965, p. 38). Não era imaginação, ilusão, identificação ou alucinação, era a eliminação do sujeito da dualidade no encontro da unidade.

Tanto pode haver o objeto unificado com o todo, quanto a vivência de totalidade em unificação com a infinitude e em harmonia com os movimentos da eternidade. Esses movimentos não têm causa, finalidade ou endereçamento, estão contidos neles próprios, transcendendo o espaço e o tempo. Correspondem à experiência, completa em si mesma, de participação com o ser por inteiro, em que cessa a percepção da passagem do tempo. Krishnamurti disse: "sentados debaixo de uma árvore, a terra e o céu penetrava-nos todo o ser. Transcendendo o som e a terra vermelha, reinava o silêncio total em que se movimenta toda a vida" (Krishnamurti, 1965, p. 149). Uma totalidade silenciosa e infinita; uma mente viva, expansiva, incontaminada e igualmente infinita, estando ao mesmo tempo só e com tudo o que dela faz parte. Livre do tempo, existe o silêncio:

> *Ficava apenas o vasto espaço que é a mente... No espaço vazio, um vasto movimento havia, movimento que era quietude... solidão não contaminada, incognoscível; solidão que não é isolamento, não tem começo nem fim. Completa em si mesma, incriada... É o todo, a totalidade inacessível. (Krishnamurti, 1965, p. 113)*

Na experiência de silêncio, sendo o silêncio total da mente, movimenta-se toda a vida. A pessoa que vive a experiência torna-se parte da totalidade silenciosa, existente em espantosas profundidades, fora do tempo. As coisas da vida diária continuam presentes, mas se conservam periféricas, vagas e distantes. Toda a energia concentra-se na quietude, e nós próprios nos unimos a ela. O que é criado pelo centro egoico não passa por ela, porque estamos unidos ao movimento infinito da vida. A totalidade inacessível emerge desse silêncio. Mas também se descortina uma realidade renovada e surpreendente sob a chama da compreensão, muito além das concepções parciais, fragmentárias e unilaterais da mente. A esse estado de ser Krishnamurti dá o nome de meditação.

Em suma, é perfeitamente aceitável que, pelo autoconhecimento, se possa apreender a natureza íntima da realidade. Não é possível prescrever ou determinar essa apreensão por meio de astúcia, volição ou método, mas se pode estar atento e em sintonia com o próprio funcionamento mental, acompanhando de perto seus meandros, como os desejos, os medos, as memórias, os padrões de pensar, as formas de sentir, as resistências, as defesas e assim por diante. Ao se compreender o que se passa, emerge um estado fundamental de consciência: o aquietamento da mente por eliminação dos conflitos. Ela se torna silenciosa por compreensão vivencial daquilo que a compromete, libertando-se e abrindo-se aos fatos. A descoberta do que aprisiona é a mesma que liberta. Dessa liberdade, nasce a renovação da mente, em sua disponibilidade ao encontro e à participação na realidade mais profunda e totalizadora. A mente livre relaciona-se com a realidade tal como ela existe e, assim, descobre, como um efeito surpreendente, a pureza e a majestade, a beleza e a glória da natureza, da vida e do Universo. Pela experiência de imaterialidade, o próprio fundo imaterial da realidade se desvela.

15. Princípios em comum

Alguns exemplos da experiência de imaterialidade são suficientes para dar uma dimensão da diversidade de sua manifestação ao longo do tempo, de modo a pôr em evidência um fundo humano em comum que caminha *pari passu* com o processo de humanização. São momentos significativos que destacam uma constante, sobrepondo-se a toda confusão, destrutividade e tragédia da história humana. Seria possível dar infindáveis outros exemplos, mas acredito que, como ilustrações, os apresentados são satisfatórios do ponto de vista da focalização, da nitidez e da abrangência de um assunto cuja sistematização é difícil por natureza. Não correspondem a pesquisas e estudos sistemáticos, e sim a *flashes* das sendas percorridas pelos viajantes do tempo. São instantes únicos, revelando a existência de um segundo mundo, subjacente ao mundo humano concretista e constritivo ao desenvolvimento do espírito. Desde os esboços apresentados, torna-se possível observar a existência de uma realidade evidente como experiência de imaterialidade, a manifestar-se em diferentes domínios da pintura, escultura, arquitetura, dança, literatura, filosofia, religião etc. Mas está presente, também, nas ligações com a vida e no próprio ato de viver. Os recortes não são representativos das épocas e situações excepcionais da história da humanidade, que são inúmeras, mas dão notícias de que em diferentes tempos e lugares houve vozes sintetizadoras de experiências profundas, que conduziram à construção dos valores mais nobres e elevados do espírito. A ênfase reside justamente na demarcação e no encontro dessa profundidade, em contraste com toda sensorialidade que se transforma em hostilidade à vida.

Pelos esboços apresentados, descobre-se que o universo criativo do poeta, do ensaísta e do filósofo, por exemplo, pode não ser essencialmente diferente do universo do artista criativo, quando se considera o relacionamento da profundidade da mente com a profundidade do mundo. A "leveza aérea do símbolo", de que fala Croce (s/d, p. 34), não se aplica somente à arte, mas reúne numa só dimensão as manifestações da experiência de imaterialidade, em que todas as divisões e compartimentalizações tendem a se diluir e a desaparecer no pleno vigor da sabedoria universal. Independentemente dos estilos, escolas, doutrinas e ideologias, importa essencialmente a apreensão e a comunicação do fundo imaterial da realidade, que por vezes passa a se constituir em concepção de vida e em imagem do mundo. Não se trata somente daquilo que é compreendido pelo intelecto, mas envolve o espírito por inteiro, num transporte visceral, intuitivo e alargado. Naturalmente, há modalidades, níveis e graus dessa experiência, que não raro fazem com que o foco no qual ela repousa pareça desaparecer ou inexistir. Contudo, mesmo nos casos em que sua expressão seja embrionária, incipiente ou pouco nítida, é possível notar-se a tendência a ela, se com ela nos familiarizamos.

Um dos pontos de partida é a capacidade de transformação dos dados materiais em percepções imateriais, quando a imaterialidade deles surge como uma sutil emergência. O denominador comum de todos os exemplos apresentados, que lhes dá unidade de sentido, é a vida espiritual de objetos pertencentes ou adaptados à temporalidade e que, no entanto, paradoxalmente, são reconhecidos por suas raízes cravadas na atemporalidade de comunhão com os seres humanos de todos os tempos e lugares. Subtraem-se às conjunturas históricas e situacionais, bem como às contingências de tempo e espaço, que lhes são normalmente associadas. Eles se revelam, na mente do criador e do espectador, como cintilâncias de mobilidade, de claridade e de abrangência, abertas aos sentidos imateriais da natureza, da vida e do Universo.

Se há algo em comum que une a sensibilidade do ser humano atual à daquele que viveu no Paleolítico Superior, não seria justamente a vida de sonhos, a presença de vida, a força da harmonia, a maravilha da radiância do mundo, a etérea leveza da arte interior, a relação com o mistério e com o desconhecido? Não seria a tentativa de ir ao encontro das forças propulsoras de ligação com os enigmas da natureza, com o fundo da vida e com a grandeza do cosmo? O sentido comum que perdura, atravessando as eras, contém tal colorido, tal luz e tal amplitude que, fazendo parte daqueles seres, habita ainda hoje nosso espaço mental, reunindo todas essas obras, dispostas no tempo, por meio de princípios que estão além do tempo. Em todos os exemplos, desde os tempos das cavernas pré-históricas até hoje, predomina a passagem para a representação do irrepresentável em si, para a enunciação do sutil movimento em delicado frescor, existente no cerne da captação da espiritualidade fenomênica, que transcende o dado sensorial e, em seu apogeu expressivo, transmuda-se em surpresa e maravilha.

O que sustenta essa passagem não é, certamente, a criação de formas ilusórias e de modelos fictícios, destinados à evasão da dura carga da realidade. Os *flashes* escolhidos primam não por contraposição ao sofrimento, mas por tentativas de superação. Por vezes, são efeitos da própria superação, que permite a aproximação e a apreensão da realidade. Ultrapassando o lado sombrio, representado pelas potências das trevas e do horror, sobrevêm a serenidade, a paz e a contemplação desinçada de terror, em que a visão trágica e as angústias deformantes são excedidas pela visão radiosa e pela harmonia libertadora. Muito além das cinzas da destrutividade, o espaço mental apaziguado pode criar em favor do espírito todas as manifestações luminosas que se encontram espalhadas pelos vários domínios das atividades humanas. Não causa surpresa se a vida humana, em provisória suspensão acima da dor e da morte, é experimentada, em muitos casos, como beneficiária do advento de uma divindade que reconquista o mundo sobre as cinzas. Isso equivale, porém, a negar ou subestimar aos mortais o dom de lidar com as vicissitudes e de experimentar por si próprios a elevação espiritual, no mergulho em camadas profundas. Pelo desabrochar criativo, são franqueadas experiências inusitadas ao espírito humano em suas relações com a realidade interna e externa, como vimos.

O espaço mental aberto, móvel e livre distancia-se enormemente da banalidade, da estreiteza, da coisificação, da turbulência e do comprometimento emocional. Tende a ocorrer uma rotação de perspectiva em direção ao encontro da realidade anunciadora da transfiguração em que as coisas podem se apresentar. A via do espírito guarda relação de proximidade com a grandeza, a beleza, a surpresa, o encanto, a sublimidade e a eternidade, entre muitos outros aspectos. Em qualquer tempo e lugar, as obras que daí se originam tocam uma dimensão de realidade viva, radiosa, colorida, iluminada, onírica, harmoniosa, silenciosa, primordial etc., porque essas características fazem parte, justamente, da percepção aprofundada. A mente abre-se e vivifica-se no contato e no desvendamento da dimensão imaterial porventura presente, ainda que longinquamente, nos dados da realidade. Esta, por natureza, contém e pode revelar um fundo em si mesmo estético, harmonioso e esplendoroso, na dependência das relações com ela estabelecidas. O universo imaterial existe por si mesmo, sendo que todo ser humano dotado de sensibilidade poderá reconhecê-lo, quando ele se presentificar.

Certamente, cada época da história humana possui formas específicas de apreensão e particulares expressões culturais, que são características. O fundo imaterial em comum resplende, porém, em cada situação com a novidade e o vigor que lhe são peculiares, dando, a cada vez, um sentido renovado à vida humana. Apesar das diferenças existentes entre os estilos, as tendências, os ideais, as correntes, as escolas e os sistemas de decifração e de expressão, a penetração nas camadas profundas tende a fazer recobrar o frescor e o sentido original da realidade imaterial. Nesse mergulho, para além das épocas, dos lugares e das situações, o ser humano sensível é capaz de descobrir o refinamento do mundo. Do ponto de vista da experiência de imaterialidade, essas descobertas têm em comum o sentido da universalidade. O reconhecimento da significação universal da obra ao longo dos processos históricos pode ser mais bem compreendido se nela estão contidos os valores perenes da imaterialidade. Antes de tudo, os gênios criadores aqui mencionados escolheram a via de louvor à vida, passando pela comunicação da experiência básica de ligação, em vez da via oposta de tributo à morte. Independentemente dos motivos de cada um, a simples expressão dessa ligação tende a conduzir ao sentido da universalidade. Esta é uma aspiração humana em comum, que se encontra presente de inúmeras maneiras em todos esses trabalhos, pelos quais se reconhecem as marcas da atemporalidade no plano da comunicação com os seres humanos sensíveis de todos os tempos e lugares. Cézanne (Gasquet, 2012, p. 173), que o percebeu, afirmou: "desde as renas nas paredes das cavernas até as falésias de Monet, pode-se seguir a rota humana... Nós somos o mesmo homem". Uma rota de movimentos criativos que ligam o ser humano ao significado grandioso do Universo. Daqui se ouvem ecos de uma antiga direção espiritual dada à humanidade sob as formas da experiência de imaterialidade. Desde antiquíssimas origens, o percurso prossegue inalterável em direção ao largo horizonte da vida espiritual, apesar da escravização das mentes e dos corpos, das guerras intermináveis, do fanatismo, do obscurantismo e da destrutividade de muitas faces.

Parte III
Imaterialidade e psicanálise

16. A mente: dinâmica dos fatores

A experiência de imaterialidade pode ser estudada à luz da psicanálise. Há elementos e fatores na mente que, se bem conhecidos, ajudam a situar e a compreender a experiência. A abordagem psicanalítica voltada a esse tipo de conhecimento já existe e diz respeito a uma dinâmica que pretendo descrever em linhas gerais. Ela pode ser útil ao esclarecimento de algumas dificuldades encontradas na explanação precedente, cuja elucidação está na dependência de uma abordagem de conjunto. Em se tratando da psicanálise, espera-se que, em vez de ser uma concepção meramente teórica, auxilie na prática a lidar com a mente, facilitando as condições experienciais. Seus delineamentos foram expostos em trabalhos anteriores (Trinca, 2011, 2014 e 2016), inscritos no contexto denominado Psicanálise Compreensiva. Consistem numa visão globalística dos processos, sistemas e estruturas da mente, levando-se em conta os principais autores de psicanálise, especialmente Freud, Klein, Bion e Winnicott.

As noções básicas dessa abordagem compreendem a focalização no *ser interior*, que se distingue do *self.* O primeiro é uma matriz primária e um eixo fundamental de existência; o segundo, uma instância de repercussão e de mediação dos vários componentes mentais, onde se dão os embates, os conflitos e as perturbações, mas também toda estabilidade ou instabilidade da vida psíquica. A partir da distinção entre ambas as instâncias, ressalta como fator importante o estado do contato com o *ser interior*, que repercute sobre o *self* em graus maiores ou menores. Também, exercem influências sobre o *self* outros fatores, além do *ser interior:* a constelação do inimigo interno (um subproduto da pulsão de morte), a fragilidade do *self*, a angústia de dissipação do *self*, a sensorialidade, a estruturação inconsciente e a expansão de consciência. Da presença e da interação de todos os fatores decorre a emergência de um *self* com tendências integradoras e estruturantes ou, ao contrário, desintegradoras e desestruturantes. Não significa que existam somente esses fatores, mas aqui são postos em evidência aqueles considerados centrais, exercendo maior atividade na vida psíquica. O conhecimento da dinâmica dos fatores tem por base a experiência do atendimento psicanalítico, que passa por observação e análise dos constituintes e das funções essenciais da mente.

O ser interior e o self

Se o *ser interior* não é o *self*, ele é caracterizado como entidade autônoma, discriminando-se das demais partes e funções da mente. Nessa condição, corresponde a um núcleo central, que é constituinte fundamental e elementar da pessoa, ligado ao fato básico da vida. Como eixo psíquico, é unitário, único e intransferível, realizando-se como centro de sustentação interna, que responde em última instância pela organização e pela estruturação em todos os níveis. Ele dá o sentido de continuidade da existência e os significados para ela, sendo reconhecido como praticamente o mesmo desde quando pela primeira vez a pessoa tomou consciência dele. As mudanças pelas quais ela passa durante a vida não o afetam essencialmente e, assim, ele define a existência da pessoa a partir dos primórdios de seu desenvolvimento. Desse modo, ele é foco de existência e, ao mesmo tempo, propulsor da existência individual, perdurando durante toda a vida. Ele é a própria manifestação da energia vital e da força motriz da vida criadora existentes em planos não-sensoriais e, por isso mesmo, geradoras de significações. Ao mesmo tempo, como correnteza primordial e prototípica, corresponde à existência singular da pessoa e à sua individualização, em conexão com o próprio princípio de individuação. No plano da consciência, dependendo do contato estabelecido com ele, proporciona a experiência de si e a consciência de si, assim como a experiência de autenticidade.

O *ser interior* responde pelas noções de si mesmo nos planos conscientes, inconscientes e oclusivos (Trinca, 2007). Em suas diferentes manifestações, ele contém possibilidades de dar coesão e unidade à personalidade, bem como, desde o aprofundamento do contato, ser a base do senso de realidade. Dessa forma, oferece à pessoa os sentidos e significados de sua inserção no mundo, constituindo-se em princípio vivo, que desempenha função importante nas relações com o mundo interno, com o mundo externo e com o organismo. Sendo um centro estável e estabilizador, norteia-se como verdade existencial profunda, que exerce sua ação tanto em nível consciente quanto inconsciente. A insuficiência de sua ação unificadora causa desequilíbrios, desorganizações e desestruturações nas relações internas e externas. Em princípio, a harmonia ou a desarmonia psíquicas dependem essencialmente do estado do contato com esse ser.

O *self*, por sua vez, é concebido como uma instância multifacetada, composta de diversas partes e inumeráveis constituintes

(Trinca, 2016). Sendo um campo de experiências, um órgão de mediação e uma função de consecução da existência da pessoa, comporta a diversidade, a pluralidade e a multiplicidade. Sua configuração é móvel e plástica, abrigando e movimentando a complexidade dos elementos, fatores e processos psíquicos, que podem se relacionar, se disputar, se compor e se sintetizar, num contexto permeado por conflitos, turbulências, incoerências e paradoxos. Assim, a configuração e a tessitura do *self* são em princípio plásticas e transformantes, permitindo ocorrências diversificadas e alteráveis. Ele é constituído como um vasto campo de pouso e de manifestação de elementos díspares, contraditórios e versáteis. Recebe influências, estimulações e emanações originárias de toda a vida psíquica, como também do corpo e do mundo externo. A vida do *self* compreende um universo de composições inumeráveis e de possibilidades infinitas. Ao mesmo tempo, constitui-se em centro de precipitados e acumulações, em que alguns componentes tendem a prevalecer sobre os demais e a se instalar. Suas feições estão na dependência tanto do que prevalecer em dado momento quanto do substrato que vier a se constituir e a se consolidar. Nele se depositam os produtos da correnteza de experiências, bem como os fatores herdados e os adquiridos nos processos de aprendizagem, de desenvolvimento e de maturação. Incluem-se as atividades das pulsões, as emanações das instâncias e as pressões dos objetos internos e externos. Também, os ingredientes dos condicionamentos e das manifestações culturais, educacionais, sociais, familiares, religiosas etc.

Os embates que se dão no *self* compreendem aspectos e segmentos inconscientes e conscientes que podem ou não estar separados entre si; muitas vezes, respondem pela visão diversificada que temos de nós próprios. Nesse sentido, ele é menos um lugar predeterminado do que um campo dinâmico e um palco de ocorrências para emergências de todo tipo. Dependendo do que estiver em jogo, haverá em um extremo a renovação psíquica e, em outro, a fixidez e a tendência ao inanimado. Como o *self* se constitui no interior dos embates, dos conflitos e dos processos dialéticos, é de sua natureza incluir as posições móveis que se deslocam, abrigar as substituições que se processam e dar primazia a certas constantes que tendem a se solidificar. Verifica-se, portanto, que o *self* é uma instância de comunicação e de relacionamento, sendo não só um campo de experiências, mas uma precondição para elas. Por ser órgão de acumulação e de continuidade, apresenta condições de adaptação e de sobrevivência, expressando e atualizando tendências à estabilização. Assim, ocorre sua atualização constante em relação ao tempo, ao espaço e a outros determinantes psíquicos. A solidez do *self* vai depender exclusivamente de presença, influência e ação marcantes do *ser interior* sobre ele. Caso não seja dirigido ou influenciado pelo *ser interior*, o que se passa no *self* corresponde a referências dissociadas da verdade existencial mais profunda. Sob o comando desse ser, realizam-se sínteses no *self* e consolidam-se sua dinâmica e sua estrutura. Observa-se que, caso o *ser interior* exerça influência preponderante, o *self* passa a ser órgão de equilíbrio e harmonia, tornando-se um campo operativo que responde pela organização da personalidade. Contudo, não é difícil de se encontrar um *self* discrepante do *ser interior* e, nesse caso, em vez de ele atuar em prol das forças de vida, sua ação está a serviço de forças contrárias, estranhas ou hostis à vida da pessoa.

A questão do contato

O contato da pessoa com seu próprio ser torna-se questão crucial, visto que o *ser interior*, sendo uma referência básica na vida mental, é determinante da natureza e da qualidade das ocorrências que se dão no *self*. Praticamente tudo depende do estado do contato, que determina o grau de presença, influência e ação do *ser interior* no *self*. Assim, as condições do contato com esse ser estão intimamente associadas às condições funcionais, dinâmicas e estruturais do *self*, que se refletem sobre as relações de objetos, as relações com o organismo e com o mundo externo. Isso significa que maior ou menor contato terá implicações sobre as modalidades de *self* que irão se formar e se manter. Poderá haver tanto um *self* em sintonia com o *ser interior*, quanto em desconformidade com ele. Como há graus de contato, é possível formular o princípio de que quanto maior for o grau de contato efetivo, maior será a presença do *ser interior* no *self* e, portanto, maior será sua influência e ação sobre a vida psíquica, ao passo que quanto maior for o grau de distanciamento de contato, maior será a presença no *self* de outros fatores, não condizentes com a existência genuína da pessoa. Se somente o contato desvenda para a pessoa a natureza do ser que ela é, quanto mais bem ancorada pelo contato ela estiver, maior será sua tendência à harmonização e à integração e, inversamente, quanto mais afastada estiver de si própria, maior tenderá a ser o índice de conflitos, turbulências e comprometimentos psíquicos. Para a pessoa, a experiência de si própria como ser é um parâmetro fundamental. Quanto mais ela se distancia desse parâmetro, mais o *self* adquirirá autonomia em relação ao *ser interior*, sendo preenchido e tendo seu funcionamento determinado por produtos estranhos ou antagônicos à verdade existencial. Sendo o contato a base segura para a discriminação do que é verdadeiro ou falso, real ou irreal no *self*, o distanciamento de contato tende a fazer prevalecer não o que é autêntico e verdadeiro, mas outra coisa, que fica em seu lugar. Neste caso, a força das emoções tende a saturar o *self* de produtos e subprodutos alheios ou contrários ao ser da pessoa, os quais podem ser vivenciados tanto como perturbação e confusão, quanto enganosamente como se fossem genuínos.

Livre dos entraves e sob os efeitos de maior presença do *ser interior*, o *self* pode se colocar em estado de receptividade e abertura a experiências novas e vitais, dentre as quais a experiência de imaterialidade. Experiências de melhor qualidade emergem a partir do momento em que a pessoa se torna livre de interferências e obstruções no *self*. Por meio do contato, a presença satisfatória do *ser interior* no *self* possibilita não só que a pessoa se sinta ela própria como que se organize e se realize, caminhando rumo à expansão de consciência. Poderá passar pela experiência de que viver é um ato essencialmente não-sensorial, efetivado pelo encontro da não-sensorialidade do ser com a imaterialidade existente no plano da realidade externa.

Para que ocorra distanciamento de contato, algumas forças atuam sobre o *self*, afastando a influência, a presença e a ação do *ser interior*. Dentre elas, a mais importante é a constelação do inimigo interno, que geralmente está presente nos variados processos das perturbações psíquicas, especialmente nas psicoses. Ela compõe um sistema de ataques contra o *ser interior*, que se diversificam e crescem em gravidade patológica, com objetivos de destruição dos vínculos internos e externos. Alguns aspectos dessa constelação podem ser descritos como superego sádico e primitivo, autoimagem e autoestima prejudicadas, figuras internas rejeitadoras, autoinveja, autorrejeição, destrutividade sádica e ódio à realidade, entre outros. Trata-se de aspectos amplamente descritos em psicanálise. Os ataques que se manifestam internamente vão desde dúvidas, descréditos e desqualificações até invalidações e formas de aniquilamento. O sistema volta-se, também, contra a realidade externa, produzindo angústias e danos nas relações com o mundo. Um dos alvos principais dos ataques é a força de vida, representada pela coesão da individualidade. Contudo, os ataques não poupam nenhuma ligação viva e construtiva, seja interna ou externa. Pode-se tomar o distanciamento de contato como um movimento interno de afastamento do princípio de vida, correspondente a um afastamento das raízes do ser que alimentam e dão sentido aos vínculos.

A constelação do inimigo interno não é o único fator que causa distanciamento de contato. Há inúmeros outros fatores, sendo ou não permeados por ela, dentre os quais: a) relações objetais complicadas e difíceis; b) sujeição a condicionamentos sociais, educacionais, culturais, familiares, religiosos e outros; c) submissão a ameaças, injunções e condições desfavoráveis do mundo externo; d) encontro de obstáculos reais à interiorização e à personalização; e) esquiva no enfrentamento necessário dos desafios e problemas; f) envolvimento com estimulações incompatíveis com os níveis de tolerância; g) servilismo a interesses, sistemas e valores contrários à verdade existencial; h) concordância com aspectos ofensivos à dignidade e à individualidade.

A fragilidade e a sensorialidade

Se, por causa do distanciamento de contato, o *ser interior* não detém os comandos da vida psíquica e se, nessa situação, o *self* está sujeito a toda espécie de contradições, conflitos, turbulências e comprometimentos, é necessário estudar e compreender a composição e o funcionamento do *self* resultante, seja de modo consciente ou inconsciente. No presente modelo, o afastamento do *ser interior* em relação ao *self* implica a ocorrência da fragilidade do *self*, ou então a saturação deste por sensorialidade, quaisquer que sejam os graus do distanciamento de contato. Como vimos, a sensorialidade pode ser equiparada às qualidades, propriedades e características dos objetos concretos que se instalam, determinando a natureza e o funcionamento dos processos postos sob seu domínio. A fragilidade, por sua vez, diz respeito à perda de efetividade na condução da mente, em que o *self* é deixado em graus à deriva, por conta da instabilidade e da angústia. Quanto maior for o grau do distanciamento de contato, maior será a impregnação do *self* por fragilidade ou sua saturação por sensorialidade. A fragilidade compreende dois tipos de manifestações, que se dão em graus: o enfraquecimento, que corresponde à debilitação e à perda de vigor, e o esvaziamento, que diz respeito ao esgotamento e ao desaparecimento da sustentação e limites do *self*, afetando essencialmente sua coesão e organização. Como formas de comprometimentos patológicos temos, por exemplo, no enfraquecimento, inconsistências, desenfoques e dispersões; no esvaziamento, patologias do vazio, estados de alheamento, esburacamentos, ameaças de desabamento e de engolfamento, entre outras, sendo geralmente associadas às fobias e ao pânico.

Quanto à sensorialidade, sua tendência principal consiste em objetificar e tornar factuais os dados da realidade interna e externa. Ela pode ser empregada em diferentes atividades e funções mentais, mas aparece com frequência sob a modalidade de perturbações psíquicas. Há quatro tipos descritos de sensorialidade: 1) *sensorialidade preenchimento substitutivo,* é aquela que vem ocupar e preencher o *self* de produtos que ficam no lugar da fragilidade, com propósitos de reestabilizá-lo, como se encontra, por exemplo, no falso *self*, em algumas formas de homoerotismo e de drogadição, no transtorno obsessivo-compulsivo e na destrutividade antissocial; 2) *sensorialidade produzida por ataques*, que ocorre pela depositação no *self* de produtos geralmente associados a objetos internos rejeitadores e hostis, os quais abandonam, recriminam ou excluem a pessoa, deixando-a solitária por cortes de vínculos, como se nota, por exemplo, em situações depressivas e em casos de suicídios patológicos; 3) *sensorialidade produzida por corte e exclusão*, que se refere aos processos de evitação, anulação, desligamento, supressão ou ruptura de ligações internas e externas, constituindo no *self* amplas áreas de inércia, amortecimento, paralisação e extinção, como ocorre, por exemplo, na esquizoidia, na psicose branca e na esquizofrenia; 4) *sensorialidade básica*, que existe em condições normais, manifestando-se predominantemente nas situações naturais de vida, mas pode se intensificar em certos casos, resultando em comprometimentos psíquicos, como se mostra, por exemplo, na inveja, na voracidade, na possessividade e no ciúme patológico.

De modo geral, seja qual for o tipo de sensorialidade, pode se tornar um produto disseminado e projetado nas sociedades humanas, conduzindo à insensibilidade, à coisificação e à desumanização. Nos casos relativamente simples, ela é representada pela mente buliçosa, interesseira e voraz. Ao se acentuar a saturação do *self* por produtos sensoriais, dá origem a um universo mental poluído e poluente, que pode se amplificar no plano coletivo pela conjugação de múltiplos *selves*, determinando formas sensoriais de natureza cultural, política, educacional, social, religiosa e outras. Isso chega a constituir aprisionamentos nos prismas redutores do pensar, do sentir e do viver, submetidos a padrões, estruturas e sistemas absolutistas que se instalam. Num mundo *dado* como esse, praticamente não há lugar a que a experiência de imaterialidade se apresente, porquanto a realidade fica subordinada à dimensão sensorial, na qual a mente se estiola.

A interação dos fatores

Tanto a fragilidade quanto a sensorialidade são fatores que se desdobram, assumindo formas variadas em natureza e qualidade, desde brandas e inócuas até altamente saturadas de componentes patológicos. Em função delas, pode ser descrita uma imensa gama de efeitos, disfuncionamentos e comprometimentos. Quando o distanciamento do contato com o *ser interior* se instala, o *self* tende a se fragilizar. Caso não seja possível a retomada do contato, há dois tipos distintos de "escolhas": a manutenção da fragilidade ou o uso da sensorialidade para fazer face à fragilidade. Esta pode ser observada especialmente pela incrementação dos níveis de angústia. A principal angústia que aparece denomina-se angústia de dissipação do *self*. Suas atividades se notam particularmente nos estados de esvaziamento, quando surgem altos níveis do terror de passagem à inexistência, diante de grande distanciamento de contato. Na angústia de dissipação do *self* há sempre um terror de dissolução, que ruma em graus para o buraco negro, tendo seu ponto culminante nos estados de pânico. Contudo, é lícito pensar que a angústia esteja presente em todos os graus do distanciamento de contato. O buraco negro é uma situação crítica de convergência da angústia, que ocorre em graus, associada à fragilidade. Ainda que a manutenção desta seja uma ocorrência relativamente comum, não é infrequente o emprego da sensorialidade como medida de evitação, escamoteamento ou eliminação da angústia. Nesse caso, a angústia de dissipação do *self* desempenha papel importante na transformação das condições de fragilidade em manifestações de sensorialidade, qualquer que seja o tipo desta. Na verdade, dos quatro tipos de sensorialidade e das duas espécies de fragilidade existentes, apenas um deles predomina sobre os demais, dando a conhecer o padrão preponderante utilizado pela pessoa. Como o distanciamento de contato se dá em graus, tanto a fragilidade quanto a sensorialidade – o fator que for "escolhido"– irá se apresentar em graus equivalentes aos graus do distanciamento de contato. Ou seja, para cada grau do distanciamento há determinada forma de manifestação no *self* ligada à fragilidade ou à sensorialidade, na dependência da "escolha" realizada. A "escolha" é provocada por mecanismos inconscientes relacionados às experiências pregressas, à história da doença e aos processos de desenvolvimento, entre outros.

O que se apresenta no *self* como "escolha" entre a fragilidade e a sensorialidade é um padrão característico de funcionamento mental: o sistema mental determinante. Se cada grau do distanciamento de contato compreende a possibilidade de haver um componente patológico no *self* e se os fatores consequentes são "escolhas" entre a fragilidade e a sensorialidade, os sistemas mentais determinantes são formados pela preponderância de um desses dois fatores. Se os graus da fragilidade correspondem aos graus do distanciamento de contato, os graus da sensorialidade correspondem igualmente aos graus da fragilidade que, por causa da angústia, não se instalou. Assim, o sistema mental determinante pode ser compreendido como uma forma de estruturação relativamente constante que resulta do distanciamento de contato, estabilizando-se no grau equivalente da fragilidade ou da sensorialidade que se instalou. Nesse caso, a gravidade patológica do sistema é considerada em função dos graus do distanciamento de contato refletidos homoteticamente sobre os graus da fragilidade ou da sensorialidade. Pelo princípio das correspondências em graus entre os fatores, é possível tomar o distanciamento de contato como uma variável-referência, a fim de colocar os sistemas mentais determinantes num contínuo, em função dos graus de distanciamento de contato (Trinca, 2007 e 2011). Isso permite a verificação de qual é a posição mental de determinada pessoa em relação a um contínuo de contato, que pode ser denominado eixo de contínuo de contato. Cada ponto do eixo representa uma forma particular de sistema mental determinante, com sua dinâmica específica e com a qualidade diferenciada de seus conteúdos, que se associa a determinado tipo de comprometimento psíquico, em conformidade com a respectiva gravidade patológica. É interessante notar que os sistemas mentais determinantes são os componentes nucleares das perturbações psíquicas. Caso se queira simplificar, tomando-se os sistemas como representantes das perturbações psíquicas, torna-se possível organizá-las em função do distanciamento de contato, quaisquer que sejam as "escolhas", diferenciadas segundo as espécies de fragilidade e os tipos de sensorialidade.

Um estudo das perturbações psíquicas feito com base nesse modelo foi publicado sob o título de *Psicanálise compreensiva* (Trinca, 2011). Nele, as perturbações psíquicas são consideradas sob a ótica da hipertrofia do *self* em determinadas direções patológicas, que absolutizam os componentes da fragilidade ou da sensorialidade nos pontos correspondentes aos graus do distanciamento de contato, resultando em sistemas mentais determinantes. Desse modo, as perturbações psíquicas perdem sua condição de entidades clínicas independentes e incomunicáveis entre si, tornando-se partes de um universo estrutural inteligível como um todo, respeitando-se sua discriminação por graus de gravidade patológica a partir do ponto em que a pessoa se afasta do contato consigo própria. Sendo o contato com o *ser interior* o fundamento da organização e do equilíbrio da personalidade, as perturbações psíquicas refletem o que se passa no *self* por afastamento ou ruptura com respeito a essas bases da harmonia.

O ponto central, desde o qual a pessoa se afasta de si própria, localiza-se na experiência de inteireza, que se refere a um contato suficiente com o *ser interior* disponível à consciência. Ao se tomar essa experiência como base para os *deficits* de contato, é possível tomá-la, também, como ponto de partida para os acrescentamentos de contato e, neste caso, fazer ampliar o modelo de modo a abranger a expansão de consciência. Ou seja, desde a experiência de inteireza nas relações da pessoa com seu próprio ser, o contato pode se dar tanto como distanciamento quanto como expansão, tornando o estado do contato uma estrutura mais extensa.

Essa estrutura amplifica o eixo do contínuo de contato, que passa a abarcar, em um sistema geral, as variações em graus não só do distanciamento quanto da expansão – desde um contato muito restringido ou rompido até um contato muito amplo com o *ser interior*. Nesse modelo, quanto maior for o grau de distanciamento do contato, mais grave tenderá a ser a natureza da perturbação psíquica, assim como quanto maior for a presença do contato, mais ampla tenderá a ser a expansão de consciência. Assim, tomando-se por referência o estado do contato, pode-se representar, como está dado na Figura 1, a partir da experiência de inteireza, o eixo imaginário do contínuo de contato com o *ser interior*, em que figuram tanto o distanciamento de contato quanto a expansão de consciência, num universo que varia de infinito negativo a infinito positivo.

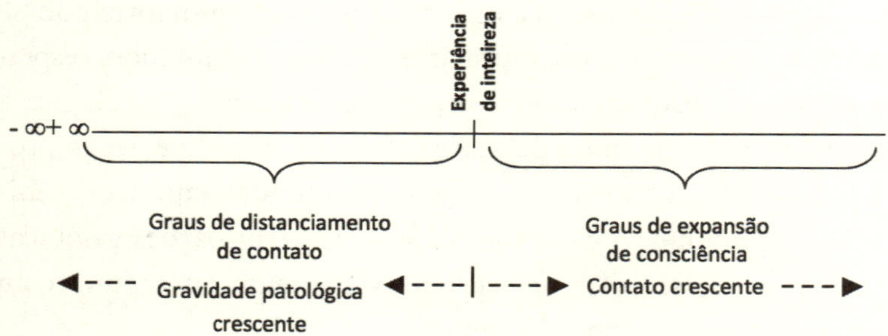

Figura 1. Eixo imaginário do contínuo de contato com o ser interior, *indicando as áreas de distanciamento de contato e de expansão de consciência.*

Contrastante com o *self* impregnado de fragilidade ou saturado de sensorialidade, a expansão de consciência corresponde a relacionamentos com a realidade interna e externa em que surgem significados importantes, vínculos abrangentes e experiências vitais, das quais participam a liberdade, a espontaneidade e a leveza, entre outros aspectos, aqui descritos como experiência de imaterialidade, sendo fonte original de uma imagem do mundo.

17. A expansão de consciência

Ao se encaminhar por contato crescente com o *ser interior*, no sentido da expansão de consciência, há momentos do atingimento de maior nitidez e clareza na percepção e na compreensão dos fatos. Alcançam-se estados relativamente livres de interferências, embaraços e comprometimentos, possibilitando melhores condições de penetração e desvendamento da realidade interna e externa. Para isso, torna-se essencial que seja reconhecido e analisado o *self* repleto de quinquilharias, distrações, ruídos, condicionamentos, prismas, distorções e perturbações psíquicas. Como vimos, se o *ser interior* tem pouca efetividade sobre o *self*, a pessoa tende não só a se distanciar de si mesma, mas também de seus vínculos significativos, podendo estar submetida à ação da destrutividade voltada para o interior e/ou para o exterior da mente. Nada parece ser mais deletério que o *self* tomado e submetido por forças destrutivas, em antagonismo contra a vida; especialmente se essas forças se transformam em correnteza coletiva. No plano individual, a perda da afetividade, a autorrejeição, a autoinvalidação, os medos e pavores, a inveja, a voracidade, a dominação dos mais fracos, o poder destrutivo atuante, o egocentrismo exacerbado, as neuroses e psicoses de todo tipo concentram-se no âmbito do *self*, obscurecendo os relacionamentos límpidos e vivos com a realidade. Causam agruras, descaminhos, perdas do entusiasmo de viver, deteriorações mentais, sofrimentos atrozes e infelicidades indescritíveis. O *self* inundado e monopolizado por essas emoções não consegue transformá-las em pensamento, tornando-se refém daquilo que experiencia em estado bruto. É imprescindível, pois, livrar o *self* dos produtos que nele se instalam e se mantêm em desconformidade com o ser profundo.

Como? Há a possibilidade de se observar, perceber, questionar, compreender e lidar com o *self* dominado por tais situações. Isso significa que é necessário proporcionar as condições de libertação das condições obstrutivas da mente, sejam ou não patológicas. O centro da questão é constituído pela análise e pelo conhecimento do que se passa no *self*, considerando-se que a desimpregnação e a desobstrução deste, mas também a liberdade e o alargamento que ocorrem em consequência, são alcançados pela compreensão do que acontece. Lidar com a mente, mantendo a atenção voltada ao que se passa, é condição indispensável à obtenção de clareza e liberdade interiores. Havendo contato real e atenção plena ao que ocorre a cada momento vivencial, a mente entra em repouso e, ao mesmo tempo que se tranquiliza, se alarga.

Para que surja um espaço livre na mente, é crucial o conhecimento da ação dos fatores que desempenham papéis importantes na dinâmica psíquica, com especial atenção ao distanciamento de contato com o *ser interior*. Entre os fatores em interação, observa-se comumente a participação da constelação do inimigo interno, levando a pensar que evolução psíquica está na dependência da análise de toda sorte de destrutividade que impregna as condições da interioridade. Ainda que não seja causa exclusiva, da ação da constelação resulta o distanciamento de contato. Deste decorrem a fragilidade do *self*, a angústia de dissipação do *self* e a sensorialidade, como sabemos. Se a questão decisiva está na mente tomada pelos fatores interferentes ao pleno contato, é inquestionável que as bases da evolução psíquica residem na percepção e no conhecimento dos elementos, conteúdos e padrões de funcionamento mental, a fim de que haja possibilidades de superação dos obstáculos ao livre curso dos processos psíquicos. A compreensão dos obstáculos e entraves constitui um passo fundamental no sentido da cessação das dificuldades. É necessário examinar e lidar com as especificidades dos conteúdos e com os movimentos dos fatores, com especial relevo à fragilidade e à sensorialidade, bem como aos sistemas mentais determinantes e aos tipos particulares de perturbações psíquicas que se instalam e se mantêm.

O que significam as impregnações e as saturações da mente? Em primeiro lugar, aplicam-se à mente os processos gerais de destruição e de construção que se encontram por todo o Universo. As emoções são os grandes veículos de manifestações da fragilidade e da sensorialidade. Mesmo de modo inadvertido, a pessoa torna-se reagente de suas emoções passionais e, frequentemente, acredita que elas a identifiquem e a definam. Na grande parte das vezes, essas emoções não são mais que movimentos dialéticos da mente, necessários à obtenção de sínteses. Para tanto, é forçoso que elas se tornem conscientes e pensáveis, isto é, integradas ao conjunto da personalidade sob a égide do ser da pessoa. Caso contrário, poderá ocorrer a predominância de emoções irracionais e destrutivas, inclusive aquelas geradas por ódios ancestrais, sendo alimentadas por condicionamentos de todo tipo e por estreiteza de visão das coisas. Quantas guerras insensatas e quantos infortúnios não foram produzidos por conta de nacionalismos, crenças, ideologias e convicções empedernidas? Nada impede, porém, que a mente se eleve acima e além das emoções desestabilizadoras, fazendo-se alargar pela própria discriminação das emoções que experimenta. A consciência do que acontece tende a tornar a mente silenciosa, libertando-a de interferências e embaraços. Ao abrir-se, em graus, à limpidez da percepção e à clareza do conhecimento, a mente transforma-se para o acolhimento da novidade e da surpresa existentes no plano da realidade. Nos bons momentos, há uma rotação de perspectiva, pela qual a força paralisante do aprisionamento nas emoções cede espaço à mobilidade e livra o *self* das impregnações da fragilidade e das saturações da sensorialidade, de tal modo que pode ser alcançada a experiência de imaterialidade.

A discriminação das emoções no *self* tem por corolário a distinção da presença do *ser interior* e a predominância dos níveis conscientes de contato. Na complexidade dos elementos e fatores em jogo, a existência de áreas livres na mente não é um evento que sempre se dá de modo completo e definitivo. Ao contrário, costuma ocorrer nos instantes privilegiados em que o *ser interior* tem melhores oportunidades de se apresentar à consciência. A libertação dos impedimentos e embaraços do *self* corre *pari passu* com maior aproximação ao contato com esse ser. Seja como for, a emergência da não-sensorialidade do *ser interior* à consciência é condição *sine qua non* aos relacionamentos mais depurados tanto com a realidade interna quanto com a externa. É sempre o contato bem-sucedido que oferece a base existencial dos relacionamentos verdadeiros e expansivos. A imensa pujança de vida, perpassando pelo fundo da mente, manifesta-se em expressões profundas, tornando-se anunciadora da profundidade do mundo. A plena sintonia da pessoa com seu próprio ser produz a emergência da não-sensorialidade à consciência, implicando a função principal de encontro e penetração nos níveis de relacionamentos mais nítidos, purificados e amplificados. Na pessoa, descer para dentro de si mesma e encontrar seu ser corresponde à libertação da mente para os sentidos da vida e do viver, pela descoberta de um universo significativo e abrangente, que surge da não-sensorialidade.

É uma função mental que começa muito cedo na vida da pessoa, movida pela necessidade de diferenciação relativamente às forças caóticas já existentes no recém-nascido. Este precisa ser ajudado a se discriminar na multiplicidade e na complexidade de um contexto para o qual não está inteiramente preparado. Nisso, é essencial à função de *rêverie* e a capacidade materna de reconhecer o bebê, identificando-o como ser. O bebê terá que aprender por si mesmo a se distinguir, auxiliado pela mãe ou quem a substitua, que supostamente sabe como fazê-lo, porque adquiriu essa experiência no contato consigo própria. Somente se o ambiente materno não for suficientemente facilitador e/ou o mundo interno se afigurar demasiadamente turbulento e inaplacável, as interferências ao autorreconhecimento se manifestarão como perturbações psíquicas. Normalmente, a evolução mental principia pela noção de si mesmo, que caminha crescentemente para a obtenção, em estágios mais desenvolvidos, da consciência de si e da experiência de si. Quando estas acontecem, associam-se a uma presença experimentada conscientemente, envolvendo o ser por inteiro, ou seja, uma presença inteiriça.

Desse ponto em diante, melhorando-se as condições de limpidez do *self*, caminha-se progressivamente para novas etapas de expansão, que fazem evoluir os relacionamentos com a realidade interna e externa. Nesse percurso, a individualidade aperfeiçoa-se, porque as experiências tendem a ser livres, contendo elementos de abertura, leveza, fluidez e abrangência. A liberdade consiste na realização do próprio ser no *self*. Trata-se de contatos significativos, relacionados aos sentidos do que é vivo, que partem da concentração da pessoa nela mesma e se realizam tal como o brincar da criança, que Winnicott (1975) chamou de gesto espontâneo.

Proporcionam a experiência de estar só, mesmo em presença de alguém. Assim, torna-se possível a existência de cada indivíduo no contexto grupal, justamente porque a interdependência supõe previamente o reconhecimento e o respeito da independência básica desse indivíduo como entidade autônoma, em sua irredutível individualidade. Ao encontrar um ser em si próprio, poderá descobrir um ser no outro e, então, este não será um inimigo a tripudiar ou a eliminar, mas um ser a se considerar em igualdade de condições. O que causa separação é o modo de conceber o outro, desconsiderando o ser que ele é. No plano fundamental da existência dos seres, todos reconhecem e compartilham a dimensão universal da liberdade, da igualdade e da fraternidade, tendo por base a noção vivencial de *ser interior*.

A expansão de consciência tem a ver, antes de tudo, com a libertação da mente em relação às infinitas manifestações encobridoras da imaterialidade. As dificuldades de apreensão desta devem-se primeiramente ao *self* repleto de componentes e conteúdos sensoriais, como foi descrito. A compreensão dessa situação psíquica tem a virtude de colocar em questão o aprisionamento pela sensorialidade excessiva e por todos os processos antivida alojados na interioridade. A compreensão é um ato de participação em plena consciência de tudo aquilo em que a mente se enreda, numa abertura à experiência e num mergulho sem oposição aos fatos. Pela percepção de que o *self* se abarrota e, também, de que o *self* abarrotado não é livre, o simples ato de perceber torna-se propício à compreensão que conduz à libertação do abarrotamento. Para que o significado real e mais profundo da realidade possa se manifestar, é preciso que o espírito esteja depurado, em graus, de interferências e obstruções. O centro da questão reside na percepção plena, para a qual se volta toda a atenção. Pode ocorrer uma expansão, cujas proporções estão na dependência da profundidade e da extensão da experiência, que se obtém por observação e análise.

O que se chama de libertação não se dissocia do domínio da quietude, do silêncio e da pureza na mente. Não são condições morais, mas expressões eloquentes do espírito relativamente incontaminado por medos, desejos, expectativas, memórias, ódios, angústias, padrões categóricos de sentir e pensar, condicionamentos psicológicos, tendências à cristalização, à repetição congelada do idêntico, assim como ao atravancamento pelas milhares de formas da sensorialidade e da fragilidade. A mente necessita situar-se em calmas regiões para o acolhimento do desconhecido, da imensidão e do assombro.

É na quietude e na limpidez do *self* que o *ser interior* tem melhores condições de se manifestar. São condições em que ele tem ascendência no *self* sobre os demais componentes e fatores psíquicos. Em seus processos dinâmicos, o *self* torna-se mais compatível com o ser profundo, chegando um momento em que a vivência de contato da pessoa consigo própria é experimentada com alegria, espontaneidade e profundidade. Isso se distingue claramente de todo tumulto, de toda turbulência e de toda perturbação psíquica. Viver essa experiência sem a intermediação das interferências do *self* corresponde, pois, à vivência de novidade e de liberdade. Nessa liberdade, indo ao encontro do mundo, a significação deste pode surpreender por abrangência, leveza e frescor. Na plena sintonia da pessoa com seu próprio ser, as potências contrárias à vida desaparecem ou se fazem menos ameaçantes, e a relação com a vida impõe-se como bem supremo. Quanto maior for a aproximação entre o *ser interior* e o *self*, maior será a harmonização do conjunto, pelo fato de que a não-sensorialidade ilumina o *self*, emprestando-lhe suas feições.

Ao ampliar-se crescentemente o contato consciente com o *ser interior*, surge a mobilidade psíquica, que é uma forma de expressão do ser profundo. A mobilidade que aparece pode ser maior ou menor, em função dos graus de contato. Quanto maiores forem estes, não apenas serão maiores os graus de mobilidade como também as probabilidades de surgir áreas livres na mente à disposição da experiência de imaterialidade. Isto porque, na mobilidade, há abertura à apreensão da realidade em liberdade e leveza. Vigoram novas disposições e novas modalidades de sintonia, percepção e compreensão, pelas quais a mente se mantém na dimensão não-sensorial de espaço aberto, solto e livre, propiciadora de relações felizes. A harmonia interna é apropriada ao encontro da harmonia externa, quando esta existir.

Se há um universo sensorial e condicionado, há outro imaterial e libertador. Quando a sensorialidade se faz onipresente no mundo interno, tanto quanto no externo, os dados sensoriais predominantes não são mentalmente transformados em não-sensoriais. Mas, por rotação de perspectiva libertadora, poderá haver essa transformação. A vida em si mesma comporta a dimensão imaterial, compatível com a existência dos seres que possuem essa propriedade. Ao nos deixar tomar pelo padrão concretista e condicionado do objeto, não vamos além de certos limites. Se, porém, formos mais a fundo, será possível descobrir novas perspectivas, e as características imateriais da realidade se revelarem. Por vezes, os objetos comuns em seu brilho, cor, fragrância e eteridade provocam encantamento, que é uma manifestação da experiência de imaterialidade. Todo objeto com que nos relacionamos poderá ou não estar investido dessa propriedade, mas será a nossa atitude mental perante ele que irá discriminar a presença ou não da imaterialidade, colocando-a às claras, se ela existir. Em largos movimentos do espírito, seremos capazes de perceber a grandeza que se esconde na pequenez, a beleza na feiura, o silêncio no ruído, e assim por diante.

Como se nota, a psicanálise apresenta plenas condições de realização da tarefa de proporcionar conhecimentos da estrutura e da dinâmica psíquicas. É essencial a ajuda psicanalítica que se processa pela análise do *self* e de suas relações com o *ser interior*, assim como das implicações do estado do contato com esse ser e da interação dos fatores apresentados, particularmente da fragilidade do *self* e da sensorialidade (Trinca, 2011 e 2016). Trata-se da psicanálise voltada à compreensão das questões aqui apontadas, colocando-se ela própria longe de constituir-se em interferência sensorial e, por isso mesmo, pondo-se a serviço da realização do conhecimento e do autoconhecimento. Seu propósito consiste em auxiliar cada pessoa a estabelecer contato com seu próprio ser e, daqui, alcançar a evolução mental. Sendo a evolução determinada por clarificação e compreensão do que se passa, reestabelece-se o primado da psicanálise para a libertação do espírito, caminhando-se rumo à expansão da consciência. Espera-se que desse esforço possa emergir uma imagem do mundo baseada na experiência de imaterialidade e que essa imagem se expanda em consequência de relacionamentos cada vez mais amplos, aprofundados e felizes.

Parte IV
Imaterialidade e imagem do mundo

18. Um modelo geral

Seria possível reunir sob a forma de modelo geral o conjunto das ideias e dos dados apresentados nos capítulos precedentes? Penso que sim, se esse modelo se voltar a uma configuração sintética dos conceitos e princípios que compõem as bases de uma imagem do mundo. Será possível o constructo teórico de um modelo geral de compreensão de uma imagem do mundo, se essa compreensão se estribar nos conceitos e princípios em que se sustenta a realidade imaterial. Ainda que sob muitos aspectos o modelo seja uma repetição dos conteúdos já apresentados, ele poderá resumir e consolidar as principais constantes do percurso que tem por desfecho a imagem do mundo. Tudo o que foi dito nos capítulos anteriores converge agora para um modelo de aproximação à realidade que culmina na imagem do mundo sob a perspectiva da imaterialidade. A construção do modelo tem por fundamento a observação e a experiência norteadas por uma linha de pensamentos e uma forma de coleta de informações em moldes psicanalíticos.

Acredito que nos capítulos anteriores tenham sido estabelecidas algumas vertentes mais comuns de aproximação ao assunto, em que se podem observar, perceber, experienciar e compreender o aspecto imaterial do mundo. Sob determinadas condições, este se manifesta como um fato disponível à consciência, que permite o aprofundamento dos relacionamentos. Em determinados comprimentos de onda, o mundo tende a se apresentar por si mesmo como uma obra extraordinária, magnífica, majestosa, transformante, inesgotável, enigmática e misteriosa. Vimos que, muito antes dos poetas românticos, era concebível uma realidade de superfície e outra aprofundável (que se descobria por penetração), sendo decisiva a atitude mental com que se abeirava dos fatos. Essa atitude, que Blake (1988) chamou de "limpeza das portas da percepção", consiste na depuração mental para o encontro do mundo real. Para haver tal sensibilidade, é preciso lidar com a mente, de modo a conhecer-lhe as distorções, dificuldades e impedimentos que se interpõem ao conhecimento dos fatos. Ao se descrever um modelo geral de aproximação à realidade imaterial, que desvende uma imagem do mundo, não é possível ignorar que o mundo real fica encoberto e permanece em plano superficial a uma mente saturada de sensorialidade ou impregnada de fragilidade. É difícil a obtenção de uma imagem do mundo de natureza imaterial, se a mente se torna predominantemente sensorializada em qualquer dos sentidos já mencionados ou se sucumbe a alguma espécie de fragilidade que provoque o surgimento de angústias inimagináveis. Sob os efeitos do distanciamento de contato com o *ser interior* e de suas consequências, dificilmente o mundo se revela em sua profundidade. Nesse caso, o *ser interior* tem presença, influência e ação insuficientes no *self*, que permanece sob a predominância de outras variáveis, aqui consideradas como atividades intervenientes sobre a limpidez do espírito. Somente a influência marcante do *ser interior* de natureza não-sensorial sobre o *self* é propiciadora do afastamento dessas interferências e do estabelecimento ou restabelecimento da harmonização. É necessário, pois, que a mente esteja a mais possível isenta de dificuldades, obstruções e distúrbios. Ao descrever as formas de aproximação ao conhecimento do mundo real por meio da depuração do espírito, levo em conta a dinâmica desses fatores, como expus no capítulo 16.

A imagem do mundo que advém de encontro da imaterialidade contida no próprio mundo é aquela que se descortina quando os entraves são parciais ou totalmente removidos. Um estado de graça não ocorre por imaginação ou desejo, senão por conhecimento e autoconhecimento, cujos conteúdos, determinantes e processos podem ser opostos à luz, e eles são cada vez mais bem conhecidos pelo desenvolvimento das observações sobre a mente e suas relações internas e externas. Ou seja, a fisionomia imaterial do mundo tem a propriedade de se desvelar à mente preparada para isso. É uma fisionomia que, ao mesmo tempo que se esconde, se revela, caso a sensibilidade humana esteja em suficientes condições de contato com a dimensão imanente ao seu alcance. São condições de apreensão em plena liberdade, fruto da remoção dos obstáculos, como foi dito. Daqui sobressai uma imagem do mundo igualmente não submetida a conflitos e turbulências. Nela, o contato com a realidade mais profunda não se encontra alterado pelas formulações da mente fragilizada ou sensorializada, que resvala a superfície dos fatos sem verdadeira penetração.

Naturalmente, em um modelo geral, é necessário incluir os fatores causadores do distanciamento de contato, entre os quais a constelação do inimigo interno. Se, por um lado, a pulsão de morte, representada pela constelação, responde em grande parte pelo distanciamento, por outro, o contato bem realizado com o *ser interior* promove a expansão de consciência e a estruturação inconsciente. Quanto a esta, trata-se de uma parte conservadora e mantenedora das aquisições estruturantes, associadas a um *self* que se manifesta como organização, formando os centros diretores. Ela constitui o resultado bem-sucedido da ação do *ser interior* no *self*, responsabilizando-se pela manutenção das aquisições ordenadoras e pela estabilização do eixo psíquico. Enquanto o *ser interior* é um substrato vivo em estado de mobilidade, a estruturação inconsciente é um centro de continuidade mantenedor do equilíbrio somatopsíquico. A expansão de consciência, por sua vez, tem como porta de entrada a experiência de inteireza e, por desembaraçamento e desimpregnação crescentes do *self*, dirige-se a estados de limpidez, depuração e liberdade, cujos níveis elevados se manifestam como espaço aberto, amplo, solto e livre na mente, a que já se fez referências. Esse espaço é fruto do desenvolvimento da mobilidade psíquica, que resulta de maior contato com o *ser interior*. Estando a mente relativamente livre, há espontaneidade criativa e, por meio de relacionamentos espontâneos, feitos sem esforços, a realidade se apresenta em suas formas sutis de existência. Desde essa liberdade, torna-se possível o encontro do mundo real e dele se formar uma imagem na vertente imaterial. Um encontro que se efetiva de modo natural em conexão com os objetos dos relacionamentos. Implica, por vezes, a realização da alegria, por colocar o espírito humano em ligação com a harmonia, a beleza e, às vezes, o esplendor, porventura existentes no plano do contato profundo.

Para melhor encontrar o que existe no mundo externo, é fundamental encontrar primeiro as condições favoráveis no mundo interno, e isso significa que o encontro está na dependência do sentimento profundo de ser, cravado na matriz universal de individuação existente em cada um de nós. O mundo mostrar-se-á apagado e amortecido, se o *self* estiver distanciado do *ser interior* e dos objetos internamente vivos, porque não haverá nada dentro que se vivificará na relação com a vida fora. Caso as condições sejam favoráveis, a mente abrir-se-á à penetração, ao acolhimento e à novidade, podendo alcançar os abismos da existência da realidade. Esta é discernível e aprofundável, desde um contato revelador de suas faces mais recônditas. Certamente, poderá enxergar mais longe quem estiver mais bem preparado por eliminação das interferências, surpreendendo o mundo e sendo por ele surpreendido. O espaço interno alargado descobrirá o alargamento do mundo, a harmonia da mente reconciliar-se-á com a harmonia do mundo e a disponibilidade interior se deixará ir rumo às brenhas da realidade, ao desconhecido que nunca se esgota no conhecido, à clareira visível que se coloca no interior do assombroso desconhecido, ao fundo dos tempos e aos enigmas intraduzíveis pela mente.

Em tal disponibilidade, o espaço livre na mente encontra um mundo que se revela imaterial. O encontro entre o ser e o mundo tende a se dar na dimensão de realização do ser no mundo, porque se torna união desprovida de conflitos e turbulências. Não se trata, porém, da criação pela mente de algo que dá ordem ou completação ao mundo, e sim de captação deste em sua natureza e profundidade. Uma vinculação que produz sentidos e significados. Pelo fato da existência da experiência de imaterialidade, a natureza, a vida e o Universo tornam-se dimensões de realizações humanas, sendo o espaço mental determinante dos relacionamentos. Sempre há alguma coisa a se revelar no fluxo permanente das coisas e a alimentar a mobilidade viva do ser. Uma imagem do mundo pode se apresentar na abertura à vida e na comunhão com ela, mas não só. A expansão de consciência envolve fenômenos espantosos como a transfiguração do real em espiritualidade fenomênica, a perspectiva onírica para a vida, a primordialidade, a totalidade cósmica, a infinitude, a atemporalidade e o mistério, entre muitos outros aspectos. Fazem sentir a existência de uma ordem de grandeza e um pertencimento que ultrapassam todas as contingências e vicissitudes da estreiteza da mente e seu submetimento à concretude. Revela-se outra dimensão de realidade.

Em um modelo geral, torna-se obrigatória, também, a inclusão do método psicanalítico, em função de seu alcance para o exame, a compreensão e o aperfeiçoamento das condições mentais. Em especial, a psicanálise oferece um método para a realização do sonho de Blake (1988): a depuração da mente, que corresponde à "limpeza das portas da percepção". Como vimos, na Psicanálise Compreensiva (Trinca, 2011) encontra-se um conjunto de formulações em aberto para a abordagem do *self* em combinação com os elementos e fatores que interagem tanto a favor do distanciamento de contato com o *ser interior* quanto em prol da expansão de consciência. A psicanálise insere-se no processo histórico dos estudos da mente como um substrato teórico e prático destinado à realização de descobertas e à busca de sínteses entre os diferentes aspectos da mente, assim como entre estes e o mundo externo, de modo a conduzir o curso do conhecimento e do autoconhecimento. Sua finalidade reside na análise das relações internas e externas que evidenciem as significações da vida e do viver, atingindo, quiçá, a região da paz das alturas. Se for bem-sucedida, ela surge como alternativa válida para a ressignificação e o reencantamento do mundo.

Em resumo, se a psicanálise pode proporcionar ajuda quanto aos meios de discriminar e de lidar com a interioridade, a experiência de imaterialidade pode resultar da limpidez de espírito obtida por atenção aos componentes psíquicos. Mediante essa atenção, a apreensão da imaterialidade porventura presente no mundo tem melhores condições de vingar. Uma apreensão em que o mundo se revela e, ao se revelar, traduz-se como imagem. A imagem do mundo que aparece é aquela que se obtém ao debruçar-se sobre ele por aprofundamento do contato. Ela é significativamente contrastante com todas as imagens construídas pela sensorialidade e pela fragilidade do *self*.

Pode-se objetar, porém, que é inconsistente e pretensioso o uso da expressão "imagem do mundo", quando se sabe que Einstein (1981) a empregou de modo rigoroso no domínio da física para representar as leis elementares mais gerais da natureza, dando-lhes expressão matemática. O próprio Einstein considerou audaciosa a expressão, mas foi aquela que ele melhor encontrou para simplificar e dar *status* ao conjunto dos achados da física teórica. Além disso, Einstein (1981, p. 139) sugeriu que a vivência pessoal pode ser substituída pela formulação de uma imagem do mundo, sendo esse um procedimento natural, "quer se trate de um pintor, de um poeta, de um filósofo especulativo ou de um físico" (*sic*). A imagem do mundo pode compreender, portanto, um vasto conjunto de fenômenos da natureza, da vida e do Universo, como são descritos aqui. A ideia principal está em representar na forma de imagem do mundo a visão que se obtém da realidade sob a perspectiva da imaterialidade que se apresenta ou que vier a se apresentar.

Na verdade, essa é uma imagem universalizante, presente em escritores, artistas e sábios que contribuíram para a memória espiritual da humanidade. É uma imagem que vem sendo comunicada, como vimos, há milênios. Ao longo do tempo, há uma convergência de fatos que fazem acreditar num denominador comum, válido universalmente. Lampejos de imaterialidade aparecem quando se tomam as produções da cultura humana e delas se extraem as linhas gerais e essenciais. Em cada época e lugar há empenhos de formular essa noção e de descrever essa apreensão, que se descortina nas obras, revelando um universo de sentidos e significados. Existe sempre um mundo oculto que se revela em atos inesgotáveis. Seu desvendamento é, antes de tudo, um momento de epifania. Ele conta com a arte, a filosofia, a poesia, a ficção literária e a ciência para a maravilha da tomada de forma de um universo caleidoscópico e aberto ao fluxo do vir-a-ser. Desse modo, o mundo é intuído, percebido, sonhado, compreendido e vivido como um lugar de realização da alegria e do amor. Uma imagem do mundo é representada para que o próprio mundo seja experienciado como alimento espiritual.

Quais são os princípios sobre os quais repousa essa imagem? Da apreensão da imaterialidade em sua multiplicidade de formas nasce a noção de princípios que dão as bases de uma imagem do mundo. Os princípios em seu conjunto indicam as condições da existência da imagem, que sobressai de grande número de observações. Como um todo, eles reúnem e sintetizam os fundamentos da imagem. Seus traços gerais podem ser assim resumidos:

1. A realidade imaterial pode manifestar-se de forma semelhante aos sonhos;
2. As imagens mentais espontâneas realizam sínteses de percepções e compreensões da realidade imaterial;
3. A presença de vida revela-se como um fenômeno sutil da realidade imaterial;
4. A realidade imaterial pode mostrar-se como radiância e como abrangência;
5. A harmonia natural pode ser entrevista no fundo da realidade visível;
6. A transfiguração dos fenômenos naturais pode se dar como processo estético no contato com a realidade imaterial;
7. A primordialidade é uma característica alcançável no contato com a realidade imaterial;
8. A dimensão atemporal da realidade imaterial apresenta-se como um fenômeno natural;
9. A infinitude e a totalidade são emergências disponíveis ao contato com a realidade imaterial;

10. O mistério, o desconhecido e a invisibilidade são componentes da realidade imaterial, em si mesma aprofundável e inesgotável no plano da imanência.

Cada princípio determina uma diferente modalidade de experiência de imaterialidade. Como são vários os princípios, várias são as naturezas das experiências. As diferentes modalidades de experiências estabelecem uma imagem do mundo, seja cada qual por si só, seja em associação com as demais. Na prática, as experiências podem ser tomadas no todo ou em parte para a caracterização da imagem do mundo. Esta diz respeito a uma noção geral e unitária, obtida pela conjugação e pela síntese das experiências. Considera-se nestas a invariância do aspecto imaterial, que diz respeito ao fato da existência permanente da imaterialidade no plano da realidade fenomênica, quando se manifesta e é apreendida como tal. Diferentes naturezas de experiências de imaterialidade dão, no conjunto ou separadamente, os determinantes da composição de uma imagem do mundo.

19. Determinantes de uma imagem do mundo I

Há inúmeras imagens do mundo, apreendidas desde o olhar incidente sobre a realidade externa. Em relação a elas, Jaspers (1967, p. 196) distinguiu uma consciência objetiva: "horizontes que se veem objetivamente a partir da atalaia do eu na dissociação sujeito-objeto". Se o sujeito não é excluído, importa essencialmente o encontro do mundo objetivo, com o qual o sujeito está entrelaçado. Dentre essas imagens coloca-se aqui, em primeira mão, a imagem do mundo imaterial, na qual as propriedades imateriais do mundo vêm se revelarem seu conjunto. Trata-se, como sabemos, da imagem do mundo que se forma a partir da experiência de imaterialidade e se mantém mediante o vínculo experiencial com o mundo, muito além do dado concreto que este representa. Vimos que a imaterialidade sobressai das coisas do mundo, desde que o espaço interno sofra um processo de modificações. A imagem do mundo imaterial brota da mente livre e apropriada ao acolhimento da real existência das coisas com que se comunica. Já me referi ao espaço interno experienciado, em graus, como aberto, amplo, livre e, enquanto tal, liberto de saturações sensoriais, estando apto, portanto, ao recebimento da experiência nova. A cessação de predominância da sensorialidade na mente pode determinar, em certos níveis, o aparecimento da experiência de silêncio, que corresponde a alto grau da tendência ao vazio de sensorialidade. Uma tendência que permite sintonia fina com fenômenos que se transformam de sensoriais em imateriais, quando a imaterialidade faz parte de sua real condição de existência. Daqui nasce uma imagem do mundo completamente diferente das imagens sensorializadas. Como se sabe, ela faz contraste com o universo sensorial, sendo resultante de libertação da mente em relação aos comprometimentos, perturbações, agitações e formatações condicionadas. A realidade comporta essa imagem que, quando a mente se aquieta, se manifesta à luz de sua pujança, de seu frescor e de seu esplendor.

Os princípios apresentados no capítulo anterior indicam, de certo modo, os elementos determinantes de aproximação à realidade imaterial, de que se extrai a imagem do mundo. Esses determinantes serão descritos a seguir. Haveria outros, não descritos, que poderão vir a ser incorporados na dependência de novas experiências e observações. No momento, o assunto restringe-se à apresentação de exemplos, com vistas à abertura de um horizonte de estudos, sem dúvida fascinantes. Os determinantes da imagem do mundo não são conflitantes entre si; ao contrário, eles se compõem dos mesmos elementos ou de elementos diferentes que se associam, se superpõem e se completam.

Sonhos

Ao privar-nos das coordenadas de espaço e tempo, da lógica e das noções habituais a que estamos acostumados, os sonhos noturnos introduzem uma dimensão de transformação interior, proporcionando oportunidades da emergência de novos sentidos para os fatos, assim como de renovação psíquica. Os sonhos aparecem como agentes desbloqueadores dos estados empedernidos, irredutíveis e categóricos. Neles, tendem a desaparecer as constantes personalísticas fixadas e absolutizadas, as formas inquestionáveis de pensar, sentir e estar no mundo e os condicionamentos a padrões e sistemas preestabelecidos, entre outros. Nos sonhos noturnos há um conhecimento em vias de realização e uma criatividade que se sustenta na abertura a novos significados. A inconcretude dos sonhos noturnos pode ser tomada como paradigma, na vida desperta, para a visão da realidade como se fosse sonho. Isso significa que, por vezes, os sentidos imateriais da realidade se aproximam do que se costuma experienciar como dimensão dos sonhos. A realidade como sonho é uma metáfora de grande amplitude, justamente porque não traz uma oposição cartesiana aos termos desse binômio, mas os associa de modo que o sonho se torna uma forma de experiência e de conhecimento.

Como? Antes de tudo, pelo questionamento do caráter definitivo e acabado que tende a assumir o universo sensorial. Um estado concretista assedia o espaço mental, encarcerando a vida e o viver em estruturas aprisionadoras. Tendem a desaparecer os vínculos verdadeiros e profundos com a realidade, em favor de significações cristalizadas, de amoldamentos ao convencional, de achatamentos pelo *establishment* e de um universo automatizado. Nessa esfera, ficam comprometidas as relações com a novidade, o vir-a-ser, o enigma e a perplexidade. A mente aprisionada não vai além dos dados puramente sensoriais porque, para isso, necessitaria vencer o poder da sensorialidade onipresente. Quanto mais inseguros e instáveis formos, menos as relações com o mundo perderão suas características concretas, que mais servem como objetos manipuláveis, cujas feições são estratégicas e utilitárias. A desimpregnação sensorial é, pois, condição indispensável ao alcance da dimensão de sonhos para a vida, em que predomina o processo de renovação.

Uma vez que a mente se torne livre, poderá haver a visão da fugacidade e da impermanência do momento presente, assim como a ilusão de eternidade das estruturas atuais. Passa a ser possível a descoberta do mundo transformante, móvel, sutil, rarefeito, enigmático e misterioso. Na verdade, o mundo é um genuíno espetáculo de transformações e um inesgotável devir em mobilidade caleidoscópica, sempre tomando forma e desfazendo-se da forma, especialmente a longo prazo, em que as coisas do passado, dissipadas pelo tempo, se assemelham a figurinhas de papel. O mundo como sonho não elimina a obviedade de haver realidade, mas a coloca em horizonte da renovação. Assim, a arte de viver comunica-se com uma realidade por assim dizer intangível, volátil e prestes a desfazer-se nas brumas. O que se apresenta com aparência tão sólida tem as virtudes das imagens fugidias e das sombras crepusculares; por isso, é uma realidade que se revela ampla, diversificada e fascinante. Quanto a nós, vivemos num momento único e irreplicável, sendo a expressão de movimentos inescrutáveis. Ouvimos ecos de seu desfazimento no mesmo instante em que ele se manifesta. Aquilo que parece ser tão importante, ocupando a mente por inteiro, acaba por perder sua realidade temporal e sua determinação espacial, para inscrever-se no plano onírico de um mundo passageiro, em que os acontecimentos se desmancham como pó. Ainda que deles possa emanar um ar perfumado e provocar suspiros, são como sombras na noite.

Por que, então, deveríamos nos afligir com o que tem a consistência dos sonhos? Somente nossa estreiteza de visão concebe a fixidez e a permanência num mundo que continuamente se transforma e ninguém sabe aonde levará. Se nada se detém, nada é tão seguro a ponto de darmos a vida por sua perpetuação impossível e por sua verdade relativa. Sabendo ser enganosa a nossa prisão espaço-temporal, que nos faz viver como peixes num aquário, podemos acolher o instante passageiro com o sabor poético do desprendimento. Se nada nos aprisiona, não nos iludimos com as aparências daquilo que se impõe como imperativo categórico e reservamos à vida de todos os dias as mesmas disposições que encontramos em nossas relações com a realidade-sonho. Esta pode se mostrar viva e colorida nos instantes de libertação. Surge um universo inalcançável pelas palavras, que se faz por si mesmo em formas misteriosas, adentrando a noite dos tempos.

Apreendemos a fisionomia onírica da realidade em imersão profunda. Assim como nos sonhos noturnos, a vida desperta conduz tentativas de transmitir à consciência formas afetivas de sentir, intuir, perceber e compreender o mundo, que de modo algum se reduzem ao conhecimento racional e, justamente por isso, passam a ser ressonâncias dos abismos em que se sustenta a realidade. Uma simples cena da vida cotidiana poderá se constituir no sinal desencadeador de uma imagem de sonho e, assim, numa síntese significativa em nossos processos mentais. Esse deslizamento para a imaterialidade mescla a presença do ser profundo à consciência com a própria existência do mundo enigmático, que por vezes se faz encantado. Os homens das cavernas pré-históricas, que viviam longos invernos junto ao fogo, não se predispunham às imagens dos sonhos? Não faziam de seus sonhos acordados imagens, vivências e conhecimentos que, numa relação estética e sagrada com o mundo, eles pintavam nas grutas? Na história da humanidade, durante todo o tempo, a visão essencialmente onírica para a vida fascinou os mais autênticos representantes dos vários domínios do saber. É uma visão que se tornou marcante no romantismo e nos antigos letrados chineses. Mas está especialmente presente nos grandes espíritos que ousaram mergulhar no cerne da realidade, como Heráclito de Éfeso, Ésquilo, Sófocles, Khayyam, Cervantes, Shakespeare, Calderón de la Barca e Schopenhauer.

Vida

Temos, por vezes, a percepção da existência de vida interior, que se manifesta justamente pelo sentimento de forte presença de vida, de que brota um relacionamento especial com o mundo externo. Este se torna pleno de vibrações da vida que esplende por toda parte como um fenômeno sutil, grácil e delicado. Ainda mais na natureza, a vida mostra-se bela e livremente em seus movimentos leves, etéreos e infinitesimais ou em suas expressões exuberantes, estrepitosas e pungentes. Ela se desdobra em miríades de manifestações. Podemos encontrá-la no contato imediato com as coisas do derredor: as plantas, os animais, as pessoas e os infinitos fenômenos da natureza, que nos despertam sentimentos de amenidade e de admiração. Nessa sintonia, o mundo pode ser experienciado como extremamente vivo, e o dado presente passa a ser vivido de modo imaterial. Temos diante de nós a vida mesma, fulgurante, inesgotável, inexplicável e indescritível. Em relacionamento profundo, conseguimos apreendê-la como fenômeno flutuante em sua mobilidade e em sua fugacidade. A presença de vida interior conecta-se com a vida exterior, sendo encontrada em caráter fluido e fugidio, que denuncia sua vitalidade, mas também seu frescor e sua eteridade. Uma existência imaterial eclode diretamente de suas feições materiais. É um relacionamento que se realiza de modo espontâneo e natural. A grande sutileza que se observa no fenômeno vivo chega a constituir uma estética, cujos efeitos muitas vezes alcançam a sublimidade. A vida em sua força artística desperta o sentimento de que, em sua essência, ela é uma manifestação imaterial sempre renovada e aberta ao ilimitado, ao surpreendente e ao desconhecido.

Tudo depende, porém, do contato estabelecido com o foco interno de vida, que corresponde à experiência de presença inteiriça do próprio ser, vivenciada como consciência de si. Não tem a ver com o prazer que se alimenta de sensorialidade. O sentimento de haver vida interior vincula-se à existência do próprio ser, que dá fundamento às ligações vivas e significativas. É característico desse ser a experiência de existência própria, que se rejubila com a existência de tudo o que faz sentido no mundo. Sua alegria provém do contato com sua própria existência, mas também da participação vivencial na vida em amplo espectro, da qual ele se nutre. Nas dificuldades de contato com esse ser, tendem a desaparecer os sentidos do que é vivo, assim como toda a sustentação da vida interior. Ao obscurecer-se a chama interior, a vida como um fenômeno exterior deixa de ter significação, predominando a dissolução dos vínculos, as trevas e o nada.

Os movimentos internamente vivos passam primeiro por atenuação do sofrimento físico e mental, dependendo de amplas elaborações psíquicas. O simples ato de viver e a preservação da vida são propósitos elementares de todo ser vivo. Neste, é determinante o contato com o próprio ser, que se volta para a defesa contra a ativação das forças contrárias à vida, em especial, no ser humano, contra a atuação da pulsão de morte. Nos embates entre a vida e a morte, surgem com frequência as expressões e os signos da vida, simbolizados por movimentos vivos, como encontramos em todas as épocas e lugares da cultura humana, em luta perpétua contra o lado sombrio, as trevas, o horror e a morte.

Pela diminuição de interferências sobre a mente, revela-se o fluxo de vida, fazendo-nos sentir participantes do inesgotável fenômeno vivo, cujas raízes são em comum com os demais seres do Universo. A vida constitui-se em explosão universal de energias. Existimos dentro dessa força colossal e espantosa, que se apresenta na fragrância de seus mistérios. Não há dicotomia entre a vida como fenômeno universal e a vida que nos habita como fenômeno individual. Ela é sempre a mesma, dentro e fora, existente em toda parte, essencialmente obscura e maravilhosa, cujas origens desconhecemos e cujos fins se realizam na eterna dança cósmica, aparentemente feita para a pura celebração da própria vida. Ao objetivar-se em cada ser, particulariza-se o resgate de forças primordiais, pertencentes ao querer-viver universal. Desse modo, o sentido da vida está nela, realiza-se no próprio ato de sua existência.

A vitalidade da sintonia com a vida e com o viver estão presentes nas pinturas das cavernas pré-históricas de Chauvet e Lascaux, nas imagens deleitosas encontradas na Creta minoica, nos hinos e símbolos egípcios do tempo de Akhnaton, nas representações da acrópole, na estatuária grega da época clássica e, daí em diante, em tudo o que foi possível apontar neste livro. As formas de arte que exprimem essa relação põem à luz o primado da alegria, e o que elas representam destina-se a superar toda destrutividade, toda monstruosidade e todo aniquilamento do espírito.

Radiância

Em uma imagem do mundo desde o vértice da imaterialidade, certamente não deveria faltar a radiância. Esta não se refere somente às características iluminadas do mundo visível, mas a tudo o que contém cintilância e fulgurância, comunicando alegria, ao mesmo tempo que irradia esplendor. Geralmente, diz respeito ao universo imediato, dando-nos consciência do fenômeno extraordinário que nos envolve. Quanto mais sutil e delicado for o fenômeno, mais claramente a radiância tenderá a se mostrar. Na natureza, os graus de refinamento alcançados revelam a finura dos processos, que podem se comparar, na inspiração que proporcionam, às obras maravilhosas da arte. São processos rarefeitos da natureza, que dão profundo sentido às coisas comuns em sua simplicidade existencial. Transparece a beleza do mundo em profusão de formas, cores, brilhos e movimentos, assim como em um elemento ressaltante, que se poderia chamar de graciosidade. As pequenas coisas à nossa frente mostram-se radiosas por mobilidade e musicalidade, mas também por delicadeza e ternura. Não se trata do deslumbramento que ofusca e cega, senão do encantamento sereno e plácido que revigora a alma de candura. Ele está no dia luminoso e festivo, no esplendor de uma flor mimosa, no andar desajeitado de um filhote de animal, no murmúrio liquefeito de um córrego, no canteiro faiscante de plantas coloridas, na gota iridescente sobre a folha rugosa, no voo planado e macio do pássaro, no galho balouçante à brisa-mansa, no perfume tênue da primavera e em tudo o que surpreende por beleza, graça, enternecimento e docilidade. Para a radiância, não é preciso que haja fenômenos excepcionais: tonalidades e vibrações da natureza comunicam significados imediatos e puros.

Momentos privilegiados da natureza parecem comportar sínteses, que transmitem a imaterialidade por meio de lampejos esguios e flutuantes. A natureza parece se aprumar para oferecer o espetáculo de sua existência espantosa em confluências passageiras. Por depuramento interior, somos capazes de apreendê-la em paz serena e imperturbável. Olhando o céu, encontramos a luz do amanhecer pura e delicada. Ela reverbera na superfície das árvores, das casas e dos montes uma doce paz, quase virginal. Toda a paisagem reflete a luz fracamente amarelecida. Somos envolvidos no pó de ouro que colore com amenidade tudo ao redor, como se estivéssemos no paraíso terrestre antes de Adão. Precedendo o disco brilhante do sol, a luz do amanhecer derrama sobre a Terra sua bênção em suavidade e amor.

Por depuramento interior podemos perceber as propriedades imateriais existentes no mundo. Quando a mente se torna fluida, a imensa expressividade do mundo tende a se clarificar para nós.

Nossa receptividade deixa-se penetrar pelos sopros da natureza. O fluxo experiencial, que se dá por emergência à consciência das condições não-sensoriais de contato com nosso ser, está apto ao acolhimento da radiância, aproximando a serenidade do ser com a serenidade do mundo. No espaço interno há um desinteressado silêncio não-sensorial, e o encanto da natureza dissemina-se como uma brisa. Podemos encontrar a claridade diurna, que se descortina com nuvens flutuantes sob um céu azul-esverdeado. A paz banha por completo a natureza, despertando nosso enternecimento. Nesses momentos, tudo passa a ser amável e delicado.

A radiância do mundo foi transmitida com efusão pelos paisagistas chineses da época Song. Não deixou de estar presente nas pinturas das dinastias Yuan e Ming, bem como na poesia da dinastia Tang. Li Tai Po (Mathieu, 2015, p. 365) pôs num poema, denominado "Pergunta e resposta na montanha", todo seu enlevo diante da radiância da natureza:

Por qual razão moro nestas verdes montanhas?

Sorrio sem resposta, com o coração sereno.

As flores do pessegueiro caem nas águas flutuantes:

Penetro em outro mundo, além do mundo humano.

É uma experiência comumente partilhada pelos grandes poetas, pintores e pensadores de todos os tempos. Nós a encontramos em Wordsworth e Thoreau, mas está flagrante na pintura de Cézanne. Nos colóquios com Gasquet (2012), Cézanne confessou ser conduzido por uma dimensão aérea, simultaneamente densa, fluida e natural, que o fecundava em cor e claridade, levando-o a pintar um instante do mundo que passava, enquanto ele, o artista, era penetrado pela luz de um sol espiritual.

Se o mundo existe para seu próprio deleite, podemos compreender por que se transmuda em formas harmoniosas, cores maravilhosas, brilhos cintilantes e movimentos graciosos. A ciência consegue lhe dar um lugar estético e a arte representar o esplendor de sua epifania. A disposição de ir a fundo ao seu encontro provém da alegria do vínculo que nos realiza. Um vínculo livre e espontâneo, que enche nossa alma de canções.

Imagens mentais

Como vimos, o mundo interno pode ser fecundado por imagens que brotam espontaneamente em formas, cores, brilhos e movimentos, dando os sentidos imateriais da realidade. Frequentemente, as formas são delicadas, as cores são esmaecidas e os brilhos são reluzentes. Nem sempre as imagens são bem constituídas, mas tendem à organização e à representação da arte interior. Elas surgem como luzes e coloridos interiores, pigmentações e borrões coloridos, mosaicos de diferentes tonalidades e outras formas soberbamente arranjadas. Por vezes aparecem como pedras brilhantes e fluorescentes, flores de textura aveludada, correnteza de águas borbulhantes, movimentos de pessoas e de animais, árvores frondosas, pássaros coloridos em ramagens, além de infindáveis outras manifestações. Em especial, elas têm o dom de imprimir delicadeza, harmonia e silêncio à interioridade. Quando se trata das imagens de luz, costumam emprestar vitalidade e vivificação à mente, deixando-a em estado de alargamento. Mas esta é uma propriedade que, em maior ou menor grau, todas essas imagens apresentam em comum.[1] Geralmente se observa que a arte interior, ao vivificar o mundo interno, cria uma contrapartida viva ao contato com o mundo externo, dando significação aos relacionamentos.

1 Uma descrição amplificada encontra-se em Trinca (2006).

Origina-se um estado interno de luz, colorido, movimento e abrangência, que se reflete na sintonia com a realidade externa. As imagens mentais espontâneas ajudam a perceber melhor o mundo, não só sob a ótica da beleza, mas também da imaterialidade.

Muitas vezes essas imagens revelam o pleno sentido daquilo que a percepção e a cognição não conseguem apreender conscientemente, isto é, daquilo que, estando contido no fenômeno real, permanece oculto à observação. As imagens realizam um trabalho inconsciente de forma relativamente semelhante ao *modus operandi* dos sonhos noturnos. Por isso, não é de surpreender que, amiúde, elas emergem à consciência como imagens-sínteses da relação com o mundo, dando uma compreensão sintética e condensada do que não se pode perceber de outro modo. Elas se constituem em fator predisponente ao conhecimento da realidade, porque melhor saberemos encontrar fora se houver predisposição interior: a beleza, a graça e a sutileza do mundo terão melhores condições de se apresentar. É interessante verificar que, ao realizar transformações das experiências vividas, elas fazem recortes artísticos da realidade em sínteses imagéticas de feições imateriais.

Se as imagens traduzem o mundo real sintetizado e depurado imaterialmente, isso se deve a que, nelas, estão diminuídas as interferências sobre a apreensão dos fatos, sejam externos ou internos. Elas se correlacionam com a interioridade aquietada e apaziguada, que se vivifica e se expande. O espaço interno mostra-se aberto, livre, amplo e, por vezes, iluminado, tornando-se um retiro resguardado das injunções e obstruções sensoriais, bem como dos comprometimentos psíquicos de todo tipo. Há mobilidade psíquica, uma vez que o contato com o *ser interior* se acha expandido. A origem dessas imagens enraíza-se na não-sensorialidade do ser profundo, que se transporta aos relacionamentos com o mundo externo, tornando-se predisponente à experiência de imaterialidade.

Ocorre uma atmosfera de leveza, pureza e eteridade, em que nos habilitamos a acolher o mundo. As imagens são efeitos dessa predisposição, na qual a mobilidade dita as leis da livre flutuação, presentificando-se como espaço livre na mente, aguçado ao contato com a real natureza do mundo. Daqui resulta o acolhimento dos fatos na naturalidade de suas existências. Por exemplo, conduzidos por brilhos, cores e formas da imagem espontânea de um pássaro em deslumbrante esplendor, pousado num arbusto, vamos ao encontro da natureza, descobrindo nela uma leveza que antes não tínhamos percebido. A espontaneidade e o depuramento interiores, originários da não-sensorialidade em forma de imagem, tornam-se espontaneidade de acolhimento de um mundo igualmente depurado de pressões humanas. Trata-se da não-sensorialidade que, em certo nível, se correlaciona com o silêncio da mente. Caso estivermos atentos, descobriremos que as imagens tendem a aparecer na convergência de um foco silencioso. Seu meio natural parece ser o silêncio, no qual elas refulgem de existência, muito além do universo sensorial.

Em síntese, há no mundo real um fundo que comunica sua imaterialidade arredia por lampejos inesperados. As mensagens provindas do mundo externo têm repercussões sobre o mundo interno, no qual a não-sensorialidade do *ser interior*, receptiva às manifestações externas, forma uma matriz imaterial em imagens mentais espontâneas, que fazem alargar e aprofundar o espaço mental. Por si mesmas, elas sintetizam o conhecimento do mundo real por intermédio das manifestações da imaterialidade.

Para haver contato mais profundo com o mundo, a interioridade necessita estar repleta da sutileza e da abrangência do próprio mundo, criando um invólucro imagético que se volta à percepção aguçada e à compreensão amplificada. Isso depende do estado da mobilidade psíquica, em cuja base está a flutuação, o acolhimento e a reorientação de nossos relacionamentos. Nessas condições, se encontrarmos, por exemplo, uma pessoa, estaremos aptos à receptividade de seus movimentos, expressões e detalhes infinitesimais, que podem remeter aos sentidos mais transparentes, puros e originais dessa pessoa. Por exprimir liberdade e espontaneidade, o poder das imagens tem o dom de afastar um véu encobridor na relação com os fatos. Apesar de geralmente cumprir sua função, as imagens não conseguem oferecer senão lampejos do universo alargado, radioso e misterioso no qual habitamos. O que impressiona, contudo, é que a natureza essencial das imagens seja fundamentalmente estética. Isso se deve a que elas transmitem o fundo estético contido na realidade que representam. Nelas transparece a existência imaterial do mundo.

Em Lascaux, tudo indica que os artistas pré-históricos gravaram na gruta o sentido de beleza em cores, formas e movimentos que primeiramente tinham dentro de si mesmos, sob a inspiração de imagens coloridas, coloração interior e movimentos surpreendentes. Isso vem se repetindo na história da arte, de tal modo que, na pintura da época Song, famosos letrados afirmaram explicitamente que pintavam as imagens de sua visão interior: a pintura do coração. Nos vitrais da Idade Média, havia natural propensão do espírito em busca da representação da luz, que antes era internamente vivida, sendo o mundo interior fonte de inspiração para a realização da obra iluminada e colorida. Se considerarmos o assunto desde o Renascimento até os tempos modernos, os exemplos são infindáveis. Cézanne (Gasquet, 2012), sempre pródigo em explicitar sua arte, dizia sentir uma atmosfera colorida, ligada às raízes de seu ser, em que ele flutuava nos bons momentos de criação. Não é de estranhar que uma parcela da grande criação artística, aquela que atravessa o tempo, seja de algum modo inspirada na arte interior.

Abrangência

Há pelo menos duas espécies de abrangência: uma referida ao espaço, outra, ao tempo. Naquela, voltamo-nos à amplidão da terra, do céu e do mar, elevando nossos pensamentos. Convida-nos a profundidade dos amplos horizontes, das altas cordilheiras, dos abismos celestes, das imensas florestas e dos grandes espaços abertos, que trazem ecos de um mundo infinitamente grandioso, alargado e majestoso. Quando o céu se amplia, havendo alteração de perspectiva mental, os horizontes do espírito se amplificam. Pela percepção do espaço externo, o espaço interno pode ser experienciado como abrangente. Isso se torna possível mediante o depuramento de espírito, que se desvincula, em graus, de saturações sensoriais e de todo tipo de interferência sobre a mobilidade psíquica. Se somos mentalmente limitados por sistemas enrijecidos e estruturas empedernidas, que excluem a experiência nova, os caminhos já estão trilhados, tudo parece ser sabido e escapa-nos o frescor dos espaços insaturados. Sabemos que um espaço livre e aprofundado na mente está correlacionado com a mobilidade. Originária do contato com nosso ser, ela espalha serenidade, quietude e silêncio interior. Em sintonia profunda, a mente alcança a amplitude das significações existentes no mundo. A abrangência tem a ver, antes de tudo, com as condições mentais de apreensão da realidade e, para isso, a correnteza de nossa existência necessita fluir espontaneamente.

A abrangência interior proporciona condições de acolhimento da abrangência exterior. Com a mente ampla, podemos sintonizar as grandes questões universais. Passamos ao contexto mais abrangente em que a realidade desvela seus significados. Vivemos experiências de relação íntima com o mundo. Uma natureza com qualidades intrínsecas de alargamento se manifesta. Tornamo-nos mais humanos à medida que nos aproximamos da fonte espiritual, que é a natureza em sua ordem, amplitude e magnificência. Ela abriga a própria vida, esse fenômeno espantoso. Podemos descobrir o lugar de cada coisa que faz parte dessa amplidão e sabemos fazer de um acontecimento comum um momento único no imenso oceano da vida. Erguemo-nos à amplitude de visão das coisas: o feio pode se tornar belo; a pequenez, grandeza; a materialidade, imaterialidade. Os vastos panoramas dão-nos a ampla compreensão dos processos gerais. Elevamo-nos ao todo, à amplitude universal, numa alteração de perspectiva que inclui o significado grandioso do mundo, a beleza transfigurada da natureza e os vastos panoramas cósmicos. Tomamos a vida como um dom precioso, inserido na imensidão do desconhecido sem nome.

A realidade em si mesma comporta esse alargamento. Não se trata de identificação com ela, que seria apenas nosso desejo. As condições abrangentes existem nos próprios fenômenos. Se não o percebemos é que nos perdemos no estreitamento. O Universo é tão formidavelmente abrangente que para ele podemos empregar a palavra mistério. Um mistério que nutre e impulsiona. Ao abrirmos os olhos à amplidão, expandimo-nos. Se não fosse assim, jamais seríamos capazes por nós mesmos, isolados e abandonados, de nos ampliarmos. Nutrimo-nos de um Universo que faz sentido em suas vastas extensões e abismos. Ele é o celeiro, a fecundação, a respiração, a propulsão e a manutenção da vida. Ele existe de modo a dar-nos condições de abrangência. O contato fecundo com essa fonte faz minorar as dores e misérias, tornando-nos mais humanos. Em nós, manifesta-se alegria profunda no elevado grau da experiência de imaterialidade.

Há, ainda, a abrangência associada ao tempo. Nela, temos o sentimento de que algo percebido agora sempre existiu. Existiu no passado, de igual modo que existe hoje e existirá no futuro. Quando deixarmos de existir, aqui estarão outros, mas o que se passa permanece essencialmente o mesmo. Então, na mente, é um cenário que se subtrai ao tempo. Mudados em suas roupagens, o mesmo homem, o mesmo animal doméstico, os mesmos elementos da tempestade repetem-se em eterno retorno. Nós os percebemos agora com ares de que sempre existiram. O sol refletido nas paredes da casa e o jardim do fundo do quintal, exposto à claridade, não são os mesmos que vemos numa pintura romana? Criam atmosferas de lugares ensolarados e distantes, que seriam partes de residências ou templos de outras épocas, totalmente alheios ao tempo atual e, por isso mesmo, conduzem a mente à flutuação. Se ela não estiver impregnada pelo tempo situacional, essa cena poderia pertencer a todos os tempos e, assim, ser vivida como um fato original e puro. Não vemos essa cena como única, ela se inscreve na sucessão de infinitas outras, idênticas em sua essência. A própria vida do ser humano pertence a um contexto desinçado do tempo, em que o tempo não conta e, então, passa à esfera de pleno colorido, frescor e verdor.

Épocas de um passado longínquo da humanidade têm, por sua antiguidade, a propriedade de ser concebidas como pertencentes a outros tempos, quiçá a todos os tempos. Exercem verdadeiro fascínio sobre nós os legados de um passado remoto, que são verdadeiros tesouros pertencentes ao patrimônio comum da humanidade. Dão nossas feições humanas os santuários, os túmulos e outras edificações, as obras de arte, as obras de sabedoria, os objetos trabalhados em metal, osso, mármore, marfim e, enfim, as infinitas expressões das culturas milenares. Nós os encontramos nas cavernas do Paleolítico Superior, em Creta, no Vale do Indo, no Vale do Nilo, na Mesopotâmia, no Irã antigo, na Anatólia, no Rio Amarelo, na Hélade, no Império Romano, na civilização olmeca, na civilização bizantina e em toda parte onde a humanidade se fez elevar do perecível ao eterno. Por sua longevidade, seu simbolismo e sua abrangência, esses legados passam à categoria do sempre. A imaterialidade que deles emana sopra como ventos que trazem bafejos da eternidade que os acompanha. Por eles, deixamos de ser atrelados às funções pragmáticas e concretas, a fim de nos situar no reino do espírito, vivendo a poética do desprendimento. Comunicam-se conosco, iluminam nossas vidas, fazendo refulgir interiormente uma luz que nos dá a significação grandiosa do Universo. Ao nos colocar na dimensão ancestral da mente, libertam-nos de cargas sensoriais, guindando-nos à memória espiritual.

Há obras, como a acrópole, que, desde quando foram feitas, comunicam uma essência original de valor perene. Foram erigidas para a representação de valores universais, que já se encontravam presentes no próprio ato de sua concepção. Em suas faces simultaneamente antigas e sempre novas são visíveis os símbolos de valor perene que ultrapassam o tempo, e a eternidade nelas está contida. Geralmente, são frutos dos sonhos germinados nas camadas mais profundas do espírito da época, que são responsáveis pela memória espiritual da humanidade. Essas obras demonstram que alguma coisa foi captada a respeito das raízes ancestrais e do fundo comum dos tempos e dos homens. Uma essência que se relaciona ao próprio sentido do Universo, tal como pôde ser apreendido no decurso do tempo. Diz respeito a nossas raízes universais e cósmicas: uma ordem de realidade existente no seio do grande mistério que nos envolve e do qual fazemos parte. Tudo isso enche nosso espaço mental de uma coisa antiga e solene, fazendo-nos sentir reverentes com a vida no cenário ancestral em que o ser humano sempre viveu. Daqui decorrem leis humanas intemporais e princípios gerais universais. Podemos compreender a hora presente em perspectivas globais, relacionadas aos processos universais da vida.

Importa, sobretudo, o sempre da experiência, que por isso mesmo alcança um valor estético. Silencioso no contato com o fundo comum das eras, o espaço mental tem o sentido estético da abrangência. A intimidade não-sensorial com a grandeza, a perenidade e o mistério fazem recuperar significações estéticas profundas. Mais que isso, oferece compreensão mais abrangente de nosso destino humano. Em sintonia com a imaterialidade, descobrimo-nos pertencentes às raízes em comum da humanidade, participando de um fundo humano que permanece idêntico a si mesmo, independentemente das épocas e dos lugares.

Harmonia

A harmonia faz parte da imagem do mundo sob a perspectiva da imaterialidade. A existência da desarmonia não elimina o fato de que podemos encontrar a harmonia e, sob determinadas circunstâncias, ela se mostra plenamente. Mas em que consiste a harmonia? Não seria a sintonia com uma ordem alcançável no plano da realidade? Sendo assim, a ordem existente nos fenômenos teria que satisfazer à boa forma no sentido gestáltico, mas também no sentido grego de simetria, equilíbrio e proporção das partes em consonância com o observador (*euritmia*). Se, para a existência da ordem, há princípios estruturais formadores, que respondem pela forma de ser, própria de cada fenômeno, a harmonia dá um passo além, afirmando-se como centelha imaterial que sobressai da conjunção totalizadora e da coesão das partes do fenômeno. A harmonia está em nossa relação com a tendência do fenômeno a alcançar plena realização do que ele intrinsecamente é, se um máximo de condições desfavoráveis deixarem de existir. Ela corresponde à consecução de um ponto elevado dessa realização, atingido pela regularização dos contrastes e pela síntese das contradições. Mostra-se como extrema consonância das partes em sua tendência a magnificar o todo do fenômeno em sua plena realização. Assim, a coesão das partes alcança um ponto exponencial de integração unitária do fenômeno, eliminando-se ao máximo as dissintonias. Se todas as forças coerem, convergindo para um ponto máximo, no qual o fenômeno se realiza inteiramente como expressão de si mesmo, essa unidade de coesão pode ser considerada harmoniosa. Se tais condições forem preenchidas, em cada situação há uma forma natural de ela ser e, do contato com o que é próprio a cada caso, seguindo-se as leis que lhe são inerentes, poderá sobressair a harmonia. As leis gerais da natureza, da vida e do Universo, sejam físicas, biológicas ou psicológicas, tanto no sentido macro quanto no micro, manifestam-se como evidências de que isso se realiza, ao realizar-se o cumprimento de seus princípios, atividades e finalidades.

No plano psicológico, essa evidência se encontra nas bases do contato com o *ser interior*. Desde um contato inteiriço, o sentimento de existência própria apresenta-se como experiência harmoniosa. Isso não é difícil de se verificar, uma vez que esse ser se revela harmonioso por natureza, em virtude de suas condições eminentemente não-sensoriais. Por isso, pode-se afirmar que há algo intrínseco na interioridade que pode se manifestar como harmonia, desde uma sintonia fundamental. A mobilidade psíquica em alto grau de contato consciente com o *ser interior*, exprimindo-se por espontaneidade, naturalidade e simplicidade (em que os principais obstáculos e interferências são praticamente removidos), determina condições favoráveis ao encontro da harmonia. Independentemente das mudanças em curso no indivíduo e na espécie, a harmonia é atingida pela realização em cada indivíduo do ser que ele é, ainda que este esteja aberto a transformações. Toda realização plena do ser é em si mesma harmoniosa. Leva a conjecturar que a transparência da harmonia no fenômeno vivo em geral representa a realização do ser desse fenômeno. Podemos captá-la no contato de nosso ser harmonioso com a realização harmoniosa porventura existente em cada ser.

Todavia, no ser humano, a harmonia interior está na dependência de relacionamentos bem-sucedidos entre o *ser interior* e o *self*. Para que ela se efetive, é preciso não só que aquele seja harmonioso, mas que essa harmonia se manifeste no *self* para a harmonização deste. Isso está em função do estado do contato com o *ser interior* refletido sobre o *self*. Um alto grau de contato consciente faz sentir a harmonização geral do *self*, conferida pela própria harmonia do *ser interior*, dando a tônica às experiências harmoniosas. Caso contrário, se o contato for insuficiente, prevalece a desarmonia. A harmonia interior diz respeito, portanto, a um processo de aproximação entre ambas as instâncias, que se realiza em maior ou menor grau, de conformidade com o contato efetivamente estabelecido. Quanto maior for o contato, mais o *self* receberá a influência do *ser interior* e maior será a harmonização; quanto menor for o contato, mais o *self* se distanciará do *ser interior*, sendo interferido por outros fatores, e maior será a desarmonização (Trinca, 2011). Coerentemente, na expansão de consciência o grau de harmonização será tanto maior quanto maior for a aproximação entre essas instâncias, até o ponto máximo da unificação. A harmonização corresponde, assim, a um estado de grande redução dos conflitos, turbulências e comprometimentos no *self*. Os setores em disputa tendem a deixar de se ativar, eliminando-se especialmente a destrutividade. Diminuindo-se a separação entre as instâncias, as forças desorganizadas e caóticas podem ser colocadas sob a égide de princípios organizadores. De modo geral, verifica-se a tendência à superação daquilo que Schopenhauer (1940, p. 151) chamou de "fenômenos inferiores da vontade". A harmonia interior representa, portanto, o estabelecimento ou o restabelecimento da unidade, da coesão e do equilíbrio não apenas dos aspectos parciais da personalidade, como também das instâncias envolvidas, sob a hegemonia do *ser interior*.

Desde esse ponto de partida, constituídas pela chave de segurança que está no fluxo da harmonia interior, surgem condições apropriadas ao encontro da harmonia exterior, quando ela existir. Dessa fonte nasce a segurança do relacionamento com a profundidade imaterial porventura existente como harmonia no mundo. Se há embelezamento harmonioso do espaço interno, podemos descobrir a beleza harmoniosa do mundo, porque internamente nada interfere nessa apreensão: o espaço interno está livre para realizar a experiência. A mente tranquila comunica-se com a realidade externa imaterial, e esta é harmoniosa. Em harmonia interior, torna-se possível seguir os processos naturais e os modos peculiares de cada coisa ser, descobrindo seu fluxo na plena liberdade e na naturalidade dos movimentos de sua existência. Nessa relação com a realidade, cada pensamento, emoção, gesto ou palavra estão em conformidade com o conjunto harmonioso, inserido na totalidade do ser consigo mesmo e do ser com o mundo. É sempre em silêncio não-sensorial e em ausência de angústia que se dá a experiência. Essa é uma das raízes da arte harmoniosa da Grécia antiga, assim como do estilo peculiar dos letrados chineses do passado, que se refletia em seus poemas, pinturas e caligrafias.

Mas o mundo não é somente harmonioso. O processo de harmonização do *self*, que permite o encontro da harmonia, também encontra a desarmonia. Fenômenos turbulentos, catastróficos, horripilantes e caóticos existem por toda parte, retardando, inibindo, excluindo ou aniquilando a construtividade. Causam sofrimento, destruição e morte. O mundo externo, tanto quanto o interno, caminha sob o impacto de forças antagônicas. Filósofos de todos os tempos, desde Heráclito e Empédocles, vêm apontando a desordem, o ódio e a destrutividade, em contraposição à ordem, ao amor e à construtividade. Apesar de tudo, a harmonia continua existindo, não pode ser descartada como um fato. Ela está presente no mundo. Embora haja processos complicados, tumultuosos e caóticos, a natureza, a vida e o Universo tendem a mostrar sua harmonia. Eliminando-se os fatores que a suplantam ou a suprimem, pode-se encontrar a harmonia. Em determinados patamares, ela se mostra em plenitude. Estão aí, por exemplo, as leis gerais e elementares da natureza, as leis fundamentais nos domínios físicos, biológicos e psicológicos, as leis que sustentam o equilíbrio do cosmo, que criam e mantêm a vida, que governam a mente. Há leis e princípios organizadores no mundo, que impulsionam a criação e operam para vencer as resistências das forças da inércia, da destrutividade e do caos.

De modo geral, os processos naturais regulam-se por tendência à organização. Cada vez melhor, a ciência tem posto às claras, em interdisciplinaridade e transdisciplinaridade, as grandes linhas de uma ordem objetiva do Universo, que se revela em espantosa harmonia. A ordem interna dos fenômenos inanimados, orgânicos e psíquicos tende a se compor de modo estruturado. É importante considerar que essa ordem, regida por fatores de estruturação e por sistemas de organização, atuantes em todos os níveis, tende à harmonia, embora nem sempre esta se realize. Nem por isso a natureza deixa de ser regulada para operar em função de sua performance. Em princípio, a natureza apresenta características de ordenação. Nela, é constante a tentativa de superação das forças de paralisação, destruição e morte. A norma consiste em ir do caos à ordem universal, mas não à perfeição universal. Nós, os seres humanos, nos guiamos pela convicção da existência singular da harmonia, tanto no fundo de nós próprios quanto dos fenômenos externos; caso contrário nossa existência deixaria de ter significação. Essa convicção se reflete em múltiplos campos do saber, das atividades e das aspirações humanas.

Na natureza, ao se configurar determinado fenômeno evolutivo complexo, este apresenta por si mesmo tendência à autoconservação e, nos seres vivos, também à homeostase. Paralelamente à tendência ao desfazimento, há a tendência a alcançar a boa forma, que consiste na realização do que ele é. Por isso, o mundo mostra-se como existência, e não como inexistência. A existência caminha em direção a integrações, apesar das desintegrações e desagregações. Ao tornar-se o que ele é, o fenômeno produz sua própria "cura": do desequilíbrio ao equilíbrio, da disfunção à função, da dissonância à boa forma. Ao atingir pontos culminantes desse processo, o fenômeno revela-se em inteireza. Podemos reconhecê-lo por suas propriedades harmoniosas em determinado patamar, embora ninguém saiba previamente qual será o desfecho da dicotomia. A dialética está presente como formulação imprevisível, mas o caráter móvel da realidade traz em seu bojo possibilidades inerentes de alcances construtivos. Por vezes, os princípios de organização fazem predominar as formas de coesão e de integração, em oposição aos "fenômenos inferiores da vontade", como diria Schopenhauer (1940, p. 151). Isso significa que, em face das anomalias e disrupções, a natureza tende ao autoaperfeiçoamento.

Contudo, este não diz respeito somente à retomada do equilíbrio, como também ao atingimento da boa forma e, principalmente, à realização da forma que melhor for possível emergir em dadas circunstâncias. Não se trata, certamente, de teleologia da natureza, e sim de impulso natural de autorrealização do fenômeno no atingimento de seus pontos culminantes de equilíbrio e harmonia. Na ordem dos fenômenos considerados, cada ser animado ou inanimado contém princípios que determinam seu encaminhamento ao estado de melhor realização possível, e este coincide com a harmonia. Há uma lei, válida em geral para os fenômenos físicos, biológicos e psicológicos, segundo a qual, sendo dadas condições favoráveis de eliminação das interferências, os fenômenos evolutivos complexos tendem a atingir níveis ótimos de autoexpressão nos processos de realização daquilo que eles verdadeiramente são.

Como foi dito, a harmonia é alcançável em graus de aproximação à autoexpressão da forma que melhor for possível se apresentar. Ao obter-se a realização plena do fenômeno, a harmonia revela-se esteticamente em inteireza, sendo sua expressão imaterial.

Seria possível concluir efetivamente pela existência de uma harmonia intrínseca ao mundo? Sim, se ela não se dissociar da desarmonia. Salvo quando a harmonia atinge pontos culminantes, a desarmonia está sempre presente. No entanto, os pontos culminantes de realização da harmonia existem. Não há contradição no fato de ela, por vezes, ser considerada como natural, a exemplo do taoísmo. É natural porque se deixa transparecer em fenômenos que se apresentam no pleno vigor de sua capacitação e de sua autoexpressão – no sentido da realização daquilo que eles são. Se, para os gregos antigos, ela era um presente dos deuses, para nós, modernos, ela é uma descoberta da imaterialidade no mundo.

20. Determinantes de uma imagem do mundo II

No capítulo anterior, distinguiram-se alguns determinantes pelos quais se apresenta uma imagem do mundo com base na imaterialidade. No presente capítulo, a proposta consiste em oferecer novos determinantes, com a finalidade de descortinar as grandes linhas de um fascinante universo. Certamente, o conjunto dos determinantes apresentados não esgotará um assunto extremamente amplo e complexo, mas dará uma ideia, ainda que preliminar, daquilo que poderá ser estudado e desenvolvido. Os diferentes aspectos dessa imagem convergem para uma concepção de conjunto, em que se avista uma unidade. O denominador comum dos vários determinantes é a existência da dimensão imaterial. Embora essa dimensão se manifeste em recortes múltiplos, estes não são mutuamente exclusivos, como vimos. Ao contrário, fazem sentido como aproximações ao que poderia se chamar de "segundo mundo". Diferentemente deste, o "primeiro mundo" refere-se à esfera da sensorialidade *lato sensu,* incluindo as vertentes do que venho descrevendo como *mundo humano,* baseado em componentes condicionados, turbulentos, disruptivos e perturbadores do equilíbrio, tanto interno quanto externo (Trinca, 2006). No "segundo mundo", ao contrário, os aspectos internos e externos compõem-se em harmonia para a flexibilização da mente, que se torna apta à apreensão da imaterialidade. Assim, apesar das distinções entre o primeiro e o segundo mundo, ambos fazem parte de uma realidade que se manifesta e se alcança sob diferentes perspectivas.

Transfiguração

A transfiguração diz respeito ao contato direto com a realidade fenomênica, especialmente com a visibilidade da natureza, que se mostra com propriedades de sutileza, aprimoramento, delicadeza e refinamento, de modo a causar em nós emoções de suavidade, encantamento, surpresa e espanto. Temos a experiência de uma ordem de fenômenos que se afigura mais real do que nossas apreensões comuns e rotineiras. A realidade manifesta-se em confluências por assim dizer prodigiosas, plenas de formosura. Não se trata somente da percepção da beleza, pois somos receptáculos da fisionomia profunda do mundo, que se revela como um mundo real transfigurado. A realidade conhecida em nível aparente pode ser penetrada por apuramento de sensibilidade, de que sobressai sua eteridade, seu esplendor e, por vezes, sua sublimidade. Temos a impressão da existência não de formas ideais, mas de uma luz e de um esplendor emanados dos próprios objetos. Nesse sentido, pode-se dizer que se mostram em sua espiritualidade imanente e, assim, a experiência de imaterialidade distingue-se pela transfiguração.

Em especial, há uma transfiguração da forma, em que a natureza se mostra em cintilâncias, envolvida por brilhos e cores dificilmente traduzíveis em palavras. Ela se torna etérea em seu despojamento de concretude. Revela-se por chispas de beleza imaterial que, cintilando, deixam no ar vibrações fugazes, que reverberam a beleza transfigurada do mundo. Foi o que conduziu Wordsworth (1988, p. 67) a escrever sobre o encanto da uma manhã serena:

Tudo brilha e reluz no ar sem fumaça.

A rochas, vales e montes, sol como esse

Jamais banhou no seu fulgor loução.

Enlevamo-nos com o fulgir deslumbrante da joia, o brilho irradiante da rosa purpúrea, os lampejos e fragrâncias dos seres da natureza. Apreendemos a transfiguração dos movimentos pela viva mobilidade da mente que desliza em flutuação. Aquilo com que nos relacionamos apresenta-se em docilidade e maciez, como se existisse em estado líquido. Acolhemos os suspiros da natureza, mas igualmente os movimentos soltos, leves e graciosos dos corpos humanos, como numa dança. O mundo parece flanar levemente e em sorrisos. O pipiar longínquo de um pássaro torna-se inconfundivelmente liquefeito, como se proviesse de uma cascatinha, e esta, ela própria, se transmuda em som de cristal. Os pássaros, pousados em arbustos, transmitem seus reflexos luminosos e suas cores flamejantes que enchem suavemente nosso espaço mental de ternura. O mundo é simultaneamente real e desvanecente, como os nenúfares de Monet ou a sombra da montanha de Sainte-Victoire que, para Cézanne (Gasquet, 2012), se evaporava e se fluidificava. Não seria uma das principais funções da arte representar a transfiguração?

Um mundo imaculado subsiste no horizonte. Nuvens esparsas e um céu anil, claro e profundo, limpos de impurezas, dão notícias dos significados espirituais do mundo, feitos do esplendor de suas entranhas, dirigindo-se a olhos inocentes. Uma pureza desprovida de moralidades, que comunica as cintilações imateriais das coisas, próximas da música sublime, em que se respira a não-sensorialidade. A paz desce à terra, estendendo-se à mente límpida e ao coração purificado. Aí se encontra a espiritualidade fenomênica, simultaneamente transfigurada e imanente. Ela não se põe em plano sobrenatural, embora sua significação seja extraordinária. Não sendo a transcendência da imanência, ela é em si mesma a sutileza, a finura, a evanescência, a eteridade, o esplendor e a sublimidade que exalam das próprias coisas finitas, revelando-se como imaterialidade. Ao afastar-se o lado puramente sensorial, podemos apreender-lhe a espiritualidade emanada diretamente de sua visibilidade. Há uma transfiguração do dado bruto em espiritualidade, transparecendo o admirável espírito das coisas, a existência espiritual do mundo. Desse modo, participamos de uma nova ordem no plano da realidade fenomênica. Henri Bosco (1988, p. 146) soube expressá-la em *Malicroix* como uma maravilhosa imobilidade imaterial, cuja luz banha e penetra as coisas, dissolvendo-lhes a opacidade e criando-lhes a transparência: "Todas as árvores pareciam de vidro e toda a ilha de um puro cristal, em que faiscava o prisma [...] eu via as coisas antes que elas fossem criadas, aquém de sua aparência, no pensamento puro...".

Por maiores que sejam as aptidões para a tradução dessa realidade em palavras, alguma coisa sempre permanece indizível. A metáfora da descoberta do paraíso terrestre ou de pequenos cantos do paraíso, como pensou Jacques Weber, encontra paralelo na metáfora do pensamento de Deus lavrado neste mundo, para representar o esplendor estético que divisamos no fundo imaterial das coisas. De acordo com Rodin (2013, p. 164), "Nossa terra se tornaria um paraíso caso nos desvencilhássemos dos obstáculos". Em estado de serenidade, tranquilidade e silêncio interior, estaremos em condições para a apreensão da transfiguração que uma simples gota d'água poderá nos revelar. Ultrapassando as interferências da mente, passamos a acolher os dons distribuídos pelas coisas que estão a se desnudar. A libertação da mente constitui um passo fundamental.

Primordialidade

Até aqui, tenho mencionado a existência do *ser interior* em expansão de consciência. Sob certas circunstâncias, ele aparece como um fundo existencial primário, uma forma original e prototípica e uma figura imemorial, ligando-se às raízes da vida (Trinca, 2014). Ele é o ser arcaico apontado por Bachelard (1986), que por vezes surge nos sonhos noturnos e nas imagens mentais espontâneas, sendo reconhecido em vivências conscientes como antigo, ancestral e primordial. Sua descoberta é experienciada com alegria, porque se correlaciona com amente liberta das saturações de sensorialidade, das impregnações de fragilidade e de todo tipo de submetimento. No silêncio interior ressoamos abismos profundos da existência do ser em sua pujança de vida. Instala-se um prisma mental amplo, que se volta à grandeza e à majestade do cosmo, assim como à vastidão da vida e à participação nos destinos universais dos seres humanos. A experiência de ancestralidade do ser encontra correspondências igualmente primordiais de penetração nas raízes primevas do mundo, que se mostra em feições originais, livres das determinações espaço-temporais imediatas e situacionais. Sob esse prisma, a percepção atual pode ser revestida da primordialidade ali contida. Podemos ter uma apreensão intuitiva primária, pela qual adentramos os acontecimentos como ecos de coisas antigas, solenes e longínquas, de que a face visível não é mais que uma porção do meio abissal em que elas vivem. O mundo tem repercussões na mente sob a forma de imagens primordiais, reveladoras de suas feições primárias. O princípio das feições primárias e das raízes ancestrais da realidade está cravado no próprio seio do mundo visível. Ainda que o mundo esteja encoberto por véus de invisibilidade, pode desvelar em chispas de intuições e apreensões as imagens primordiais ligadas aos fundamentos de sua constituição primeva.

Dessa primordialidade participam os fenômenos da atualidade que, por suas características, assumem formas que remetem diretamente ao fundo remoto e original neles presentes. O que é primário e essencial permanece, apesar de todas as alterações sofridas pelo tempo e pelas circunstâncias. É como se houvesse uma "verdade original", que se manifestasse diretamente nos fenômenos, a despeito das aparências comuns e ordinárias do mundo ao derredor. Ela está contida, por exemplo, na visualização do fogo, na luz do sol, nas imagens da casa, da floresta, dos animais, dos rios e lagos, do mar, do céu e de infinitos outros fenômenos. Em certas culturas, como na civilização chinesa do passado, a visualização das pedras tinha um papel essencial. Para se atingir essa primordialidade, parece ser imprescindível a limpeza de um véu diáfano, interposto na apreensão e na compreensão, a fim de que se torne possível sobressair a pureza original da significação primeira. O que tende a aparecer é a realidade em estado límpido, depurada de véus encobridores.

Tomemos, para ilustrar, a imagem do sol do entardecer, banhando com amenidade uma planície que se estende por imenso horizonte. A claridade límpida derrama sua luz dourada pela amplidão. Um silêncio atemporal inunda toda a paisagem, que se torna serena. Em todos os tempos, um sol como esse se oferece em sua antiguidade imorredoura, em suas feições longínquas e primordiais. Traz emoções de que não existimos apenas no momento imediato, mas participamos de um vasto universo, de uma ordem antiga e dos destinos solenes do planeta que é a nossa morada. A generosidade dessa luz acalma-nos em sua mudez atemporal e em suas origens ancestrais, anteriores a quaisquer pensamentos humanos.

Temos, a seguir, a imagem primordial do fogo. Uma fogueira queima lentamente nós de pinhos na calada da noite. De todos os lados, há silêncio e escuridão. O foco de luz avermelhada envia ao céu suas labaredas tão puras quanto rubis resplandecentes, desvanecendo-se no ar. A fumaça azulada desaparece em fulgor ancestral de brilho-e-cor, como em noites primitivas. A alma não se aquece somente de calor, mas da emanação vital de um princípio primevo, que infunde vida, movimento e vigor. Fogos como esse sempre existiram na ancestralidade das relações primordiais, têm uma existência suspensa sobre os abismos do tempo, alimentando as imagens da profundidade do Universo. O tempo para e o que aparece é a fisionomia pura, incontaminada, de um mundo imemorial. Bosco (1988, p. 38), descrevendo os fogos das raízes, disse que: "eles têm tal poder sobre nossa memória que as vidas imemoriais, dormindo além das mais velhas lembranças, são despertadas em nós por suas chamas e revelam as regiões mais profundas de nossa alma secreta".

Indo a fundo, as imagens da casa denunciam, igualmente, sua primordialidade. Vista a distância, do alto da colina, uma casa de lavradores, simples e solitária na clareira da mata, parece se subtrair ao tempo. Ela é a habitação que sempre existiu, desde a aurora da humanidade, pertencendo a um cenário antigo, no qual todo ser humano, em qualquer época, poderia viver. Evoca noções primeiras de proteção, como uma mãe ancestral. Não se dissocia das grutas, das cabanas de pescadores e dos abrigos de pedras de todos os tempos humanos. Traz à tona da mente a realização da vida humana: o lugar sagrado de formação e sustentação do indivíduo, da família e da coletividade. Mas, também, uma ligação que penetra os arcanos mistérios da vida e da morte. Traz as marcas de um passado longínquo, que se faz presente, consubstanciado neste momento de sua existência. Sua vida é a vida do ser humano em marcha sagrada rumo a um devir inexplicável. Na mente, ela é abrigo solitário da individuação, como foi, para Jung (1985), a Torre de Bollingen, em que a sucessão do tempo não contava. Imagem imemorial, a casa está além do tempo em sua venerada antiguidade. Abrigo humano, ela é fundamentalmente a mesma, atravessando séculos e milênios.

Assim, o bosque de árvores centenárias, os troncos das velhas árvores, os movimentos lentos dos galhos e das folhas tranquilizam a mente em suas existências puras, com total abstração ao *mundo humano*. Pertencentes à vida da natureza, eles sempre existiram, colocando-se além do tempo. Estão silentes no interior de um fundo imaterial perpassado pela primordialidade. Para nós, é o encontro de uma "verdade original", como se víssemos o mundo pela primeira vez. Então, em grande parte, o mundo pode ser encarado em suas feições primárias, insuflando-nos instantes felizes. Poderemos sempre mergulhar na primordialidade que se apresenta, recuperando a relação ancestral com o mundo. Comentando essa disposição do espírito, Bachelard (1986, p. 182) afirmou que "as imagens se dilatam por si mesmas e se propagam até o ponto de se tornarem imagens do mundo". Trata-se de comunicação com a imaterialidade em sua plena forma: um substrato que se presentifica no plano da realidade, e não apenas na imaginação. Por isso é possível dizer que as imagens primordiais encontram seus fundamentos na constituição do mundo.

Estamos vendo que, nos bons momentos, o mundo se faz presente sob a forma de imagens primordiais. Um simples acontecimento pode se transformar em sinal desencadeador de imagens dessa fisionomia do mundo, que corresponde a sínteses de significações profundas. Somos ecos, receptores e intérpretes de um fundo remoto, de uma noção fundante, que nos levam a experienciar a profundidade contida em cada aparência, a sentir a presença do protótipo obscuro de cada percepção, a intuir e compreender a relação que conosco estabelece cada fato e situação em suas feições primeiras. Uma realidade verdadeiramente presente emerge do contato. Se não se trata de imaginação, não equivale igualmente a cosmogonia, tampouco a mitologia. O tempo mítico busca restaurar o instante inicial e a origem dos acontecimentos, atribuindo-lhes as virtudes mágicas de um tempo anterior à criação do mundo real. Os acontecimentos mitológicos, segundo Eliade (2006), situam-se *in illo temporis* (naquele tempo), enquanto a primordialidade se situa no *hic et nunc* (aqui e agora) da experiência.

Resplandece na situação presente a "verdade original" nela contida, mesmo que essa verdade seja uma lei tão antiga e natural quanto a invocada em *Antígona*.[1] Alguma coisa é captada na correnteza histórica, que não se prende exclusivamente à historicidade, mas se liga a leis e princípios essenciais que governam o mundo, sendo válidos para sempre. Por eles, os abismos profundos da realidade ressoam em nós, indicando uma ordem ancestral em comum para os tempos e os homens. O significado das coisas está em relação com essa primordialidade que se inscreve na realidade visível. Do fundo remoto do universo sopram acordes e vibrações da "essência primordial, a eterna criadora", segundo as palavras de Nietzsche (1958, p. 127), de onde se extraem os segredos da vida. Pelo aprofundamento de nossa vinculação com ela, reanima-se a fonte de criação dos símbolos. O querer-viver primordial está encravado nas raízes do ser, dando uma imagem do mundo segundo princípios imateriais.

---

1 Na tragédia grega, Antígona, irmã de Polinice, desafiando as ordens de Creonte, rei de Tebas, invocou em seu favor as leis naturais para enterrar seu irmão, apesar da punição que ela sofreu.

Atemporalidade

A atemporalidade é considerada a experiência de alguma coisa que se coloca fora ou além do tempo, sendo uma dimensão na qual o tempo não conta, desaparece ou simplesmente inexiste. O tempo imediato, aquele que faz parte da experiência comum, é simplesmente abolido, porque a atemporalidade não depende da vivência de passagem do tempo. Com a cessação da influência do tempo sobre a mente, o que importa essencialmente é a *existência* daquilo com que se está em relacionamento. Embora a experiência se dê fora do tempo, sem se prender ao registro situacional, não ocorre fora das relações com a realidade que se apresenta, tampouco se refere a esferas não naturais. Poderia ser, apenas, a vivência de estar num lugar que se situa em outro tempo, porque o tempo deixa de incidir sobre a percepção presente. Ou então, sentir a paisagem que está à nossa frente, com seu luar, seu mar e sua praia deserta, como um fenômeno no qual o tempo está ausente, mostrando-se em mudez atemporal. Algo que sempre acontece realiza-se no instante passageiro, como o céu estrelado em noite escura. Geralmente, a subtração do tempo é marcante na presença dos grandes fenômenos da natureza, como as altas cordilheiras, os profundos abismos e os imensos espaços vazios. Poderia ser, também, um mero acontecimento da vida cotidiana que, de repente, faz sentido em relação a algo maior, no qual ele se inscreve, trazendo o sentimento de que o tempo parou e obtivemos uma compreensão inesperada. O diálogo entre duas pessoas que perscrutam a vida, a morte e os destinos humanos parece imerso num tempo sem tempo, porque em todos os tempos humanos outros seres com idênticas necessidades e angústias os perscrutaram e perscrutarão. Uma infinidade de coisas se dá fora do tempo, porque trazem a marca de valores permanentes. Os exemplos abundam ao infinito, indicando que a realidade tem a propensão de se revelar como pura existência, independentemente do tempo que acondiciona. Muitas vezes, mesmo sem o perceber, estamos mergulhados nas névoas das ocorrências desprovidas de tempo.

Na verdade, o tempo pode ser psicologicamente associado à sensorialidade que impregna a mente. Com frequência ligado à correnteza histórica e à concretude dos acontecimentos, ele se torna encaixe e emparedamento. A obra humana construída no tempo estabelece forte relação com a matéria onipresente, tendendo à objetificação dos dados da realidade. Um amontoamento colossal de processos sensoriais, que se presentificam na vida dos indivíduos e dos povos, acumula-se e perpetua-se no tempo, criando fatos por si mesmos. O fomento e o acúmulo de sensorialidade podem servir a nossas necessidades de adaptação, sobrevivência e progresso material, mas, sendo reféns da concretude, nós nos desfocalizamos de nós próprios, estando a serviço de objetos que nos assediam e nos tomam. Na atemporalidade, porém, cessa a primazia do *self* sensorial. O tempo como produto da mente deixa de ter importância. A experiência resultante afigura-se estar desimpregnada de determinações concretistas e, portanto, alheia ao imediatismo da situação. Ultrapassando o tempo, a experiência torna-se imaterial, em ligação com a vida extraordinária e majestosa que se oferece gratuitamente. Cada momento passa a ser único em seu brilho e significação. A realidade revela-se desvestida das roupagens temporais.

O espaço livre, amplo e aberto de forte presença do *ser interior* no *self*, ao eliminar grande parte da saturação sensorial, é predisponente a experiências fora do tempo. O contato com o *ser interior* em sua existência não-sensorial pode ser experienciado como silêncio, conforme já vimos. Afastadas a agitação, a turbulência e as perturbações psíquicas, a mente tende a entrar em atmosfera de calma e quietude. Uma atmosfera propícia ao silêncio interior, que descobre as propriedades imateriais existentes na realidade exterior. Esse silêncio, em que a realidade aparece depurada de interferências, também constitui a porta de entrada da atemporalidade. O silêncio de uma paisagem tranquila é penetrado pela mente igualmente tranquila, que a descobre fora do tempo. O tempo parece parar, cedendo espaço à pura existência da paisagem. Uma existência que se dá no fundo silencioso do mundo, feita para o olhar límpido, como se fosse vista pela primeira e única vez. Talvez por isso Cézanne (Gasquet, 2012, p. 150) tenha dito que o verdadeiro artista necessita estar em silêncio: "ele deve calar em si próprio todas as vozes preconcebidas...". Do silêncio procede a experiência do sempre no agora, que poderia se dar em qualquer tempo, porque a ele não se prende.

Além disso, um fato memorável pode ser experimentado como se fosse de sempre, pela cessação do tempo que pesa sobre ele. Tem significação longínqua no tempo, ultrapassando-o e tornando-se o que é para sempre. Existe agora, mas sua antiguidade lhe confere a eternidade, como a acrópole de Atenas ou as pirâmides do Egito. Por vezes, é um caráter conferido, também, às catedrais góticas, quando nelas se presentifica o sempre da experiência. De maneira geral, um cenário antigo, como um casebre das regiões montanhosas, poderá ser visto pertencendo a todos os tempos humanos e, portanto, ao sempre imemorial, que está além das idades. Como o eterno retorno, é aquilo que se efetiva sempre e se manifesta sem cessar no tempo, permanecendo invariável o seu fundo essencial em comum, apesar do tempo e das circunstâncias. Contudo, todas essas referências não têm qualquer conotação concretista, estando muito além dos significados conjunturais que as cercam. São "*monumentum aere perennius*" (monumento mais durável que o bronze), segundo a metáfora de Horácio, nas *Odes*, sobre a eternidade da obra.

Do ponto de vista da experiência de imaterialidade, a eternidade é aquilo que não cessa de durar, sendo uma manifestação de valor permanente do sempre no agora. Em nosso espaço mental aberto, silencioso e livre das conjunturas sensoriais, temos o sentimento de coisas antigas e eternas que, no entanto, podem estar bem ao nosso lado, irradiando o fulgor de sua perenidade. Um desvelamento de algo permanente consubstanciado no instante passageiro. A linguagem da eternidade faz-se presente nesse instante, tendo ela própria a marca da duração que desafia e ultrapassa o tempo. Por isso, Blake (1988, p. 23) disse que "a eternidade vive enamorada do tempo".

Infinitude

A realidade não é determinada pelos limites de nossos conhecimentos, formulações e desejos, ela pode se situar em dimensão inabarcável pela mente, muito além de toda medida humana. Ela se estende em todas as direções e comporta em seu bojo o infinito, que para nós não é somente pensado de modo abstrato, mas vivenciado em momentos de sua aproximação. A aproximação nos oferece a dimensão de que o infinito é inapreensível em si. Mas se não pode ser abarcado diretamente, podemos ter intuições, vislumbres, indícios e sugestões de infinitude. Importa, sobretudo, aquilo que representa o infinito. Por isso, distantes da infinitude absoluta, podemos ter experiências do que é suscitado, evocado ou representado. A imagem do mundo, aqui, relaciona-se com a experiência estética vivenciada a respeito do infinito, ainda que se trate de aproximações vagas e indistintas ao que relutantemente tende a se desvelar. Ainda assim, o desvelamento só poderá ter lugar se as condições mentais forem apropriadas. De maneira geral, a estética do infinito vai depender dos caminhos trilhados pela não-sensorialidade, quando a mente estiver relativamente livre de situações interferentes, representadas pela sensorialidade e pela fragilidade do *self*, sob os auspícios do contato suficiente com o *ser interior*, de forma a nos assenhorearmos de nós próprios. Podemos, assim, ter experiências a respeito do infinito, tomado como um modo de relacionamento. Nesse caso, a imagem do mundo corresponde ao relacionamento no plano da experiência de imaterialidade.

Com relação à finitude que toca a infinitude temos, por exemplo, o voo retilíneo de um pássaro que, estendendo-se à amplidão, desaparece nos abismos profundos da montanha. O voo desse pássaro contém um movimento que, ao atingir determinado ponto, se desfaz nele mesmo, mergulhando na amplidão. No ato de desaparecer, o voo comunica que se perpetua no indeterminado, ou melhor, tem sua continuidade no infinito. Em nossa experiência, tocamos um horizonte em que desaparecem as habituais noções de espaço-tempo e o que aparece não tem limite, porque o que se prolonga não é material, é puramente estético. Daí o *frisson* de surpresa com alguma coisa cujo término não se pressente e cujo esboço não se acaba, mas se dirige a um fim inexistente, permanecendo totalmente aberto na experiência. É o que Deleuze (1985, p. 62) configura como movimento infinito, que não é o limite da representação fina, mas seu contrário: "é a matriz em que a determinação fina não cessa de desaparecer e de nascer, de se ocultar e de se mostrar na representação órgica". O mesmo se poderia dizer da trajetória dos pássaros que, na pintura clássica chinesa, fazem contraste com o vazio dos amplos horizontes em movimentos finos e desvanescentes. A surpresa do movimento ilimitado é dada pela magia do próprio voo, que perdura indefinidamente num espaço que representa por si mesmo o infinito.

De outra perspectiva, na dimensão da infinitude, é possível experienciar a eteridade que se desprende, por exemplo, do voo volátil de uma borboleta amarela, no espaço que se abre entre o verde das árvores e as flores de uma primavera rubi, num dia radioso de sol. Flutuando pelos ares, a borboleta comunica-se conosco desde uma região infinita. Sua flutuação é totalmente livre de determinações, por isso sua imagem se torna infinitude. A borboleta pertence à ordem dos seres que se desmaterializam em nossa experiência. Seu voo se torna tão sutil que toca as bordas de ultrapassagem das barreiras do espaço-tempo. Desprendido de determinações e despojado de concretude, resta-lhe o infinito, de onde parece provir. Assim, a borboleta esvoaçante concentra o infinito em seu voo. Uma relação com a infinitude por intermédio da finitude, legando-nos o puro sentimento de espanto. Justamente por transcender os limites sensoriais da experiência, a estética do infinito é uma noção poética pertencente ao reino da sublimidade. Mas não é o reino das possibilidades infinitas, em que o *self* se desfaz em fragilidade e se locupleta de sensorialidade. Na experiência, a infinitude é não-sensorial e transforma-se em etérea leveza. Assim, podemos nos sintonizar em inteireza com as cintilâncias imateriais que o mundo transmite. Elas estão em toda parte, ao se desfazer o imediatismo do presente rumo ao indeterminado infinito. Até uma gota iridescente de orvalho pode servir de veículo a esse movimento inefável que, no entanto, coloca a terra às bordas do paraíso.

Como vimos, a infinitude é evocada e representada nas pinturas de Rafael Sanzio. Nelas, os efeitos terrenais são muitas vezes guindados à sublimidade, que se aproxima da infinitude. Particularmente na *Virgem de Alba*, a sugestão de infinitude é dada pela delicadeza de transfiguração da fisionomia humana que, na *Virgem*, se torna transluzente e se transforma em notável representação órgica. Rafael dispunha da monumental capacidade de perceber o infinito refletido nas expressões do rosto humano, que se transportavam à obra de arte, espelhando tal refinamento e graça que se transformavam em suspiros de encantamento.

Mais trivial que a pintura de um mestre excepcional, não deixa de impressionar a infinitude que se pressente em alguns fenômenos aparentemente comuns do universo cotidiano, dos quais nos chegam vibrações, imagens e rumores longínquos, como se fossem sons de música proveniente do fundo das idades. A infinitude é evocada, por exemplo, num simples galho balouçando-se à brisa, com uma centelha de fulgor que somente um grande artista, como Wang Mien,[2] poderia representar. Ela se esplende igualmente nos sussurros dos bosques, nos murmúrios das cascatas, nas fragrâncias das flores, nas flutuações das ondas do mar e em tudo o que dissemina tal brilho, tal som, tal colorido, tal forma e tal encantamento que sugere a linguagem misteriosa e impenetrável do infinito alojando-se no fundo latente da realidade visível. Daí que Cézanne (Gasquet, 2012, p. 154) pôde dizer: "eu me sinto colorido por todas as nuances do infinito".

Nessa estética, por vezes somos conduzidos pela emoção de que vivemos numa clareira de luminosidade diurna, cercada por uma noite de mundos sem fim. Por mais que adentremos, jamais chegaremos a seus confins. No interior da clareira, recebemos reverberações de um universo desconhecido, inaprisionável e inesgotável, existente em contexto de devir. Cada coisa que aparece constitui a ponta de um *iceberg*, sendo o lado invisível o infinito a que temos acesso apenas obscuramente. Dele não registramos somente a inexistência de começo e de término, mas a variabilidade ilimitada, o caráter transformante e a mobilidade infinita do devir, em que tudo se faz, se refaz, se cria e se acaba infinitamente, como havia apontado Heráclito de Éfeso, no século V a.C. Um universo de que se extrai o jorro de novas significações, numa fonte inesgotável de criação. Permanece, contudo, o incômodo a respeito

---

2 Wang Mien (1287-1359), letrado chinês, tinha predileção pela pintura de ramos e flores que, segundo ele, exalavam os sopros do Universo.

do que a linguagem humana não consegue se apropriar nem dar conta, estando completamente desarmada em face do infinito. Sua imaterialidade arredia desafia inteiramente nossa compreensão.

Totalidade

A totalidade, aqui, não é tratada como coisa-em-si, ela diz respeito a uma formulação originária da experiência: a experiência pessoal que ocorre num instante vivencial. Não significa que não possamos ter a visão totalizadora do Universo como um dado subjetivo de natureza transcendente. Muitos religiosos e místicos comunicaram esse tipo de experiência. No Bhagavad Gîtâ (1959), por exemplo, há a descrição de uma grandiosa visão do Universo, na qual Deus aparece sob uma forma cósmica terrível. Contudo, na imagem do mundo que apresento, a totalidade é sugerida, indicada e vivenciada como um dado imanente, a partir do relacionamento com fenômenos naturais. É possível que a visão de uma paisagem de largos horizontes, em que as vacas plácidas pastam tranquilamente numa vegetação pouco espessa e sob um sol ameno, produza a vivência de total silêncio interior. Esse silêncio, porém, se expande como silêncio exterior, fazendo sentir a grandeza e a majestade do cosmo, com o qual nos unimos dentro de um foco simultaneamente interior e exterior. O foco impõe-se espontaneamente como experiência de totalidade, na qual idealmente estão contidas todas as coisas. Por segundos ou minutos, está no foco a revelação de um momento único de concentração da atenção espontânea na presença viva daquela cena. Nada mais existe senão ela própria, com sentido atemporal, mas especialmente englobador, fazendo o Universo convergir para esse ponto exclusivo, que representa o todo. Quando isso acontece, faz gerar imensa energia, que concentra num único ponto o fulgor do Universo, e encontramos a plena significação da vida naquilo com que estamos unificados. Talvez fosse essa a razão de Cézanne (Gasquet, 2012, p. 175) ter dito: "A imensidão, a torrente do mundo [*concentrada*] numa pequena polegada de matéria". Isso corresponde a uma experiência de mergulho na pura existência daquilo com que nos relacionamos.

Na totalidade, nossa existência transcorre sem divisões entre dentro e fora. Uma existência unitária dentro de completo silêncio, em que interior e exterior não são senão uma unidade de penetração e de compreensão. A imagem espontânea de um pássaro que canta num galho colorido – um galho que reverbera docemente as cores da aurora – traduz simultaneamente nossa alegria de viver e a vida intensa do Universo, que se mostra extraordinário em sua epifania. No silêncio dessa imagem, não há dentro nem fora, há somente o aroma e o viço da vida que preenche o Universo inteiro. Não vemos, na imagem, apenas um galho e um pássaro, mas estamos em união com eles e, por isso, o mundo revela-se em estado de graça, como se não estivéssemos presentes. Fazendo parte do silêncio em que eles habitam, temos a experiência da totalidade. Naturalmente, nosso ser não está ausente do contato, mas é a não-sensorialidade desse ser que conta primariamente no relacionamento.

Distante da luta insana pela sobrevivência, longe da memória dos conflitos e turbulências, livre das preocupações e angústias, a mente deixa de estar assediada e tomada no todo ou em parte por objetos sensoriais e por diferentes formas de fragilização. Por desfazimento da dura carapaça que recobre a condição humana, todo o ruído encobridor da realidade tende a desaparecer. Instala-se uma conformidade entre o *ser interior* e o *self*, na qual este é predominantemente iluminado por aquele, realizando-se a unificação entre essas instâncias. A experiência de totalidade ocorre desse modo, sem divisões ou amputações mentais. É um estado fundamental de consciência, que se traduz pela disposição receptiva ao acolhimento da realidade. Assim, as marcas distintivas da vida têm melhores condições de se apresentar.

O encontro do silêncio é um instante de profunda sintonia na percepção e na compreensão da vida imensurável. Não significa a inexistência de estímulos, tampouco é o silêncio mortífero da ausência de vínculos. A mente tende a se aquietar por inteiro, cessando suas atividades buliçosas e outras interferências sobre a relação com os fatos. Por isso, o silêncio interior é normalmente experienciado como pureza de contato: o tempo, como determinação situacional, cede lugar à plena existência daquilo com que nos relacionamos. Trata-se, pois, de um silêncio cheio de vida, que abre as portas ao silêncio do mundo, manifestando-se como unidade dentro-fora em dimensão totalizadora. Na unidade do silêncio, as coisas mostram-se por suas simples existências dentro da totalidade.

A experiência de silêncio manifesta-se no alto grau de contato com o *ser interior* que, refletido sobre o *self*, dá a consciência da inexistência de conflitos, turbulências e divisões internas, de sorte que o *self* se torna apaziguado, numa disposição livre, aberta e transparente. A liberdade existente decorre de um fluxo espontâneo, como um rio. A mente entrega-se totalmente ao mergulho na experiência, que se revela como experiência de ser. Se internamente não há divisões e fragmentações, a experiência compreende uma relação inteiriça, envolvendo sujeito e objeto. Ambos estão implicados na mesma unidade de silêncio: um estado de participação e encontro total, sem referência ao sujeito, que se acha unificado com o objeto. Muitas pessoas relatam esse tipo de experiência, que consiste em sentir as coisas por elas mesmas, como se inexistisse quem as observasse. Elas dizem: "eu sou esta paisagem incrivelmente bela e marcante, que por instantes me torna uno com ela e me vivifica".

Cézanne (Gasquet, 2012, p. 154) relatou que "em determinado momento, não me faço senão uno com meu quadro". Su Shi (Escande, 2000), um letrado chinês, comentou que Yuke,[3] outro letrado, pintava bambus, tornando-se ele próprio bambus, de acordo com um princípio interno constante. Nesses casos, há somente a experiência de estar em relação total, como unidade indecomponível. Para Krishnamurti (1965), o observador desaparece: não existe separação entre observador e observado, há apenas a unidade no interior do silêncio, que faz reluzir a totalidade. Ele (Krishnamurti, 1965, p. 271) dizia, a respeito de sua experiência de ouvir um flautista, que este "*era* a flauta".[4] Como nas imagens mentais espontâneas, a totalidade enraíza-se na existência de alguma coisa que, sozinha, enche o céu e a terra, tornando-se única no Universo. A imagem apresenta-se dentro da atenção total, que existe enquanto ela dura.

Nesse estado, a mente aquietada torna-se parte da totalidade, assim como aquilo com que ela está em relacionamento. O *ser interior* encontra-se presente em sua natureza e condição não-sensoriais, dando a tônica à experiência de ser. O que passa à esfera da atenção total faz-se vivência totalizadora, ainda que esta se concentre num único ponto expansivo, relacionado ao todo. Trata-se de um estado de união, em que o *ser interior* se relaciona imaterialmente, tornando harmonioso o *self*. A experiência de totalidade não é, portanto, a representação parcial de alguma coisa, mas um mergulho completo na experiência de ser, sendo a expressão de máxima harmonia entre o *ser interior* e o *self*. Como vemos, não se trata de eliminação do *self*, senão de cessação das atividades interferentes. Assim, podemos sentir que somos partes do mundo que nos habita, nos vivifica e dá sentido a nossa existência na plenitude da comunhão com ele. Revela-se pelo sentimento da totalidade de

3 Também conhecido como Wen Tong. *Vide* capítulo 9.

4 Grifado no original.

nosso ser em relação com a profundidade do mundo. Na experiência, nosso ser se comunica com a noção alargada do todo, em que se manifesta a realidade.

Krishnamurti (1965) dá a seu modo uma versão da totalidade, na descrição que faz da plenitude do silêncio na mente. Como já assinalei, é difícil resumir a complexidade de suas observações e ideias, mas, em linhas gerais, o silêncio total começa pela autopercepção e pelo autoconhecimento. Movidas por estes, as partes divididas e fragmentadas da mente cessam de atuar, deixando-a silenciosa como um todo, em extraordinária quietude. Nesse silêncio, a mente não se acha afetada por nada, estando intocada por desejos, memórias, medos, palavras e, até, por pensamentos. O que ela vivencia tem as qualidades da novidade e da espontaneidade. Não há praticamente um centro egoico. O observador deixa de estar presente, restando um imenso espaço vazio na mente. Esta, por estar vazia, pode prestar atenção sem distração, esforço, motivo ou causa. Daqui sobressaem a tranquilidade vazia, o vasto movimento da quietude sem direção e a solitude sem começo nem fim. Há um extraordinário silêncio, que abarca todas as coisas. Os acontecimentos, os fatos e tudo com que nos relacionamos continuam existindo, mas fazem parte desse silêncio e nele estão contidos. Não havendo centro egoico, a mente torna-se parte da totalidade, com a qual se unifica. Pode-se dizer que há somente a totalidade, que inclui a mente e as outras coisas, sendo ela a totalidade da vida. Ou seja, a totalidade de nosso ser, fazendo parte do todo, torna-se parte, também, do mundo proximal e distal, existente como coisa única. Trata-se da mente expansiva: uma luz que não se apaga, um espaço imensurável e um movimento infinito. A totalidade silenciosa movimenta toda a vida e nós nos tornamos partes dela, como peixes no oceano. Desse modo, a visão de uma ave solitária e imóvel parece ser o foco de toda a vida. A ave é experienciada como totalidade porque nela parece se concentrar o Universo. Alguns minutos são suficientes para trazer o sentimento de plenitude total concentrada nesse foco.

Por mais comum que seja um fenômeno, ele pode refletir sua pertinência ao todo e oferecer uma noção vivencial de totalidade. Então, é possível encontrá-lo relacionado a uma ampla harmonia, ligada à totalidade cósmica. Esta se constitui em referência fundamental, ao passarmos pela experiência de unificação com o todo. Ainda que a totalidade cósmica seja inacessível em si, de algum modo ela se faz espelhar em nossa experiência e passamos a ter olhos para a significação cósmica contida num momento único. É fascinante sentir que, ao mesmo tempo que estamos submetidos ao princípio de individuação, participamos dessa totalidade, que se faz anunciar por aquilo com que nos relacionamos. Os fenômenos perdem suas determinações sensoriais, espaço-temporais e situacionais, a fim de se inscreverem na dimensão imaterial do Universo totalizador, que oferece sentidos à realidade. Sentimos que existimos no seio de forças cósmicas de grande amplitude, que são inapreensíveis e inescrutáveis como tais – por conta dos limites da condição humana –, mas nossa consciência universalista se amplia, nosso encantamento e admiração se acentuam, nossa comunhão fraterna com os demais seres se torna sentido de vida e nosso presente imediato se insere com devotamento na monumental significação do todo. Mais do que isso, nutrida por essa realidade, nossa existência se acalma, o amor vem dela fazer parte e nada mais necessitamos para a justificação das razões de viver e para o encontro da alegria.

Mistério

O mistério está presente na construção de uma imagem do mundo sob o prisma da imaterialidade. Ao expandir-se a consciência, surpreendemo-nos com o caráter enigmático do mundo, pleno de mistério, que se encontra na totalidade, na imensidade, na infinitude e na eternidade do Universo, mas também nas raízes das coisas comuns do dia a dia, que Walt Whitman chamava de milagres. Com sensibilidade e atenção, descobrimos o mistério implícito na complexidade e na inesgotabilidade da natureza, da vida e do Universo, incluindo suas origens, sua diversidade, sua organização e sua criatividade. Mas se trata de observar, também, um mistério ingênuo, que emerge de nosso relacionamento sensível com o mundo ao derredor. O mistério que se torna imagem do mundo não se prende ao sobrenatural e ao antinatural, ele faz parte da própria fisionomia da realidade, que apresenta uma face desconhecida, invisível, obscura e assombrosa. Ao tentar compreendê-la por intermédio de nossos sistemas racionais de abordagem, resvalamos um fundo em si mesmo incompreensível e inabarcável, que não se submete às medidas humanas. Por maior que seja a visibilidade, maior é a invisibilidade: o mistério domina o fundo invisível da realidade. Mesmo que haja uma invisibilidade provisória, por deficiência superável de nossos meios de conhecimento, há uma invisibilidade insuperável, devida às próprias condições da mente e à natureza da constituição do real. A esse propósito, Edgar Morin (2017, p. 23) disse que "os maiores avanços do conhecimento científico fazem crescer o desconhecimento ao mesmo tempo que o conhecimento", refletindo os limites deste. O mistério diz respeito a algo que permanece insondável no seio do universo conhecido. Ele é o monumental desconhecido, que fez Krishnamurti (1959a, p. 106) afirmar: "existe o assombroso mistério do desconhecido". O simples resvalar no assombro faz gerar um espaço mental de perplexidade, pela verificação de que a realidade é recoberta pelo desconhecido; poderíamos empregar nossos melhores meios técnicos e científicos que sempre estaremos em face de aspectos obscuros, inesgotáveis e enigmáticos, como, aliás, tinham sido assinalados por Nietzsche (1985).

Não há convencimento possível na ideia de um Universo simples e transparente. A profundidade do mundo comunica-se com o fundo dos abismos, que é misterioso e inescrutável. As coisas são batizadas nas fontes invisíveis de onde elas promanam: cada uma conecta-se com esse fundo abissal, que em suas grandes linhas é impenetrável e cujas raízes estão cravadas em recônditos inabarcáveis e intraduzíveis. Temos a intuição dos abismos, praticamente sem encontrar símbolos que façam nos assenhorear da espantosa invisibilidade crepuscular. Ela é "o enigma invisível do mundo e da vida", apontado por Romain Rolland (1948, p. 200), que Goethe denominava "o demoníaco", justamente porque esconde uma existência secreta. Uma existência cujos confins jamais nos serão acessíveis, porque são sempre renováveis e aprofundáveis em sua inesgotabilidade extraordinária, que não cessa de se fazer, se desfazer e se refazer infinita e eternamente. Rodin (2013, p. 119) teve o pressentimento e a intuição dessa presença oculta, pois, ao comentar as *Três Parcas* do Partenon, disse que "elas parecem participar de alguma coisa enorme, que não se vê, e sobre elas reina um grande mistério: a razão imaterial e eterna, a que obedece toda a natureza". Nosso conhecimento não é senão uma ínfima parte desse mistério que se estende por tudo. Disso já tinha plena consciência Demócrito de Abdera (1964, p. 175) que, no século V a.C., afirmou: "nós não sabemos nada, pois a verdade está no fundo dos abismos".

Se vivemos num Universo pontilhado e espantoso, sombrio e luminoso, havendo um fundo remoto, abissal e inacessível que nos desarma, nem por isso nos autoriza um radical ceticismo. Por vezes, encontramos fendas que se abrem para o grande mistério do mundo. Novas formas de existência tendem a aparecer, que pareciam encobertas por véus de invisibilidade. O fato de haver desconhecido não elimina a existência da realidade conhecível e aprofundável, que nos esforçamos por desvendar cada vez mais e melhor. Há um mistério que nos alimenta, porque sabemos que além do conhecido está o desconhecido a nos oferecer novas qualidades e significações, essenciais ao fluxo de vida. Assim, em nossa vida palpitante, não estamos encerrados nos túmulos de nossas próprias formulações, nem nas construções definitivas e acabadas da realidade. Se esta é mobilidade e impermanência, não se esgota em concretude, mas se estende em flutuações e responde continuamente pela criação e pela recriação de significados, no interior de um Universo que se desdobra ao infinito. Então, o assombroso desconhecido passa a ter significação para nós, sendo fonte de vida que nos põe vivos e nos convida a renovar toda sintonia possível, e a amplificar nossas necessidades de conhecimento, admiração e amor.

Como percebemos, as significações não se dissociam de seu fundo invisível, de sua obscuridade e de seu mistério. Nossa arte, nossa filosofia, nossa literatura, nossa ciência e nossa religião passam a ser aproximações ao assombroso mistério da existência do mundo, uma existência que se dá desde o fundo dos tempos e da vida. Emanações desse fundo prodigioso são-nos transmitidas e somos receptáculos de seus solfejos em forma de sopros, vibrações e ressonâncias, com os quais compomos nossas partituras. Por vezes, transparecem acordes harmoniosos das fontes originais do Universo. Alguma coisa essencial revela-se na realidade, que de invisível se faz visível. Infinitas manifestações dos seres animados e inanimados trazem ecos longínquos de um mundo ignoto, existente por si mesmo, sem nome, impenetrável e indizível, mergulhado nas brumas e no mistério. Faz pensar no "nascente mundo de profundas, obscuras águas, arrebatadas ao infinito vazio e sem forma", conforme o poema de John Milton (2001, p. 45).

A visibilidade faz parte da invisibilidade, assim como a invisibilidade está contida na visibilidade. O mistério apresenta-se nas próprias coisas conhecidas. Ele existe quando não as conhecemos, mas por mais que as conheçamos continua a haver mistério. Disse Morin (2017) que, estando o mistério no coração do conhecimento, quanto maiores forem os avanços do conhecimento, maiores serão os avanços do mistério. O aprofundável em vias de revelação jamais se revela por completo. Não se trata, porém, de uma máscara enganosa da realidade, e sim de uma potência inalcançável pela mente humana. Cada objeto do conhecimento contém o inesgotável em suas possibilidades de devir, sendo esse um mistério justo e necessário, de que devemos nos rejubilar. O mundo é em si mesmo inexaurível como fonte de criação, que se perpetua nas próprias coisas já criadas. Talvez seja por isso que um artista, um pensador e um escritor de gênio se engajam e se aprimoram no acompanhamento do fluxo monumental da vida em seus infinitos desdobramentos.

Na psicanálise, Bion (1973) postulou a existência de O, um símbolo que representa a realidade última e a verdade absoluta de e em qualquer objeto ou situação; mas ele é incognoscível em si mesmo. O conhecimento vai depender das evoluções de O: alguns aspectos podem evoluir até que apareça alguma visibilidade. Cada fato comporta infinitos vértices a seu respeito e as evoluções de O dão-nos o conhecimento humanamente possível, em função de nossa capacidade de estar de acordo com O.[5] Uma abertura à receptividade de O está na dependência das condições mentais existentes. Se há uma profundidade inesgotável, uma vida prodigiosa, uma verdade não formulada por nenhum pensamento humano, entrar em sintonia com O diz respeito a uma mente livre dos obstáculos e impedimentos; especialmente, livre de sua própria

5 Para uma exposição mais detalhada, ver Trinca (2014, cap. 20).

fragilidade, propulsora de angústias, e dos processos sensoriais obstrutivos. A espontaneidade da sintonia é correlata a uma aproximação à verdade do ser que, em cada um de nós, é capaz de mobilidade e de flexibilidade suficientes para tolerar o desconhecido e acolher as surpresas do impacto que a realidade oferece.

PARTE V

Imaterialidade e realidade

21. A realidade mais profunda

Até agora, tenho apresentado uma imagem relativamente favorável dessa coisa monumental chamada realidade, composta de aspectos harmoniosos e luminosos, deixando praticamente de lado a discussão do que nela é desfavorável, maléfico, destrutivo, cruel, trágico, hediondo e caótico. O que fazer com os dois lados da mesma moeda? A realidade como um todo traz em seu bojo forças primordiais de organização e desorganização, construção e destruição, criação e decomposição, vida e morte. As imagens primordiais apresentam a vida do ser e o aniquilamento do ser em alternâncias que não se esgotam. Desde Heráclito de Éfeso (Diógenes Laércio, 1964), a realidade pôde ser pensada como uma oposição de contrários: de um lado a disputa e a guerra, de outro a concórdia e a paz. Para Heráclito (1964), o mundo não foi criado pelos deuses, estando além dos próprios deuses. O mundo é o que é, realizando sua obra mediante leis e princípios que lhe são inerentes. As forças opostas de amor e ódio, de construção e destruição estão presentes, também, no pensamento de Empédocles (1964), para quem as primeiras estabelecem o reino da união e da criação, enquanto as segundas promovem a desunião e a destruição; são forças a que os próprios deuses estão submetidos. Seria possível acreditar, como Empédocles, que ambas as forças se misturam e se compõem, quanto pensar que, separadamente, uma cria ao passo que a outra destrói. De qualquer modo, é forçoso conviver com as condições reais existentes no Universo, que estão aí como um dado inelutável, na dependência de processos primordiais. A experiência demonstra a todo instante que a vida por si mesma não é todo-poderosa, estando sujeita à destruição e ao aniquilamento em todos os planos de suas manifestações. Contudo, verifica-se igualmente uma "paixão de vida" que eclode por todo o Universo, representando a força primordial do querer-viver. Apesar do antagonismo ao querer-viver, a natureza, a vida e o Universo encontram suas expressões no florescimento, e não no predomínio do aniquilamento, ao menos naquilo que nos é dado a observar. Ao impulso primordial e à força criativa que anima o querer-viver universal Bergson (1959) chamou de *élan vital*. Importa considerar os resultados bem-sucedidos dos processos criativos, que impelem e justificam todo o empenho do Universo em vencer os impedimentos, a destrutividade e o caos. Nossa atenção se volta com admiração e fervor para o alcance da compreensão de que, no jogo das forças opostas de construção e de destruição, a magnífica obra construída realiza-se continuamente por *élan vital*.

Uma vez que o Universo se encontra de fato em amplo processo de autoconstrução, estamos autorizados a pensar que, nele, não é ilusória a função de superação das condições de destruição e de aniquilamento, mesmo que nem sempre o consiga. A observação e a experiência demonstram que, por vezes, é nítida a ocorrência de ultrapassagem dos conflitos e contradições, passando a realidade a mostrar-se em configurações imateriais. Em suas plenas expressões, podem aparecer momentos sublimes de esplendor. Isso significa que a realidade consegue, por vezes, atingir culminâncias em seus processos, nos quais ela obtém qualidades aprimoradas, sendo perceptíveis a todo espírito atento e receptivo. Não se trata, porém, de perfeição, nem de situações permanentes, porque um Universo de flutuações não é dominado pela estática. Mas, especialmente na natureza, é possível acompanhar no bojo dessas culminâncias a apresentação da face harmoniosa, como manifestação do querer-viver no atingimento de resultantes bem-realizadas rumo ao florescimento e à expansão, em vez do aniquilamento e da extinção. Por isso, distinguindo-se em cada situação os componentes imateriais – desde as culminâncias alcançadas pelos fenômenos, ao cessarem os embates antagônicos –, torna-se factível extrair uma imagem do mundo relativamente isenta de contaminação por forças responsáveis pelas desarmonias. O foco das observações localiza-se nos pontos de convergência da realidade suscetíveis de apresentar melhores condições de ultrapassagem. *Mutatis mutandis*, os processos naturais que se encontram nos fundamentos do cosmo têm correspondências com a interioridade humana. Resta saber se nós, como sujeitos participantes, temos consciência da aceitação da construtividade e da destrutividade como fenômenos primordiais, a fim de trabalhar franca e eficazmente em prol da primeira, em lugar de fazer conluios com a segunda. Sempre se poderia responder à seguinte questão: de que lado estamos?

O fato de a natureza alcançar confluências prodigiosas em seus processos, mesmo que sejam raras e ocasionais, indica que em determinados patamares a contradição e a luta dos opostos cedem seu lugar à ordem, ao equilíbrio, à beleza e à harmonia, sendo essa uma ocorrência auspiciosa, que demonstra a "legalidade imanente das coisas", para empregar uma expressão de Jaeger (1986, p. 8) aplicada à visão artística grega. Os arranjos, as composições, as organizações e as sínteses constituem resultados de leis e princípios incrivelmente bem-estabelecidos, fazendo pensar, como Rodin

(2013, p. 74), que "a natureza, por uma lei divina, tende constantemente em direção ao melhor, ao perfeito". Conquanto a divindade não seja unanimemente invocada para isso, até Schopenhauer (1940), geralmente tão reticente, pôde afirmar que a natureza, em sua essência íntima, se esforça por criar a beleza e a harmonia como suprema objetivação da Vontade, tentando vencer completamente os obstáculos e as resistências dos fenômenos inferiores que se lhe opõem. Se for aprofundada e compreendida, a natureza tem tudo a oferecer em harmonia, graça e sublimidade, mas é necessário segui-la até o fundo de suas manifestações e apreendê-la em suas fisionomias puras e incontaminadas, suplantando as dificuldades e impregnações da mente.

Nos seres vivos, a natureza realiza a evolução daquilo que, em cada espécie, os organismos necessitam e aspiram. Entra em vigor um princípio ativo que busca a adaptação, mas também propugna pelo atendimento e realização das aspirações, impelindo e respondendo em parte pelo processo evolutivo. Morin (2017, p. 91) foi enfático ao afirmar que, no plano evolutivo, o potencial criativo dos organismos "pode ser também a satisfação de uma aspiração". Não seria o caso de se pensar que, a longo prazo, a evolução caminha rumo a uma melhor performance? A uma melhor realização? Se conjugarmos a aspiração com a adaptação, teremos uma via interessante para se conceber a realização da aspiração adaptativamente bem-sucedida como o atingimento da meta de melhor performance dos organismos. A despeito das imperfeições, dos obstáculos e da destrutividade, há um sentido construtivo, que não é cego: a evolução pode se processar por sínteses de aperfeiçoamentos. Estas podem não ser alcançadas e também ser desfeitas, mas os processos construtivos prosseguem em patamares evolutivos coerentes com o querer-viver. Quando esses processos atingem culminâncias de realização, há o aparecimento de algo novo, que cria um novo equilíbrio, uma nova harmonia.[1] Nada se afigura definitivo, mas as sínteses alcançadas permitem a realização do princípio de vida, caminhando em vista do autoaperfeiçoamento, por oposição ao princípio de morte.

Qual seria, nos seres vivos, o motor que impele a autorrealização? A resposta aponta, antes de tudo, o princípio de individuação que, ao movimentar a vida, criou-a centralizada no ser de cada indivíduo. A natureza teve necessidade de inventar a vida segundo esse princípio, porque na individuação o ser de cada um opera o melhor desempenho possível do modelo que concentra as experiências, assimila e memoriza os resultados, discrimina as qualidades, seleciona os processos e realiza as adaptações e as aspirações daquilo que importa tanto ao plano individual quanto ao coletivo. O que há de fundamental e básico é a existência do ser, que parece se estender a todos os organismos vivos. A natureza introduziu a presença desse ser, um núcleo central e primordial, quase indefinível, que permanece como sistema organizador em cada membro das espécies, sendo norteador e propulsor dos caminhos da vida, inclusive da evolução biológica *lato sensu*. No conjunto, é um núcleo que, por conter mobilidade e plasticidade, exerce papel preponderante na seleção dos comportamentos adaptativos ou não, ao longo do tempo. Ele incorpora os resultados e exclui do processo seletivo as reações inconsistentes e as inadequações, realizando as aspirações mais condizentes com a adaptação e a expansão. Ao obter a otimização de suas expressões e realizações, cada ser tende a alcançar altos graus de harmonização. Um aspecto não

---

1 Esta formulação está em consonância com o conceito de emergência, difundido por Morin (2017, p. 36), pelo qual "uma nova realidade, dotada de qualidades próprias, forma-se, constitui-se e concretiza-se a partir da reunião organizadora de elementos não dotados das qualidades e propriedades dessa realidade".

negligenciável é que o ser de cada organismo tem correspondências com a realização do querer-viver universal.

Tudo o que foi dito conduz a pensar numa realidade mais profunda, embora não seja outra senão aquela com que estamos habituados no plano de nossos conhecimentos. A humanidade persegue com afinco suas aspirações e seus valores mais elevados, sendo sustentados por uma realidade que tem a oferecer seu deslumbrante encantamento. No fundo das coisas, pode ser vislumbrado ou alcançado o fenômeno imaterial. Quando ele se faz presente, mostra-se na apreensão do que existe, tal como existe: uma admirável pulsação da realidade. Ir ao fundo da questão consiste em encontrar a musicalidade que daí promana, não por imaginação, por manipulação de imagens ou por artifícios de qualquer natureza. Uma imagem do mundo decorre necessariamente da natureza íntima dessa realidade, ao se tornar possível seu desnudamento.

22. A penetração na realidade

Como foi exposto, para a abordagem da imagem do mundo sob o prisma da imaterialidade, não se trata de examinar toda a complexidade da realidade, mas somente aquela parte que se refere à imaterialidade. Para isso, faz-se necessário um ato de desvelamento da realidade imaterial pelo conhecimento do que se passa nos mundos interno e externo, especialmente dos fatores descritos na terceira parte deste livro: a constelação do inimigo interno, o distanciamento de contato com o *ser interior*, a fragilidade do *self*, a sensorialidade e a expansão de consciência. Tive a oportunidade de me estender sobre a dinâmica envolvida nas relações entre o *ser interior* e o *self*, de modo que estamos em condições de considerar o fato de que este poderá se constituir em cidadela ocupada, em colossal engrenagem de aprisionamentos e em filtro de distorções na apreensão da realidade, sob o distanciamento de contato com o *ser interior*. Por outro lado, o *self* poderá ser límpido, móvel, livre e isento de intercalações obstrutivas, na dependência de se lidar com as influências desestabilizadoras no relacionamento com a realidade. Quanto menos o *self* for influenciado por fatores alheios ao contato com o *ser interior*, menor será a deformação na apreensão da realidade; e, inversamente, quanto mais o *self* for interferido e menor for esse contato, maior será a distorção no relacionamento com a realidade. De maneira geral, pode-se dizer que a individualização diz respeito a se lidar com conflitos, dificuldades e turbulências, dando lugar a maior presença, influência e ação do *ser interior* no *self*, de que resultam não apenas o reconhecimento de si próprio como realidade e verdade, mas também a tranquilização, a calma e o silêncio interiores, que são indispensáveis à descoberta e ao encontro de toda forma de realidade.

Se o contato da pessoa consigo própria permite, em graus, estar presente, perceber, sentir, compreender e participar da realidade, conduz, também, à expansão de consciência, na qual o *self* apresenta condições particulares de receber a luz do ser profundo e de integrar-se com ele. É sabido que, nessas condições, são praticamente inexistentes os ataques da constelação do inimigo interno e de outros fatores responsáveis pelo distanciamento de contato, assim como há diminuição considerável de sensorialidade e de fragilidade do *self*. É sempre possível empregar-se o método psicanalítico para a abertura e a evolução mentais que venham auxiliar no acesso a uma visão de mundo menos impregnada por comprometimentos psíquicos. Trata-se de um método que, especialmente na Psicanálise Compreensiva, põe em evidência os fatores mais significativos e merecedores de atenção para a libertação dos entraves da mente (Trinca, 2011). Os graus mais elevados de expansão de consciência podem corresponder a níveis mais profundos de penetração na realidade, de onde sobressai a experiência de imaterialidade. Torna-se essencial a aquisição de sensibilidade para o contato com as raízes do ser em sintonia com as raízes da vida. As condições apropriadas a esse tipo de relacionamento são independentes de intenções, desejos, memórias, medos e outros ingredientes do sentir passional, mas se vinculam a cuidado, atenção e disponibilidade ao acolhimento do real, cuja existência se impõe por si de modo por assim dizer espontâneo, no total desinteresse pela procura tenaz dos resultados. Assim, a imagem do mundo construída com base na não-sensorialidade do *ser interior* é menos uma noção intelectual do que a vivência de relacionamentos livres, espontâneos e desaprisionados, que se realizam nos vínculos e implicam, geralmente, alegria.

Insisto em que a experiência de haver uma realidade propriamente dita decorre da experiência de existência de um ser na interioridade, considerando-se que não seria possível a identificação da realidade como tal na ausência da experiência básica e elementar da presença de um ser, vivenciado como realidade e verdade. A dificuldade de identificação do real ocorre em muitos estados esquizofrênicos, nos quais os doentes se encontram demasiadamente distanciados de si próprios. Então, a experiência de realidade da e na presença do próprio ser constitui, para a pessoa, um parâmetro fundamental de sustentação do reconhecimento da realidade *lato sensu*. Isso se aplica com especial destaque à realidade imaterial.

A sintonia e o acolhimento dos fatos por eles mesmos, com a mente livre de injunções e de interferências, é uma proposta inovadora, que tem por marco inicial a figura emblemática de Krishnamurti. Ele chamou a atenção para a necessidade de reconhecimento dos padrões, crenças, ideologias e sistemas de pensamento que dificultam, impedem ou anulam o conhecimento da realidade. Para um verdadeiro contato, é necessário observar a própria mente em seus processos, dinâmicas e tendenciosidades. Um estado de atenção constante pode resultar, em cada momento, na descoberta das impregnações e saturações da mente, assim como da fisionomia da própria realidade. O estado de atenção identifica os condicionamentos psicológicos, distingue as projeções, revela as idiossincrasias, separa os componentes da pulsão de morte e dá a conhecer os infinitos meandros a que a mente é suscetível, de modo que, na auto-observação, a realidade tenha condições de se apresentar. Para Krishnamurti (1959b), sobrevém a percepção do que é real pelo simples ato de se debruçar atentamente sobre ele, estando a pessoa consciente de sua prisão mental, motivada por condicionamentos, contradições e conflitos. A descoberta da realidade decorre de plena sintonia com ela, desprovida de quaisquer avaliações, inclinações e conclusões prévias. Torna-se essencial, pois, a investigação dos processos mentais e a percepção dos significados de cada ocorrência, seja consciente ou inconsciente, porquanto os atos de atenção e de percepção põem término aos conflitos, embaraços e comprometimentos, desde que se fique plenamente consciente a respeito do que se passa. Isso deixa a mente tranquila e em repouso, portanto apta a perceber a beleza do mundo, como também a sua feiura. O fundo sensorial da mente, tal como tenho descrito, passa a evidenciar sua natureza discrepante da realidade imaterial. Entretanto, a experiência de tranquilidade tende a fazer ultrapassar a esfera do *self* sensorial, rumando para estados de expansão de consciência (Trinca, 2016).

A percepção do mundo real, estando além do fundo sensorial, é amplamente libertadora, ao mesmo tempo que é pessoal e intransferível. Ela é constituída pela experiência direta com os fatos, ou seja, não se apoia nem depende da experiência alheia, tampouco das concepções, formulações e conclusões de outras pessoas, mesmo dos assim chamados grandes mestres e diretores de consciência. A experiência direta, da qual se originam as significações, é completamente livre de intermediações, consistindo num mergulho com sensibilidade, intuição e aguçamento, pelo qual a realidade se revela. Nessas condições, faz-se silêncio interior, que corresponde, *mutatis mutandis*, ao que venho descrevendo como um espaço amplo, livre e aberto na mente, de onde surgem percepções e compreensões que são por assim dizer naturais e espontâneas.

Em meu modelo, trata-se da presença e da ação do *ser interior* em estado de suficiente limpidez para a penetração e o acolhimento do real. Demonstra-se ser possível estar tão presente e vinculado à experiência que esta é vivenciada em inteireza e profundidade, e não em estado de conflito e confusão. Para Krishnamurti (1959b), o aspecto central parece ser aquele em que a mente está completamente vazia e silenciosa, quando a realidade se mostra de súbito e por inteiro, distante de conflitos, escolhas e divisões. A esse ponto elevado de integração e síntese, Krishnamurti chama de estado de experiência, referindo-se à unificação entre sujeito e objeto, observador e observado. Nos termos de meu modelo, a diminuição da separação entre o *ser interior* e o *self* e, nos melhores casos, a unificação entre eles resultam na diminuição ou na cessação dos fatores interferentes e obstrutivos sobre o *self*, tornando-se este livre para o contato depurado com a realidade, em função da presença ampliada do *ser interior*. Esse modelo é por si mesmo uma tentativa de integração entre a psicanálise e os aspectos psicológicos mais evidentes e compreensíveis do pensamento de Krishnamurti. Sua sugestão de autopercepção e de autoconhecimento não me parece totalmente discrepante do atendimento que ocorre numa psicanálise centrada na pessoa.

Contudo, a distinção entre realidade e ficção nem sempre é fácil de se fazer. Por exemplo, os chamados estados alterados de consciência, que geralmente implicam o uso artificial de estimulações provocadoras de êxtases, visões e outras formas de arrebatamento, não costumam discriminar entre fenômenos sensoriais e fenômenos não-sensoriais. A mente nesses estados poderá estar tão somente saturada de elementos estranhos à verdade existencial, perdendo a chave da discriminação entre o que é real e o que é ilusório, mesmo que se ocupe de experiências transfiguradas, como as descritas por Aldous Huxley (1974) com o emprego da mescalina. Muitas das chamadas experiências místicas e visionárias, sendo autoinduzidas, caem nesta categoria. De igual modo, a criação artística e literária por intermédio dos mitos, das grandes imagens e dos símbolos epifânicos, como fizeram Joyce, Proust e muitos românticos, necessita de discriminação entre o que cabe, por um lado, à função mental de captação realística da imaterialidade e, por outro, à função puramente imaginosa, destinada à recomposição sensorial do mundo segundo as angústias e os desejos humanos. Não se exclui dessa diferenciação as vivências de *rêverie* (Bachelard, 1986), que podem ser outorgadas pelos sonhos que um grande *rêveur* encontra no mundo, ou então ser criadas pela subjetividade insana. O dandismo parece ser a roupagem mais caricatural dessa subjetividade, que se torna futilidade e aparência no anseio deliberado de requintar a beleza, suprimindo a realidade.

A supressão da realidade torna-se uma evidência devastadora no mundo atual, pelo poder hipnótico dos meios de comunicação de massa, geradores da sociedade de consumo das imagens virtuais. Foi Jean Baudrillard (apud Lotringer, 2017) o primeiro a ter a compreensão da existência de uma sociedade montada e mantida à base do consumo de signos, nos quais a significação desaparece, restando a virtualidade das imagens criadas a bel-prazer. Nessa sociedade, a realidade é substituível pelas imagens. Lotringer (2017, p. 60), referindo-se a Baudrillard, disse que "numa sociedade composta exclusivamente de signos, as referências são eliminadas e a realidade na qual se baseiam essas referências deixa de existir." Intercambiando-se, os signos criam uma realidade própria. Na verdade, trata-se de simulacros da realidade, construídos com total indiferença ao mundo real: qualquer coisa pode ser assumida como real, uma vez que as referências estão extintas. Torna-se possível a criação da "realidade das imagens" projetadas coletivamente. Um universo fabricado como simulacro e como espetáculo, ao qual Baudrillard deu o nome de hiper-realidade. Nele, mais importa aparecer do que ser, com a cumplicidade do espectador, que se perpetua no espetáculo. É um universo em que tudo se justifica e o espectador participante é absorvido pela coisificação na profusão das imagens. Pode-se pensar, conforme o modelo que apresento, que nisso há somente a exageração do *self* tomado pela sensorialidade. O particular universo construído desse modo, mesmo que extenso, não é mais do que um produto engendrado onipotentemente por conta de ideologias, crenças, desejos, medos, formas de pensar e de manipular, que fazem rebaixar o encantamento do mundo à pequenez da mente. O ser humano é capaz não só de criar máquinas e simulacros, como também se transformar em máquinas e simulacros, pelos quais se formata e se condiciona. Se a modernidade e a pós-modernidade retiraram o ser do centro, confundindo-o com o não-ser, deu foros de realidade à irrealidade, em que saúde e doença se confundem na perda dos parâmetros essenciais. O antídoto consiste justamente na retomada de contato com a realidade existencial do sujeito, que não é outra senão seu próprio ser, em face de tudo o que o toma de assalto e o nulifica.

Em meu modelo, sustentando por evidências psicanalíticas, tenho em mente considerar o contato com o *ser interior* uma base sólida para as noções de realidade. Essa base se origina de discriminações arcaicas entre ser e não-ser, que dão substrato às discriminações entre o que é e o que não é real. A referência básica, sendo o contato bem-realizado com o próprio ser, oferece parâmetros norteadores das noções de realidade, enquanto o distanciamento de contato faz afastar o sentido do ser e as noções de realidade. Por isso, coloco em questão a afirmação, encontrada, por exemplo, em Morin (2017), de que só se pode apreender o real por meio de representações e de interpretações. Penso que, assim como há a experiência direta da inteireza do próprio ser, há também a experiência direta dos fatos internos e externos, na dependência de as condições mentais serem adequadas. A realidade, como presença imediata, é posta à disposição da mente para a experiência direta com ela. Como a realidade existe independentemente das distorções feitas pela mente, o viés que esta introduz pode ser diminuído ou evitado pelo estado de consciência expansiva, que tem melhores condições de encontro e apreensão. De repente, alguma coisa deixa de ser banal, indiferente ou estranha a nós, que então, de fato, a percebemos, sentimos e compreendemos, tendo relacionamentos de proximidade com ela. A realidade penetra-nos com a força que tem; e tem a propriedade de se nos revelar. Um fato, que poderia eventualmente ser outro, assume naquele momento uma identidade, deixando de pertencer à dimensão dos possíveis. Ele é o que é, realizando-se para nós a sua verdadeira existência.

A filosofia ocidental colocou demasiadamente o homem no centro do mundo, parecendo ser impossível pensar na existência do mundo independentemente da existência do observador humano. Desde Kant, misturam-se as noções de realidade com as impregnações da mente por condicionamentos devidos aos fatores físicos, sociais, culturais, econômicos, linguísticos, religiosos e outros, de tal modo que se tornou ingênuo e inaceitável conceber a realidade "depurada" da arbitragem da mente humana. No entanto, a partir do século XXI, surgiu a corrente filosófica denominada "realismo especulativo", que retirou o primado da subjetividade humana da construção das noções de realidade, restabelecendo o lugar de independência da existência desta em relação à mente. O filósofo Tristan Garcia (2016, p. 85) expressou-se deste modo:

> *O realismo especulativo apareceu por volta dos anos 2000, sob o impulso de Quentin Meillassous na França, de Ray Brassier na Inglaterra e de Graham Harman nos Estados Unidos, trazendo o projeto de rompimento com o construcionismo e de reabilitar a noção de em si ou de absoluto, ou seja, de uma realidade separada do*

> *pensamento humano [...] onde a subjetividade cessa de possuir o mundo.*

Dessa perspectiva, se, como vimos, o objeto do conhecimento, que é a realidade, pode se apresentar em estado de pureza original, importa antes de tudo uma mudança de vértice que venha oferecer as condições do conhecimento mais realístico possível, do qual sobressaia de preferência a realidade imaterial.[1]

---

1 Na segunda metade do século XX, o físico francês Bernard d'Espagnat (1981) fez a diferenciação entre realidade intrínseca, independente do observador humano, e realidade empírica. À primeira, ele chamou de real, realidade forte e realidade em si, recobrindo o ser e a existência, que pode ser alcançada por depuramento de nossos sentidos, desde que passada pelo crivo do método científico. A segunda, denominada realidade fraca, refere-se à realidade habitual e aparente, que não é independente da mente humana. D'Espagnat (1981, p. 190) disse que "o idealista mais convicto dificilmente pode negar que ele próprio existe no momento em que fala".

Epílogo

Discussões e conclusões

Como está claro, o psicanalista está hoje em melhores condições de compreender os processos mentais e de lidar com os conflitos e turbulências, de modo a localizar os principais fatores, obter maior clareza e limpidez, aceder à apreensão da realidade e auxiliar no alcance da experiência de imaterialidade. Ele tem conhecimento muito maior que no passado dos fenômenos da destrutividade, da fragilidade e da sensorialidade. Esse é o ponto de partida da construção cada vez mais aprimorada de uma imagem do mundo, que começou há milênios e prossegue, sem dúvida, em níveis superiores de elaboração. Sabemos que a realidade imaterial, de que depende essa imagem, é algo que melhor aparece quanto mais livre esteja a mente. Vimos, também, ser essencial a cada indivíduo o contato e a posse de seu próprio ser, a fim de que a realidade imaterial possa ser descoberta e experienciada. Cada ser humano comunga com outros da mesma espécie, em todos os tempos e lugares, uma raiz universal em comum, pela qual sua face original e mais profunda alça voo em direção ao relacionamento imaterial com os demais seres e com a grandeza, a beleza e a majestade do

Universo. No horizonte desse desenvolvimento humano está a expansão de consciência, que responde pelo reencantamento do mundo. Não há, portanto, um uso inadequado da psicanálise para a conclusão de que o ser humano é essencialmente dividido, sendo impossível um acordo dele consigo próprio.[1]

Na verdade, observa-se que, uma vez aberto um espaço livre e móvel na mente, a pureza dos encontros com a realidade tende a se manifestar, e eles prosseguem em níveis tanto mais avançados quanto maiores forem os graus de expansão de consciência. Então, aparece a realidade imaterial, que se distingue da realidade puramente sensorial. Há a maravilhosa passagem de um plano a outro, em que da sensorialidade existente interna e externamente sobressai a imaterialidade como emanação, aragem, sopro, vivacidade, sonho, infinitude e outras formas que foram aqui descritas. Apresentam-se princípios imateriais nas próprias coisas materiais, quando a imaterialidade se torna evidência; ou seja, há uma mudança de vértice, que oferece novos sentidos aos fatos. Simone Weil (1979) descreveu essa mudança como passagem da gravidade para a graça.

Na descoberta da imaterialidade importa, pois, o tipo de experiência, que deixa de ser meramente sensorial. Não significa que a experiência seja independente da matéria. Muito pelo contrário, ela existe no mundo, que está eivado de matéria. Mas a experiência com e no mundo poderá ser simplesmente sensorial e, neste caso, não ultrapassar o dado concreto, ainda que seja a concretude dos conceitos, padrões e sistemas. Ao passar a imaterial, a experiência distingue-se da anterior, especialmente por realizar-se mediante a influência expansiva e não-sensorial do *ser interior* sobre o *self*. Por

1 A opinião predominante em certos círculos intelectuais é de que, desde Freud, se tornou mentirosa a sustentação do acordo do ser humano consigo próprio (Serri, 2013).

se compor de graus, muitas vezes a experiência não é suficientemente forte para se tornar uma noção clara e distinta, por isso sua descrição, como é feita neste livro, poderia auxiliar em sua discriminação. Às vezes, uma única experiência desse tipo é bastante expressiva para deixar sua marca. Contudo, para a caracterização de sua natureza mais íntima, melhor seria tomá-la como pertencente a um campo de experiências do que separá-la por tópicos distintivos, a não ser para efeitos didáticos.

Tenho presente, durante esta exposição, que a resposta à questão de a realidade ser ou não evidente por si mesma começa a partir da mente verdadeiramente apta ao conhecimento de si própria e do mundo. Este não é mudo, expressa-se com autonomia da mente humana e, por vezes, sua voz é imaterial. Ele não é apenas um infinito reservatório de conceitos racionais, e sim uma magnífica obra de arte e de admiração. Uma imagem de sua vertente imaterial decorre, em especial, da relação direta com ele, desvinculada o mais possível da intermediação de sistemas *a priori* que condicionam e interferem em sua abordagem. Quando a mente se acalma e silencia, apresenta melhores condições de sintonia, tendendo a vingar uma relação experimentada como nova, viva e surpreendente. Nesse ponto, o dado sensorial pode se transformar em imaterial, pela leveza dos movimentos flutuantes da mente, que encontram a vivacidade, a harmonia, a radiância, a transfiguração, a infinitude, o esplendor, o assombro e tudo o mais de que se compõe a realidade imaterial. Desse modo, torna-se possível a ressignificação do mundo, dada pela imagem do mundo tal como é aqui apresentada.

Essa é uma imagem do mundo que se manifesta com pujança na criação artística, especialmente nas artes plásticas, como se nota na segunda parte deste livro. Mas tem, também, suas raízes fincadas na literatura, com ênfase na poesia, assim como na filosofia e na ciência. A imaterialidade torna-se, então, uma colossal concepção de vida, que afasta a destrutividade e a coisificação.

Sabemos que há muitas formas de arte, mas tenho me referido à arte mais nobre e elevada, cujas expressões são originárias da experiência da imaterialidade. Nela, os objetos artísticos tendem a fluir em liberdade, mobilidade e leveza. É uma arte que se impõe contra as forças paralisantes da matéria, sobrepujando o domínio puramente sensorial. Ela contém o alcance de uma elevação espiritual, que para Kandinski (1986, p. 25) se constituía em "força profética vivificadora". Nessa forma de arte, o artista não imita simplesmente a natureza, mas se estiver em contato com ela reconhece-lhe o fundo imaterial, dando a ela uma representação reveladora de sua essência íntima. De igual modo que na arte, a experiência de imaterialidade faz-se presente na literatura. Antes de tudo, o escritor, o poeta, o anunciador de profundidades deverão atingir na consciência a mobilidade da expressão de seu ser profundo, que supera a dominação pelo caos, pela tendência ao inanimado e pelos terrores das perturbações psíquicas. Daqui ele poderá se erguer à captação das variações infinitas da vida, das delicadas vibrações e harmonias da natureza e do fundo primordial e obscuro do Universo. Se, para Bachelard (1986, p. 171), o poeta é um ser que vai "um pouco além do real", pode-se também pensar que o real apresenta por si só suficiências para fazer sonhar.

Em estado de alargamento e abrangência, a obra literária liga-se às raízes profundas da humanidade, subtraindo-se ao domínio do tempo imediato, da memória congelada e dos condicionamentos impostos pelo grande Outro nas sociedades de massas. A missão da literatura não se opõe, tampouco se distancia das finalidades da filosofia. Pela visão do mundo sob a influência da experiência de imaterialidade, o filósofo eleva-se à universalidade, às origens primeiras e aos fins últimos. Assim, alcança a transcendência na imanência, a infinitude na finitude e decifra sentidos que são misteriosos aos demais. O mesmo se pode dizer a respeito da ciência. É sabido que, se a ciência não se tornar sensorializada, condicionada e manipulada, terá tudo para se compor com a filosofia e com as demais áreas do conhecimento que se originam da experiência de imaterialidade. Como para Einstein (1981, p. 148) "a finalidade de toda teoria científica está em obter os elementos fundamentais irredutíveis", é certo que a transparência profunda da realidade e as imagens estéticas puras ali contidas são as essências originais dos objetos de investigação. A grande ciência encontra a existência dos seres no fluxo abismal de onde eles promanam e, assim, ela se aproxima do gesto espiritual com que se faz a grande poesia. Uma tentativa de dar expressão ao significado profundo da realidade, que se abeira do sonho, da infinitude, do desconhecido e dos abismos impenetráveis. Não é uma ciência simplesmente intelectual, mas vivencial, feita de grandes imagens e de intuições inspiradoras. Ela está aí para alargar a visão de mundo e para compor em interdisciplinaridade uma imagem do mundo sob a perspectiva da imaterialidade.

Pelo exposto, essa perspectiva permite pensar a dimensão da imaterialidade como um parâmetro fundamental. Não seria um aspecto invariante que se encontra no mundo, de tal maneira que sua presença, uma vez detectada, constitui um referencial válido tanto para o artista e o pensador quanto para o escritor e o cientista? Não seria uma base em comum para a reunião de diferentes tendências e de múltiplas fragmentações? Se as respostas forem afirmativas, será possível pensar uma imagem unificada do mundo, uma fonte única de que se apropriam as várias formas artísticas, filosóficas, literárias e científicas. Certamente, ficam excluídas as variedades artísticas que não ultrapassam o pleno domínio da concretude, as correntes filosóficas que se cristalizam no pensamento sistemático, assim como as tendências literárias que se sustentam em invencionices sensoriais e as esferas científicas que implicam a desconstrução da humanidade do ser humano. Se formos capazes, porém, de distinguir entre a sensorialidade e a imaterialidade, não teremos maiores dificuldades de separar o joio do trigo, e muitas confusões poderão ser desfeitas. Os seres humanos deixaram na correnteza histórica vestígios de contato com essa fonte original, de onde surgiram extraordinárias manifestações do espírito, algumas das quais são registradas neste livro.

Parto da convicção de que, ao menos desde o Paleolítico Superior, há algo nas profundezas da mente que se comunica de modo universal com os seres sensíveis de todos os tempos e lugares. Muito além dos traços e estilos ligados à historicidade, há uma relação original com os princípios de uma realidade que percorre o tempo de modo invariante. As obras humanas realizadas sob os auspícios da experiência de imaterialidade traduzem esses princípios, cada uma à sua maneira. Por mais que a mente se conforme a padrões vigentes, há ainda uma luz a indicar o pertencimento fora e além do tempo, imprimindo sua marca. Apesar das diferenças substantivas existentes entre as diversas épocas, motivadas por condições históricas, culturais, sociais, técnicas, políticas, econômicas, religiosas e outras, corre em paralelo outro universo de sentidos e significados, no qual os seres humanos compartilham uma imagem do mundo, construída ao longo do tempo segundo princípios em comum.

Vimos ser possível fazer-se uma leitura sintética dos significados imateriais da arte através do tempo, de modo a discriminar o que corresponde às formas religiosas e aos cultos das divindades e o que equivale à elevação do espírito na apreensão da realidade imanente. Pode-se aplicar a todas as formas de arte aqui apresentadas o que disse Pericot (apud Garcia Guinea, 1979, p. 91) sobre a arte rupestre de Altamira: "uma chispa divina que faz do homem um ser que escapa às ataduras da matéria". Ao transcender o dado concreto e contingente, o ser humano supera os limites do *mundo humano*, aguilhoado às angústias, aos sofrimentos e à morte, a fim de guindar-se ao plano de libertação do espírito, tal como se mostra não só na arte, como em outras manifestações das mais significativas atividades humanas, algumas das quais procurei aqui retratar. Uma condição indispensável a essas manifestações é que o espaço mental comporte um *quantum* de desmaterialização e de insaturação sensorial, de maneira a colocar-se no plano da representação da imaterialidade.

Encontra-se neste livro um panorama muito incompleto e uma síntese muito imperfeita do que, ao longo dos séculos e dos milênios, grandes artistas, escritores e sábios quiseram imprimir em suas obras: a natureza íntima da realidade com que estiveram em sintonia, da qual se infere uma imagem do mundo, construída no labor das eras e no desenrolar do processo civilizatório. Divisa-se, então, desde os primórdios da cultura humana, o desabrochar luminoso da tendência à experiência de imaterialidade. As sucessivas aproximações a essa experiência dão a configuração de algo surpreendente que não cessa de se manifestar, assim como de não se manifestar, deixando espaço aberto a novas surpresas entre o dito e o não dito, entre o que poderá ser dito e o indizível. Contrapondo-se à densa atmosfera sublunar, as obras que representam essa experiência perpassam o tempo, na dura batalha contra o perecível e, assim, tornam-se essenciais, imorredouras e eternas.

Referências

ARISTÓTELES. *A política*. Tradução de Nestor S. Chaves. São Paulo: Escala Educacional, 2006.

BACHELARD, G. *La poétique de la rêverie*. 9. ed. Paris: Quadrige/PUF, 1986.

BATAILLE, G. *La peinture préhistorique*: Lascaux ou la naissance de l'art. Genève: Ed. d'Art Albert Skira/Flammarion, 1980.

BÉGUIN, A. *L'âme romantique et le rêve:* essai sur le romantisme allemand et la poesie française. Paris: Jose Corti, 1960.

BERGSON, H. *Évolution créatrice*. 86. ed. Paris: P.U.F., 1959.

BHAGAVAD GÎTÂ. *A mensagem do mestre*. Tradução de F. Valdomiro Lorenz. 5. ed. São Paulo: Pensamento, 1959.

BIESANTZ, H. A arte creto-micênica. In: BIEDERMANN, H.; BIESANTZ, H.; WIESNER, J. *Civilizações megalíticas*. Lisboa: Verbo, 1971. p. 86-143 (Ars Mundi).

BION, W. R. *Atenção e interpretação:* uma aproximação científica à compreensão interna na psicanálise e nos grupos. Tradução de C.H.P. Affonso. Rio de Janeiro: Imago, 1973.

______. *Conversando com Bion*. Tradução de P. C. Sandler. Rio de Janeiro: Imago, 1992.

BLAKE, W. *As núpcias do céu e do inferno*. Tradução de O. Marques. Rio de Janeiro: Francisco Alves, 1988.

BOSCO, H. *Malicroix*. Paris: Gallimard, 1988.

BRAIDWOOD, R. J. *Homens pré-históricos*. Tradução de C. Barrionuevo Martin. 2. ed. Brasília: Ed. Univers. Brasília, 1988.

BRODRICK, A. H. *La pintura china*. Tradução de Z. Lacy e R. Martinez. México (D.F.): Fondo de Cultura Económica, 1988.

CAHILL, J. *La peinture chinoise*. Tradução de Y. Rivière. Genebra: Albert Skira, 1977 (Les Trésors de l'Asie).

CAMILLE, M. *Gothic Art*: visions and revelations of the medieval world. Londres: Calmann and King, 1996.

CAPPRONIER, J-C. Entre historiographie, commémoration et célébration littéraire: la question du vitrail entre 1870 et 1914. In: HÉROLD, M.; DAVID, V. *Vitrail*: V^{e}-XXIe siècle. Paris: Éditions du Patrimoine (Centre des Monuments Nationaux), 2014. p. 353-369.

CASTRO, H. *Cem poemas chineses*. São Paulo: Vertente, 1978.

CHALUS, P. *L'homme et la religion*: recherches sur les sources psychologiques des croyances. Paris: Albin Michel, 1963.

CHAUVET, J.-M.; DESCHAMPS, E. B.; HILLAIRE, C. *La grotte Chauvet à Vallon Pont-D'Arc*. Paris: Seuil, 1995.

CHENG, F. *L'Espace du rêve*: mille ans de peinture chinoise. Paris: Eds. Phébus, 1980.

______. El vacio y la plenitud. Tradução de Anne-Hélène Suárez. *El Paseante*. Madri: 1993. v. 20/22, p. 63-80.

CHIN, S. C.; LOUREIRO, J. P. *O poeta Wang Wei (699-759 AD)*. São Paulo: Roswitha Kempf, 1988.

CLAY, J. et al. *Impressionism*. Secaucus (New Jersey): Chartwell Books, 1973.

CLOTTES, J. La grotte Chauvet au jourd'hui (Postface). In: CHAUVET, J. M.; DESCHAMPS, E. B.; HILLAIRE, C. *La grotte Chauvet à Vallon Pont-D'Arc*. Paris: Seuil, 1995. p. 81-117 (Arts Rupestres).

CLOTTES, J.; COURTIN, J. *The cave Beneath the sea*: Paleolithic images at Cosquer. New York: Harry N. Abrams, 1996.

CROCE, B. *Breviário de estética*. Tradução de M. Ruas. São Paulo: Atena, s/d.

DELEUZE, G. *Différence et répetition*. Paris: Presses Universitaires de France, 1985.

DEMIÉVILLE, P. (Org.) *Anthologie de la poésie chinoise classique*. Paris: Gallimard, 1962. (Col. UNESCO d'Oeuvres Representatives).

DEMOCRITE. Fragments. In: *Les penseurs grecs avant Socrate*. Tradução de J. Voilquin. Paris: Garnier-Flammarion, 1964. p. 168-190.

DEVI, S. *Filho do sol*. Tradução de A. M. Bueno e Equipe Renes. Rio de Janeiro: Renes, 1981.

DIOGÈNE LAËRCE. Extraits de la doxographie d'Héraclite. In: *Les penseurs grecs avant Socrate*. Tradução de J. Voilquin. Paris: Garnier-Flammarion, 1964. p. 82-85.

DÜCHTING, H. *Cézanne*. Tradução de Casa das Línguas. Köln (Colônia): Benedikt Taschen, 1993.

ECO, H. *História da beleza*. Tradução de E. Aguiar. Rio de Janeiro: Record, 2004.

EINSTEIN, A. *Como vejo o mundo*. Tradução de H. P. de Andrade. Rio de Janeiro: Nova Fronteira, 1981.

ELIADE, M. *Le mythe de l'eternel retour:* archétypes et répétition. Paris: Gallimard, 2006.

EMERSON, R. W. *Ensaios*. Tradução de J. Melville. São Paulo: Martin Claret, 2005.

EMPÉDOCLE. De la nature (fragments). In: *Les penseurs grecs avant Sociate*. Tradução de J. Voilquim. Paris: Garnier-Flammarion, 1964. p. 121-132.

ESCANDE, Y. *Le coeur et la main:* l'art de la Chine traditionnelle. Paris: Hermann Eds. Sciences et Arts, 2000.

ESPAGNAT, B. *À la recherche du réel:* le regard d'un physicien. 2. ed. Paris: Bordas, 1981.

FREUD, S. Moisés e o monoteísmo. In: ______. *Ed. Standard Brasileira das Obras Psicológicas Completas de Sigmund Freud.* Vol. XXIII. Tradução de J. Salomão. Rio de Janeiro: Imago, 1996. p. 19-150.

GARCIA, T. Sortir des Lumières sans devenir réactionnaire. Entrevista a E. Aeschmann e outros. *L'Obs*, Paris, n. 2715, p. 83-86, 17-23, nov. 2016.

GARCIA GUINEA, M. A. *Altamira y otrascuevas de Cantabria.* Madri: Silex, 1979.

GASQUET, J. *Cézanne*. Présentation de F. Solesmes. Paris: Belles-Lettres, 2012 (Col. Encre-marine).

GILLYBOEUF, T. L'homme des bois. In: THOREAU, H. D. *Les forêts du Maine*. Paris: Payot & Rivages, 2012, p. 7-20.

GRANET, M. *O pensamento chinês*. Tradução de V. Ribeiro. Rio de Janeiro: Contraponto, 1997.

HALL, H. R. *História antiga do Oriente Próximo*: desde os tempos mais remotos até a batalha de Salamina. Tradução de F. Crissiuma. Rio de Janeiro: Casa do Estudante do Brasil, 1948.

HESSE, H. *A arte dos ociosos*. Tradução de P. Schenetzer e M. Latja. 3. ed. Rio de Janeiro: Record, 1973.

______. *Para ler e guardar*. Tradução de B. Cornélio da Silva. 4. ed. Rio de Janeiro: Record, 1975.

______. *Minha vida*. Tradução de A. Blacheyre. Rio de Janeiro: Artenova, 1976.

______. *Felicidade*. Tradução de Lya Luft. 2. ed. Rio de Janeiro: Record, 1999.

HÉRACLITE D'ÉPHÈSE. Fragments. In: *Les penseurs grecs avant Socrate*. Tradução deJ. Voilquin. Paris: Garnier-Flammarion, 1964. p. 74-81.

HOOD, S. *Os minoicos*. Tradução de R. Machado. Lisboa: Editorial Verbo, 1973.

HUXLEY, A. *As portas da percepção*: o céu e o inferno. 8. ed. Tradução de O. Araújo Souza. Rio de Janeiro: Civilização Brasileira, 1974.

JAEGER, W. *Paideia*: a formação do homem grego. Tradução de Artur M. Parreira. São Paulo: Martins Fontes/Ed. Univ. Brasília, 1986.

JASPERS, K. *Psicología de las concepciones del mundo*. Tradução de M. M. Casero. Madrid: Gredos, 1967.

JEAN-NESMY, D. C. *Vézelay*. 3. ed. Saint-Père: Zodiaque, 1991.

JUNG, C. G. *Memórias, sonhos, reflexões*. 7. ed. Tradução de Dora F. da Silva. Rio de Janeiro: Nova Fronteira, 1985.

KANDINSKY, N. *De lo espiritual enel arte*. 5. ed. Tradução de G. Dieterich. Barcelona: Barral/Labor, 1986.

KRISHNAMURTI, J. *As ilusões da mente*. Tradução de Hugo Veloso. Rio de Janeiro: Inst. Cult. Krishnamurti, 1959a.

______. *Visão da realidade*. Tradução de Hugo Veloso. Rio de Janeiro: Inst. Cult. Krishnamurti, 1959b.

______. *Diálogos sobre a vida*. Tradução de Hugo Veloso. São Paulo: Cultrix, 1965.

______. *Viagem por um mar desconhecido*. Tradução de Hugo Veloso. São Paulo: Editora Três, 1973.

LAO TSE. *Tao te king*. Tradução de Antônio Melo. Lisboa: Editorial Estampa, 1973.

LAUTIER, C.; KURMANN-SCHWARZ, B. L'essor d'unart: le vitrail roman. In: HÉROLD, M.; DAVID, V. *Vitrail*: V^{e}-XXIe siècle. Paris: Éditions du Patrimoine (Centre des Monuments Nationaux), 2014. p. 47-71.

LESBRE, E.; JIANLONG, L. *La peinture chinoise*. Paris: Hazan, 2004.

LORENTZ, P. Peindre sur la lumière: le vitrail à la fin du Moyen Âge. In: HEROLD, M.; DAVID, V. *Vitrail:* V^{e}-XXIe siècle. Paris: Éditions du Patrimoine (Centre des monuments Nationaux), 2014. p. 111-146.

LOTRINGER, S. Baudrillard: il portait une bombe dans sa gidouille. Entrevista a Marie Lemonier. *L'Obs*, Paris, n. 2754, p. 59-61, 17-24 ago. 2017.

LUSSEYRAN, J. *Et la lumière fut*. Paris: Gallimard, 2005.

______. *Le monde commence au jourd'hui*. Paris: Gallimard, 2012.

MALRAUX, A. *As vozes do silêncio*. Tradução de J. J. Andrade dos Santos. Lisboa: Livros do Brasil, s/d. Vs. I e II.

MASPERO, G.; SETE, K. *Textos sagrados das pirâmides*. Tradução de Raul Xavier. Rio de Janeiro: Livros do Mundo Inteiro (s/d).

MATHIEU, R. (Org.) *Anthologie de la poésie chinoise*. Paris: Gallimard, 2015.

MILNER, M. *A life of one's own*. Londres: Virago Press, 1986.

MILTON, J. *Paradise lost*. Londres: Global Language Resources, 2001.

MONDOLFO, R. *Elgenio helénico*: formación y caracteres. 2. ed. Buenos Aires: Editorial Columba, 1960.

MORIN, E. *Connaissance, ignorance, mystère*. Paris: Fayard, 2017.

NIETZSCHE, F. W. *A origem da tragédia*. Tradução de A. Ribeiro. Lisboa: Guimarães, 1958.

______. *Assim falava Zaratustra*. Tradução de Eduardo Nunes Fonseca. São Paulo: Hemus, 1985.

PAPAIOANNOU, K. *La consécration de l'histoire*. Paris: Champ Libre, 1983.

PATER, W. *O renascimento*. Tradução de J. H. Bastos. São Paulo: Iluminuras, 2014.

PEDLEY, J. G. *Art et archéology de la Grèce*. Tradução de A. Sautier-Greening e B. de Brimont. Colônia: Könemann, 1999.

PETRIE, W. M. F. *A history of Egypt*. Londres: Methuen, 1899. v. 2.

PLATÃO. *Diálogos*: Íon. México: Univ. Nac. Autónoma de México, 1978. v. 2.

PLUTARCO. *Vidas paralelas*. Tradução de A. S. Romanillos. Madri: Aguilar, 1973. p. 25-1127. (Col. Biografos Griegos).

PORTUGAL, R. P.; XIAO, T. *Antologia da poesia clássica chinesa*: Dinastia Tang. São Paulo: Ed. Unesp, 2013.

PREZIOSI, D.; HITCHCOCK, L. A. *Aegean art and architecture*. Oxford: Oxford University Press, 1999.

RACIONERO, L. Prologo. *El Paseante*. Madri: 1993. v. 20/22, p. 7-13.

RAMOS, P. E. S. Introdução. In: KEATS, J. *Ode sobre a melancolia e outros poemas*. Tradução de P. E. S. Ramos. São Paulo: Hedra, 2010.

RIVIALE, L. Nature et fonctions spécifiques du vitrail. Autour des troubles religieux du XVIe siècle. In: HÉROLD, M.; DAVID, V. *Vitrail:* V[e]-XXIe siècle. Paris: Éditions du Patrimoine (Centre des Monuments Nationaux), 2014. p. 223-244.

ROBERTSON, M. *La peinture grecque*. Tradução de O. Sirén. Genebra: Albert Skira, 1978.

ROBINET, I. *Histoire du taoïsme*: des origines au XIVe siècle. 2. ed. Paris: Ed. Cerf/CNRS, 2012.

RODIN, A. *L'Art*: entretiens réunis par Paul Gsell. Paris: Bernard Grasset, 2013.

ROLLAND, R. *Jean-Christophe*. Tradução de Vidal de Oliveira. Porto Alegre: Globo, 1948. v. 5.

RYCKMANS, P. *Poesia y pintura*: aspectos de la estetica china classica. Tradução de Anne-Hélène Suárez. Madri: El Paseante, 1993. v. 20/22, p. 130-143.

SAFO. *Tudo que restou*. Tradução e organização de Alvaro A. Antunes. Além Paraíba: Interior, 1987.

SCHOPENHAUER, A. *O mundo como vontade e como representação*. Tradução de P. F. Amaral. São Paulo: Martins, 1940.

SERRI, J. Louer ou hurler: les artistes divisés. *Lire*, Paris, n. 412, p. 32, fev. 2013.

SHITAO. *Les propos sur la peinture du moine Citrouille-amère*. Tradução de P. Ryckmans. Paris: Hermann Eds. Sciences et Arts, 1996. (Col. Savoir: sur L'Art).

TCHOUANG-TSEU. *Oeuvre complète*. Tradução de Liou Kia-Lway. Paris: Gallimard/Unesco, 1985 (Connaissance de l'Orient).

THOREAU, H. D. *Walden*. Tradução de E. C. Caldas. Rio de Janeiro: Tecnoprint, s/d.

______. *Walden ou a vida nos bosques*. Tradução de A. Cabral. 7. ed. São Paulo: Ground, 2007.

______. *Les forêts du Maine*. Tradução de T. Gillyboeuf. Paris: Payot & Rivages, 2012.

TOYNBEE, A. J. *Helenismo:* história de uma civilização. Tradução de W. Dutra. Rio de Janeiro: Zahar, 1960.

TRINCA, W. *Fobia e pânico em psicanálise*. São Paulo: Vetor, 1997.

______. *Psicanálise e expansão de consciência*: apontamentos para o novo milênio. São Paulo: Vetor, 1999.

______. *Psicanálise e transfiguração:* a etérea leveza da experiência. 2. ed. São Paulo: Vetor, 2006.

______. *O ser interior na psicanálise*: fundamentos, modelos e processos. São Paulo: Vetor, 2007.

______. *Psicanálise compreensiva:* uma concepção de conjunto. São Paulo: Vetor, 2011.

______. *A arte interior do psicanalista*. 2. ed. São Paulo: Vetor, 2012.

______. *Viagem ao coração do mundo:* a apreensão da imaterialidade. São Paulo: Vetor, 2014.

______. *As múltiplas faces do* self. São Paulo: Vetor, 2016.

______. *O filósofo ou a procura do encanto da vida*. 2. ed. Curitiba: Appris, 2017.

VECCHI, P. *The complete paintings of Raphael (Notes and catalogue)*. Tradução de Weidenfeld e Nicolson. Middlesex: Penguin Books, 1987.

WEIL, S. A gravidade e a graça. In: BOSI, E. (org.). *A condição operária e outros estudos sobre a opressão/Simone Weil*. Tradução de T. G. G. Langlada. Rio de Janeiro: Paz e Terra, 1979.

WINNICOTT, D. W. *O brincar e a realidade*. Rio de Janeiro: Imago, 1975.

WORDSWORTH, W. *Poesia selecionada*. Tradução de P. Vizioli. São Paulo: Mandacaru, 1988.

GRÁFICA PAYM
Tel. [11] 4392-3344
paym@graficapaym.com.br